U0947637

孙德宏 著

新闻演讲录

海豚出版社

目录

序

俞晓群

那是一个周末的中午，在京城一处小酒馆。天气暖洋洋的，此时的我就想豪饮，一醉方休。对面坐着德宏君，同样的乡音，同样憨厚的笑脸，同样漂泊的经历，天造地设，此时不饮，更待何时呢？

通常在酒桌上，觥筹交错，最能看破一个人的真性情。我饮酒好虚张声势，自忖尚可支撑，一定会发起攻势；德宏却是再宽厚不过的人，应对是必须的，但即使酒至半醺，他的语气中，依然包含着对我的关心与照顾。我喜爱这样的朋友，性情如秋日的暖阳，更如一片静谧的湖泊，不见边际，不见潭底；掬一捧清水在手中，柔若无物，心安与温情的感觉，自然传遍身心。这也让我想起德宏的著作《温暖平和》，文如其人，人如其题，真诚如斯，让我何等欣慰！

正是这样一位真诚的人，才华也大得不得了，这些年他的著作一部接着一部，《新闻的审美传播》《底线理想》《中观新闻论》《温暖平和》和《孙德宏社评选》等，从美学、哲学、文学到新闻学，任他随性挥洒，自由往来。现在德宏新著《新闻演讲录》放在我手上，他对我说："老兄，给我写个序言吧！"态度依然诚恳而真切。我爽快地答应了，随即又有些压力。说来我的朋友之中，确实不乏报界的精英人物，像深圳胡洪侠、辽宁丁宗皓等。说来也凑巧，我也为这二位先生的著作写过序言，自恃比较了解这一群人的共性特征，比如与出版人比较，报人除去相同的文字功夫，他们的思维更为灵动，目光更为敏锐，论说更为犀利。那么，面对德宏的文章，我的压力来自何方呢？我想到三点：

其一是学问。我见到有人在文章中称，德宏是一位"学者型记者"。其实这词并不新鲜，近年来诸如学者型官员、学者型编辑等，遍地都是，但德宏却是真功夫。他在工作之余，拿到美学博士学位，如今还兼做美学博士生导师。读他在三联书店出版的《新闻的审美传播》，足见他学力深厚，勤于思考。尤其是他将美学理论引入到新闻工作中，许多见解，独具异响。比如在《新闻演讲录》中，他谈到新闻学基础时提出，如果新闻学是一门学科，那么它的理论基础不应该与哲学割裂开来，它的学科框架也不应该只建立在“手艺上”。接着德宏讲到康德的三大批判——《纯粹理性批判》《实践理性批判》和《判断力批判》，最终得到“人是目的”的结论。德宏说，这样的哲学思考与美学追求应该与新闻学“人文关怀”的追求是一致的。同时德宏还讲到黑格尔的“绝对精神”，进一步引出“人的主义”即对人文精神的追求，也就是对美的追求。德宏指出，这是西方走出中世纪的黑暗，获得的最为珍贵的认识。这样的观点遍布人类知识的各个领域，新闻学也不能例外。作为一名新闻工作者，你最难掌握的不是那些“手艺”，而是哲学与美学的理论基础，这才是水平高低的标志。由此引发提问：为什么我们的一些媒体充斥着官气、迎合、造假、低俗、八卦等内容？那一定是我们的哲学功底与美学追求出了问题。萨特说：“思想就是人的尊严”，我们放弃了思想的权力，同时也失去了人的尊严；维特根斯坦说：“思想是逻辑形象化了的事实”，因此我们也失去了获得事实的能力，只能陷入“做新闻”的歧途。

我赞同德宏的上述观点，他的追求与思考深得我心，同时也让我学到许多新鲜的东西。比如类似于新闻学，我对于出版学也有相同的看法，但说到理论分析，找到解决方案，我却始终处于懵懂状态。在这里看到德宏的思想路径，它确实打开我心灵中的一扇窗，让我产生一种豁然开朗的感觉。

其二是功力。德宏做记者，从草根起步，练的是童子功，走的是正路径。像他一九九五年时，三十岁刚出头，采写《寻找时传祥》，荣获中国新闻奖一等奖，还被收入初高中语文课本，前些年电视台还以此为脚本拍片子。后来记者采访德宏，问他何以出手不凡，一鸣惊人？德宏回答，他那时只是一个文学青年。但深一层分析，一定是他学术功底与自身智慧在起作用。对于此文成功原因的剖析，我很看重三点，一是真实的故事，文学的手法。这正是德宏所谓“文学青年”的底蕴所在。二是他的语言直白，不加修饰，少用成语，明白如话。对于文字风格的思考，德宏提到余秋雨、龙应台和张中行三位作家，但他更看重后者。三是政治观点，这也是此文能够引起人们共鸣、最终成为经典最重要的一个因素。就是他那一句话："一个是国家主席，一个是淘粪工人，他们死于一场同样的名为文化的革命。"应该说，这一句话是经典中的经典，是文章的眼，是文章得以成名的核心。直到今天，当我读到这句话时，依然会感觉到心灵的震颤，依然会引起我极大的共鸣。

其三是阅读。大凡文人交往，检验他们是否志同道合，最简单的方法就是看他们阅读书籍的异同。读德宏《新闻演讲录》可以见到，德宏读书极多，注重经典。书中提到阅读书目和作者名字，除去学术与新闻专业著作，其他书籍真的让我倍感亲切，诸如《一九八四》《娱乐至死》和《美丽的新世界》等，与我架上图书何其相同。再有，德宏在论说办"精致大报"的要素时，列出一个名记者、名编辑的名单，包括民国梁启超、张季鸾、王芸生、成舍我、范长江，港台金庸、董桥、林行止等等，称赞他们新闻价值判断的水平。这些人物也大多让我认同。

以上列出三点感想，其实德宏文中还有很多精彩文字，难以一一列出。只是我因此而感慨，那就是我在日常工作中，通常会有一个成见，认为报界作家写文章大多流于时政、时评、报道和猎奇等领域，一般不宜整编成书。尤其是社论、时评一类文字，即使是写作高手、大家，能写成董桥《英华沉浮录》那样的水平，宜于结集出版，而且能够成为经典，实在不多见。德宏文字很厉害，我在出版他的小书《温暖平和》时已有领教；这一部新著，又让我再次窥视到他的学术根底，十分难得。

最后还应该提到书中“总编辑评报备忘录”，非常有趣，非常有价值。一份报纸以什么样的面貌出现，总编辑的思想水平是关键。德宏从他上百篇评报文字中，选出三十八篇示众，其中确实有许多真知灼见，许多生动的词句和观点，让人过目难忘。

这让我想起沈昌文先生一篇旧文《想起陈翰伯同志》，其中谈到一九八零年，陈翰伯评《读书》杂志，写了十一条评语，如今已经成为许多出版人的座右铭。其中写道：要废除空话、大话、假话、套话；不要穿靴、戴帽；不要用伟大领袖和导师、敬爱的总理、英明的领袖；不要用“千里传友情”之类看不出内容的标题；引文不要太多；少用“我们知道”“我们认为”之类话头；可以引用当代人的文章；不要用谐音式的署名，不要用长而又长的机关名称或某某编写组署名；行文中可以说“一二人”“十一二人”，千万不要说“一两万人”这类空话；不要在目录上搞“梁山伯英雄排座次”等等。

读德宏的文章，处处可以见到报人、出版人代代相承的踪迹，内心中自然产生喜爱之情！

二〇一五年十二月七日深夜

时间：2014 年 5 月 26 日

地点：东北师范大学文学院

哲学美学视域下的“报纸存亡”

主持人李洋教授：

各位同学，各位老师，大家上午好！

从今天开始，文学院将举行“学术捭阖名家讲座周”系列学术活动。这次活动我们将分别邀请季红真教授、孙郁教授、阎连科教授、孙德宏教授来给我们主讲。

今天给我们这个系列活动做第一位讲座人的是我国著名的新闻人，也是我们学校的兼职博导，《工人日报》社社长、总编辑孙德宏博士。孙老师是咱们师大文学院的院友、系友，有很多作品获得中国新闻奖或被选入全国高中、初中的语文课本。孙老师除了办报之外，还一直在做新闻学，尤其是新闻美学的研究，出版了《新闻的审美传播》《中观新闻论》《孙德宏社评选》《底线理想》等颇有影响的新闻学和新闻评论著作，在新闻学界、业界都有很大的影响。下面我们就把时间交给孙老师，请孙老师为大家做一个关于“报纸存亡”的讲座。

孙德宏：

谢谢李洋院长，谢谢各位老师和同学们。

李洋教授的介绍谬赞了，我的内心很有些惶恐，但又一次回到母校确实很高兴。三十年前念书的时候，我就在这个大教室里上课、听讲座，那会儿这叫一教，往右手走下面是二教，左手前面那些地方是三教、五教等等，还有经常上公共大课的是在春天里开满了桃花的那个树林旁边的公一教室、公二教室，现在还有吗？没有了，真是可惜。然后在老校门那边有“三楼半”是校部、地理系的那个地方，那些教室……说起来真是非常亲切和感慨。

今天回到母校来与大家一块讨论一些我们共同感兴趣的

话题。

今天的讲座题目重点在“报纸存亡”，而且是从哲学、美学的角度来讨论。我想知道今天在座的都是什么专业的，请举手看看。是学新闻的多吗？学文学的？还有别的系的吗？哦，还有历史系的、哲学系的。接下来，我还想知道一下你们这里边研究生有多少？有研究生吗？你是哪个系的研究生？好，那我就大致有点数了。

我还有个问题想问问大家，毕业生今年就业情况怎样？你们今年毕业的研究生、本科生有签单位了的，举个手，告诉我一下。还有你们自己知道在一些报社工作的，在正式的新闻单位工作的大概有多少？谢谢各位。

我觉得这个情况很重要，它与我们今天讨论的话题关系很大——我们将从事的新闻传播这个行当明天还存在不存在？我们学了好多年，终于忙活学完了，可是这个行当没了——这个事就不仅是幽默，而是个很悲痛的事情了。所以我们要讨论报纸的存亡问题。这个问题讨论清楚了，李院长也踏实了。他也就知道这个新闻系到底还办不办下去了（众笑）。

当然也有人说了，现在的新闻传播，报纸是很小的一块，你报纸肯定死掉了，我们其他的还是朝气蓬勃的。套用一句历史上极为著名的话来回答你的这个问题，大意是：别人被欺负的时候我不说话，当我被欺负的时候，也没人替我说话了。后面的讨论将清晰地证明这一点：我们说的是“报纸存亡”，事实上岂止是报纸的存亡？

为什么讨论报纸的问题要采取在哲学美学视域下的方式呢？因为我们在讨论“报纸的存亡”，在讨论“生死”嘛——这岂不就是哲学、美学的问题吗？哲学的本体论说的是“世界是什么”“人是什么”等等，套用这个套路，我们就以“新闻是什么”的套路来讨论报纸的存亡。比如理论上的“新闻是什么”确定之后，我们就来看看我们当下的新闻到底是不是这个“什么”，然后来探讨它为什么不是这个“什么”，以及怎样做才是这个“什么”，等等。这样说下来，你看，今天讲座这个题目还是挺实用的吧？

今天我先讲讲报纸的现状以及相关原因的分析，然后讲讲我们的报纸到底怎么个“出路”。

第一部分我来讲讲一段时间以来学界、业界关于“报纸存亡”的一些看法以及目前报纸的实际情况。

一、关于“报纸存亡”的
一些看法以及目前报纸的实际状况

首先我给大家介绍几部较典型的有关“报纸存亡”的著作和论文。

第一本名叫《正在消失的报纸——拯救信息时代的新闻业》，美国著名新闻学者菲利浦·迈耶（Philip Meyer）写的。他是精确新闻学的创始人之一，“报纸消亡论”的提出者、美国北卡罗莱纳州立大学教授，他还担任奈特基金会资助的新闻学奈特讲座一职。曾就职于迈阿密先驱报、阿克伦灯塔报、奈特—里德报业集团、美国视通公司等。这是一个既有新闻实务经验又有理论修养的学者。在这本翻译成中文的《正在消失的报纸》的著作的封面上，他有一句非常令人震惊的话：“2043 年春季的某一天，美国一位读者把最后一张报纸扔进了垃圾桶——从此，报纸就消失了。”

他的论证方式是，运用美国“全国民意研究中心”的综合社会调查数据制作了两个“线性拟合”图——1972 － 2002 年读者对报纸的信心分布图和 1972 － 2002 年日报读者数量变化趋势图。通过对前者的分析，他预测道：到 2015 年，

读者对报纸的信心趋势线将触到零点；通过对后者的分析，他做出了以下预测：如果用一把直尺将图中的线顺势延长，那么到2043年第一季度末，日报的读者也将归于零。

不过，后来迈耶又分辩说：之前流传世界的“2044年某月，最后一位日报读者将结账走人”，或是“最后一个日报读者将在2043年第一季度末走人”之类的话，都是传媒对其观点的断章取义，都是误读。从目前形势看，美国报纸大规模的读者群逐渐因读报习惯较强的一代代人离世而一直减少，报业未来还将继续衰落，日报也许在2043年之前就消失。但就报纸整体而言，我也不知道会在什么时候消失——可是，他的这些话已经没人理睬了。大家记得的全是“2043年春天”的那个“报纸消亡”的预言了。

第二本书叫《报业的活路》，作者是日本著名报人中马清福。中马清福是日本发行量最大的报纸《朝日新闻》的副社长兼总编辑，主要负责《朝日新闻》编辑方面的工作。《朝日新闻》是日本最著名的报纸之一，虽然在20世纪80年代后期受各种因素的影响发行量有下降的趋势，据说现在是700多万份，如果是事实的话，也大幅锐减了。中马清福还是一位著名的作家，先后翻译和出版了《密约外交》《国家政治和科学技术》《再军备的政治学》等著作。

中马先生在书中预测未来日本报业发展的困境将主要包括四个方面：第一，年轻人和高龄单身读者群对报纸的远离；第二，经济的萎缩将使报纸面临直接的冲击；第三，来自网络的威胁；第四，当人的常识发生变化时，作为常识的报纸必将面临危机。他在当时所预测的困境大部分也发生在了中国报业发展的身上，只不过在中国，报纸本身之间的相互竞争也造成了报纸的生存压力。

你看，那个说“正在消失”，这个在讨论“活路”，意思都是难以活下去了。日本学者对报纸的讨论，我觉得是有较大参考意义的，因为全世界最奇怪的是日本报业的发展，前些时候它有三家报纸每天的发行量在一千万以上，不大好理解吧？《工人日报》发行70万就已经觉得比较大了，比《工人日报》还多的是《人民日报》，大概有两三百万。你想在中国这样一种情况下，我们这么努力了，发行二百多万，这是很了不起了。但日本报纸却能发行上千万，这个值得研究。我知道东北师大跟日本学界有着密切的关系，也许有一天我们有的老师和同学到日本去从事研究或者讲学，我觉得日本报业这一块很值得研究，很有意思。这是第二本书。

第三本是美国学者尼尔·波兹曼写的叫《娱乐至死》。尼尔·波兹曼是著名的媒体文化研究者和批评家，生前一直在纽约大学任教。他在纽约大学首创了媒体生态学专业，直到 2003 年，他一直是文化传播系的系主任。

波兹曼的这一本《娱乐至死》多少受了他的老师——麦克卢汉的影响。麦克卢汉作为 20 世纪重要的媒介理论家，在《理解媒介——论人的延伸》当中提出“媒介即讯息”这一观点，即认为媒介对个体和社会的影响源于新的尺度的产生，媒介带给个人与社会的影响在于其形式而并不在于媒介传递的内容本身。这也在一定程度上启发了波兹曼。波兹曼的忧心忡忡以及对理性公共话语的描述，让人感觉他多少有一些精英主义倾向，并且在否定一种大众对于休闲生活或政治参与方式的选择。然而，从刚开始的利维斯主义，到法兰克福学派对于文化工业的批判，再到后来文化研究的兴起，尤其是对于亚文化抵抗意义的研究及肯定，我们看到了不一样的观点：即认为我们的流行文化或大众文化是大众自主选择的结果，代表了大众作为一个有主体意识的群体，在动态的社会权力结构里对于主流文化的抵抗。

这个我想知道，新闻传播学院的同学看过这本书的举个手，我看看有多少人。这本书建议大家一定要看看，这是一个重要的传播学者，他讨论问题的方式，我就先简单说到这儿，下面具体说说这本书。他说有一位作家写了一本书叫《一九八四》，是 1984 年以前若干年写的，像我们今天写到 2052 似的，是他想象几十年之后的世界是什么样的。《一九八四》的作者是奥威尔，他写的是几十年之后的世界是一个专制的世界，是一个没有自由的世界，可怕的世界。这是一本预测未来的小说。还有一位作家写了一本书叫《美丽新世界》，它表达的也是带有未来特性的，说我们未来的世界是一个很美丽的世界，在那个世界里边大家“为所欲为”，大家想怎么着就怎么着，自己愿意做啥就做啥，大概是这么个意思。波兹曼说好多人曾经担忧若干年后《一九八四》成为现实，但当我们终于到了这一天的时候，我们发现“1984”并不可怕，可怕的是“美丽新世界”所展望的那个东西，说我们死于我们自己热爱的那个东西。那么，这既是一种哲学的讨论，更多是传播学的讨论。他认为我们今天的新闻传播天天在娱乐，我们一定“死”于我们自己的这个“爱好”，大脑都变成了一个平滑的地带，不再有思考，感官享受花样翻新的“快闪”。所以说到这儿，我想，如果确实是这样的话，那么，我们的新闻传播岂止是报纸的存亡？

第五个给大家介绍的是一篇论文，题目叫《媒体变局，谁动了报业的蛋糕》。2005年的时候发表在《中国报业》杂志上，作者是我国著名报人吴海民。吴先生当时是北京《京华时报》的社长，先后在2001年、2005年、2006年被评为“中国传媒十大人物”，2007年被评为“中国报业十大领军人物”。他这篇文章的核心观点是——2005年的时候中国都市报的冬天已经来临。我们讲报纸的时候大概有这么些类，比如机关报，如《人民日报》《工人日报》《中国青年报》《吉林日报》等传统大报，也叫主流大报。再一类都市类、市场类的报纸，包括长春的《新文化报》，北京的《新京报》《京华时报》《北京青年报》《北京晚报》等等，各地都有若干。《南方周末》算什么？从经营的角度上讲它也应该算都市类报纸，因为它办得相对严肃一点，所以说它是一个比较严肃的大报应该也不为过，但总体上它应该算市场类的报纸。再下来还有企业类的报纸，还有社会服务类的报纸，社区的报纸等等。那么吴海民先生讨论的是都市报，在上世纪90年代中国都市报是非常火的，波涛汹涌的，势头之猛难以言表，但十年前吴先生认为都市报的冬天已经来了……

上面我讲的第一部分给大家提供了这么几篇东西，它们是关于“报纸存亡”问题比较有代表性的文献。大家有时间不妨看一看，想一想。你明天要从事的这个行当，现在是这个样子，它的问题，它的学理成分是这样。包括迈耶，包括中马清福的书，他们都是在具有报人经验的学者这个角度上来讨论这个问题的。今天在这儿我也要讲，我们新闻传播这块，一定要心里清楚，我们自己说我们是一个实践性很强的职业，但拿这个来说我们这个行当没什么学问，比如简单地说“新闻无学”就完全错误了。否则，我们这一行当本身没有什么学问，没有科学性，那么消亡也正常。

因为我们是精神产品的生产者，我们精神产品的生产者“卖”的是什么呢？卖的是思想，卖的是你的真正学问到底在不在。尼尔·波兹曼的《娱乐至死》学理是很好的，其现实的针对性是来自于我们新闻传播自身“内部”的矛盾和危机的分析的，所以他这本书无论如何要认真地看一看。吴海民的论文则完全是来自于一个新闻业者的实践及其切身感受的，因此也不容忽视——他们观点总的是：报纸将消亡，至少他们忧心忡忡，虽然他们各自的依据和分析有颇多不同。

大家讲报纸之难，往往主要是讲报纸的发行、广告如何如何艰难和下降。那么接下来，我就给大家讲讲报纸经营目前到底是个什么情况。

咱们具体点说，现在是这样一个情况，报纸的发行者——报社首先也是一个市场主体，你得吃饭，总得挣钱，大家得发工资。因此，经营是一块极重要的方面。报纸的经营是以你的报道是否有价值，有多大价值来作为基本依托的。因此，经营状况的好坏很大程度上反映了你报纸的报道做得如何。报道做得不好而经营很好的情况是基本不存在的。所以，看看报纸的经营情况，在很大程度上就可以看到报纸的报道情况。那么，目前报纸这一块的经营是什么局面？关于报纸的经营情况，传统做法一般是看发行和广告两块。下面我就给大家列几个最近几天看到的一些公开报告和文章中所披露的数据，这样大家对报纸的经营情况就有些感性的概念了。

先说发行。去年上半年全国报纸零售总量环比下降8.87%。下半年更糟，环比（比上半年）又下降2.16%，全年比上一年总体下降10.83%——达到历年下降最高值。这若在股市，就叫“跌停”了。订阅市场稍好些，基本保持稳定。

再来看看广告情况。

首先，先看去年全年情况。去年中国报纸广告量价齐跌，总量在跌，同比下降9.17%，广告的价格也在跌。那么GDP涨了7.6%，我们报纸的广告的量和价都在下降，下降9.17%，也基本“跌停”了，这是近年来报纸的广告收入持续下降之后的再次下降。报纸的二次销售卖的就是广告，这大概是它经营收入很重大的一块。一次销售卖报纸，发行。二次销售是卖广告，三次销售是最近刚刚提出来的说法，叫卖服务，以品牌卖服务。去年报纸广告的情况大致是这样。

接下来，再看最新的情况。今年第一季度，报纸广告同比下降16%。从这个看，这个下降速度是十分惊人的。报纸广告资源量减少了22.5%。在整个广告这一块，华东、东北地区降幅超过了20%，华北地区降17.5%，全国性报纸下降13.2%，也就是说从前可以一天进一百块钱，现在不到八十块钱了，而各种各样的成本在增加，这是报业的基本情况。这里面含主流大报、传统大报，也含都市类、市场类的报纸，日子真的不大好过。

从这些统计数字看，报纸的经营，无论是发行，还是广告，其下降幅度都是十分之大的。从历史上看，这个幅度的下降，这样广度的下降，显然不是一个正常的经营好坏的问题。可以肯定，这个行当确实是出现大问题了。因此，“报纸存亡”问题确实不是个伪命题。

二、报纸何以走到了“生死存亡”这样的境地

下面，咱们对这个局面做一点点分析——报纸走到这一步到底是什么原因呢？有的人士讲是介质进步的原因，指的是什么呢？是新媒体的出现。于是说网络这么发达，这么方便快捷，你报纸还怎么弄法呢？报纸受到网络的巨大冲击肯定是事实，但是在我看来这并不是问题的全部。首先，从学理上讲，我们报纸是什么呢？是精神产品。精神产品印在纸上或者印在什么传单上，不会发生根本性的变化。在报纸上是这样，原来印在甲骨上，后来印在竹片上，再后来慢慢地有了纸张，印在纸上，现在可以在电脑上，在移动终端手机上。事实上这个精神产品的盛衰与它呈现在哪种介质上当然有关系，但并不能说有必然联系。退一万步讲，那些有较大价值的东西，我们管它在哪上呢，我们都要把它挖掘出来。网上不让看的那个我们还会“翻墙”，下载什么什么软件，

然后怎么去看。读者、受众看不看你的报道，最关键的并不是你把报道放在哪里，而是你的报道到底有没有价值，有多大的价值。

报纸走到这一步的根本原因不仅仅在于新媒体的冲击。那么在哪儿呢？

在于那个东西到底值不值得看。也就是我们常说的，我们所报道的那个东西有没有新闻价值。根在这儿。

我们在座的同学都拿着手机，然后随时上网，随时看，这比看一张报纸要方便得多，加上我们报纸自己弄得乱糟劲。但是，不能说介质的变化，报纸就必然这样了，我认为得不出这样的结论。曾经电台出现之后，说报纸要消亡了，结果报纸没事，报纸还挺着呢。电视出来了，说电台、报纸都不行了，但现在电台做得也不错。我们谁知道有一天报纸又行了呢？所以说这个从基本的学理，从咱们自己的认识上讲，我觉得介质进步的原因，恐怕不完全是报纸可能消亡的根本原因，至少不是主要原因。

媒介形式的变化不是根本原因，那么是受众的欲求变了吗？

我觉得也不是这样。我们今天的受众依然希望获得信息，获得有价值的新闻，也不管什么媒体，我想知道的是新闻，这点是没有任何变化的。当然获得的方式是越方便越好，但这不是主要的。关键是得获得最有价值的。那么这一点不变，报纸要消亡也很没道理——既然受众依然有这种需求，市场有这种需求，当然报纸就应该存在。

那么，报纸走到这一步，和受众欲求没有关系，和媒介形式没有绝对必然关系，那和什么有关系呢？

有的报人说你根本不用理这些，我们办自己的报就是了——这是他的看法，而且我以为这看法有些不大着调。我们接着讨论。

我个人认为，我们报纸之所以到了存亡之时刻，关键在于我们正在逐渐地遗忘，逐渐地抛弃了新闻本身的那些最根本的东西——新闻的本质。我们在逐渐地忘掉——我们这个精神产品最应该给受众的是什么，我们所提供给受众的“新闻”到底是不是受众所期待的原来意义上的那个“新闻”。我们提供给受众的，是大家所期待的那些东西——信息，是有价值的信息吗？

我们现在忙活的好像很大程度上没有达到这样的要求。一种情况是我们要简单生硬地说教人家，可你想我们这个时代可是个个性要发展、思想要多元的时代呀。另一种情况是我们弄的那些东西猎奇，谁“猎”着了，我们就抄过来，“搬运工”嘛。一般情况下还好办，因为报纸肯定有人看，我们就也弄点稀奇古怪的八卦。但弄这个我们还真的弄不过网络，它空间是无限的，再还有它敢于造假，而且基本没有版权意识。你让报纸随便造假不行，另外你都是有组织的，你要是敢胡造的话，老百姓不反你，组织上也得收拾你。再一种说好听的就是娱乐，社会新闻版、文体版，就是那种娱乐明星的采访相当多。如果都市报干这个活，还算勉强的话，那么我们这种全国性的报纸也到处去追逐明星的话，就太不靠谱了。一是成本很高，二是这里还有特别复杂的很多事情，我们还有一个基本的品位。另外某些明星们也有点不大着调，这几天新闻说，典型的什么“中国好丈夫”叫什么，买春。网上也不大着调，我看谴责的没有几个，而说他是很有职业道德的人倒是不少。（众笑）你看，一“报道”这个，你们都有精神了……

所以说，我们之所以强调要讨论新闻的原本的东西，是因为我们的现状中大家最应该知道的那些有价值的新闻是越来越少了。这个状况的基本特征是，不仅是理性的在减少，感性的也在减少，相反感官的却越来越多。

还有一种情况也值得注意。报纸上来就开始这个人怎么怎么好，那个人怎么怎么好，成篇的表扬。这也有些不太好。我们应该重温一下历史上这类报道的经典作品，“表扬”也得是报道呀！你们上课有新闻写作课，还有什么新闻名篇阅读这样的课，有没有这样的课程？比如焦裕禄、六十一个阶级兄弟等等，这是五六十年代的经典，进入新时期之后，还有若干宋鱼水、李素丽这些人物的通讯。这是主流大报一个很较劲的功夫。大家应该下些功夫去体味，如何把表扬真正变成报道。最近我受全国记协委托，给他们主编了一本《百年经典·消息卷》，大家有机会可以翻一翻，还是蛮有意思的，那些好的新闻作品真的好看极了。关于经典，后面还谈，这里我们就先说到这儿。

现在一个较大的情况是，我们把新闻最本质的东西都在逐渐地丢掉。我认为今天报纸走到了“存亡”这一步，真正的问题在这儿。新闻本质的东西正在被遗忘，更深刻的东西越来越少了，新闻现在不大干自己应该干的事。一是不按新闻规律办事的情况很严重，二是追求感官的劲头很强劲。

基于以上的这些，我再给大家介绍几位学界的研究者们对我们当下新闻传播的基本看法，看看他们是如何诊断我们当下新闻传播的，当然也包括报纸。

布尔迪厄，首先介绍这位学者对我们当下的新闻传播有关方面的一个基本看法。这是一个法国的先锋派的学者，他认为——

现代的媒介已经成了精神活动与公众之间的一道屏障或一个过滤器。所谓的名牌主持人和大牌记者以一种肤浅的思想模式和弱智的时髦语言冒充精神的全能智者，他们以哗众取宠的“直击报道”和不负责任的“热点述评”而自诩为“社会观察家”和“评论家”，他们是文化假象和思想假象的最大制造者……

这是这位法国的先锋派学者的一个说法。看完之后我们这些从事新闻传播的人们有些难过吧？我们平时一直认为他这里所说的“直击报道”“热点述评”是很了不起的报道技能吧？又是“热点”，又是“直击”，这可都是我们报纸这些年一直强调的呀，但是在人家眼里不仅一钱不值，而且害处不小。这是一个先锋派学者对当下传媒的看法，他说的显然不仅仅是报纸。

接下来我再给各位介绍波兹曼的看法，刚才讲了一些，就是《娱乐至死》的那位作者，他说——

在《一九八四》中，人们受制于痛苦，而在《美丽新世界》中，人们由于享乐失去了自由。简而言之，奥威尔担心我们憎恨的东西会毁掉我们，而赫胥黎担心的是，我们将毁于我们热爱的东西。

这本书（指《娱乐至死》）想告诉大家的是，可能成为现实的，是赫胥黎的预言，而不是奥威尔的预言。

波兹曼所说的赫胥黎这里讲的是“享乐”，不就是当下电视、报纸等所有媒体都极力追求，而且花样翻新的吗？而这么“好”的东西竟能“毁掉”我们。

还有李思屈，这是位中国的学者，他是这样看我们当下新闻传播的——

在大众传播中，我们的生命遇到了被复制的危险。现代传媒强大的复制功能，内在地要把我们变成精神上的“克隆人”……这种复制带来了惊人的传播效率，同时也使寄生于传媒之上的现代人在精神上趋于千篇一律，欲求上趋于技术化、规范化……复制更是人类精神的灾难。它通过无所不在的影响力，潜移默化地、长期地、大批地造就着精神上的克隆人，性欲上的技术人。在大众传媒文化中成长的青少年，和生活于大众传媒环境中、年纪不轻而精神发育尚在幼稚园阶段的成年人身上，已经开始表现出克隆人的某些特征。他们缺乏起码的自我意识和批判精神；他们随波逐流，拼命地追赶时髦，随着媒介的导向而不断地转移着兴奋点；他们的思想观念，他们的情感模式都预先被媒介安排好了，他们只能随着媒介的指挥棒而喜怒哀乐。学着电视谈恋爱，跟着报纸操世界，不信感觉信名牌，这就是新一代克隆人的生命样态……在传媒文化中，任何情感和观念，都不得不作为一种“资讯”，用统一的市场价格来加以度量。这不仅意味着精神上被克隆者却必须付出物的代价，而且注定了克隆人的社会只能是无情无意的，或假情假意的……

还有一位叫汪振城的中国学者，也有一段话，给大家介绍一下。他这么说的——

文化的“创造”演变为当下文化的“制作”(或生产),追寻本质意义的“阅读”嬗变为非本质层面的形象的“观看”,基于审美的“鉴赏”被置换为满足欲望的“消费”,立足于现实的“欣赏”蜕变为沉溺于虚拟的“游戏”。当代人已无可奈何地陷入不断膨胀的商品与符号世界之中,在满足了身体欲望和感觉愉悦的同时,心智和情感似乎变得更加枯萎和苍白,同时媒介所制造的源源不断的信息和种种诱人的形象化消费品,又不断地唤起人们去追逐新的体验和享受。

鉴赏变成消费了,就像我们现在有一句很经典的话叫做“我们买的不是这个产品,我们买的是这个产品广告所宣传的那种生活方式”。立足于现实的欣赏蜕变为沉迷于虚拟的游戏,当然以无可奈何的羡慕义无反顾地陷入了无限膨胀的商品与符号之中,在满足了身体欲望和感观愉悦的同时,心智和情感似乎变得更加无所适从。同时媒介所制造的源源不断的垃圾信息和种种悦人或刺激感官的形象化消费又不断灌输、催促人们去追逐新的体验和享受。

各位可能大概有一点点了解了，我们当下的这样一种新闻传播，国外的学者是怎么讲的，我们的学者是怎么讲的。他们在诊断包括报纸在内的当下的新闻传播的毛病。如果真像他们讲的那样，你凭啥不消亡呢？但问题的更关键处在于：报纸如此，电视如此，电台如此，好像网络更如此吧？那么，我们今天的问题就成了这样了——报纸消亡已经是小事了，大不了我们写的东西存在磁片上面，或者存在电脑、手机上面，如此而已。但问题是，电脑、手机作为新闻传播的媒介显然不也是不行了吗？如果新闻是我们人类的一种刚性需求的话，那它总得有一种载体，这个搁在哪不重要，重要的是我们这种东西搁在那的时候，我们就发现全是克隆、复制，全是观看、围观，那种我们赖以思考，进而幸福自己，乃至超越自我的新闻已经变成了另外一种情形。鉴赏也变成了另外一种情形，“创造”变成了“制作”，“制作”的“东西”就没有什么赖以超越自我的思想了，那这还算是“精神产品”吗？

上述学者、业者告诉我们：报纸不行了，新闻传播整个危机重重了，甚至当下我们的“人”也很危险了……

所以——请各位注意，下面是我的结论——我们此刻对

“报纸存亡”问题的研究，与其说是我们在讨论报纸的存亡，是在拯救报纸，不如说我们是在拯救当下的新闻传播；再进一步说，与其说我们讨论报纸的存亡是在拯救当下的新闻传播，倒还不如说我们在拯救我们人类的自身。

我再重复一遍——与其说我们在拯救报纸，不如说我们在拯救新闻传播；与其说我们在拯救新闻传播，不如说我们在拯救我们人类自身。

刚才讲了，我们现在的新闻传播问题是这样，所以报纸消不消亡真的不那么重要，甚至新闻传播的消不消亡也不是很重要，我们人类自身如何存在，才是最重要的。

现在的问题就是：我们的“拯救”从何入手？

传播学的媒介构建社会理论说，媒介在制造着、创造着、规范着今天的世界。麦克卢汉说“媒介即讯息”，而波兹曼说“媒介即隐喻”。那么既然我们这样一种以新闻传播为主的媒介在构建着我们当下的世界、当下的社会的话，我们当下的新闻传播是这种模样，我们在毁坏的是什么呢？成年人的心智也就是幼稚园的心智，这个大家是不愿意听的，你觉得“我是大学生，我跟他们不一样”。我认为我们至少有太多的人贫乏于思想，甚至没有思想。那么我们传播，我们新闻传播在构建着这样的东西，非常难过，确实是非常难过。昨天我参加王确教授的几个博士生的论文答辩，他们思考的问题是什么呢？他们是美学的博士生和文艺学专业的几个博士生。我看了他们的论文，蛮有意思的，在思考问题。选题切口比较小，但思考得很深，结论更具有相当普遍的形而上的意义。我们现在的新闻从业人员思考问题的情况令人不敢恭维。在那些优秀的业者看来，我们当下的大学教育恐怕毛病不少，可能东北师大好一些。我觉得这确实是一个问题。

所以，我们第一个问题讲报纸的存亡，我的结论在这儿，报纸的问题，第一，确实有存亡的问题，第二，这个问题主要不在于媒介形式的怎么样，而在于我们的报纸现在忘掉了新闻所应该有的基本东西。正因为如此，你报纸是否可以存在就必然地有了合法性的危机了。

接下来我们再进一步讨论新闻传播到底毛病在哪。包括网络在内，大家可以说出各自很多的优点，但是缺点也很多。在现有的新闻学、传播学的论文里面，更多的人给大家讲我这个网络好极了，有这个优点，那个优点，快、无线，以及互动性、自主性等等，最后得出的结论是报纸是不行了。但事实上网络真正存在的问题也可怕得不得了，我们当下新闻传播最大的危机在于，它的很多产品已经不再是合格的精神产品了——美其名曰我们去娱乐。于是电视台有了很多的中国好声音，中国好歌曲，中国好舞蹈等等，我确实都看了，看了好几回。我觉得这些人的策划确实了不起，它把我们内心潜在的欲望都调动起来了，做得确实挺招人看。但过后认真想想，我们的新闻传播全是靠这个来赢得受众和读者，行不行呀？我们电视天天弄这个，用波兹曼的话讲我们最后可能就是死于我们自己最热爱的东西。某个相亲节目也看了好几期。姑娘们战斗力很强，语言大多犀利。男人们大多猥琐，而且要是“猥琐男神”。我们的传播要照着这样弄下去，照着这样谈恋爱吗？那个节目很多女性谈恋爱的方式大多新颖大胆，但社会像她们说的那样吗？她们自己现实生活不是那样的。照着电视谈恋爱，抄世界等等——你不去关注人的生存和人的自由发展，不去关注社会的文明进步等等这些本质问题，你的存在价值当然就有些可疑了。更何况，这不是新闻，不是信息呀，顶多算娱乐吧？这样做新闻，当然是不行的。这是我们当下新闻传播所面临的最大危机。

当然，这是一个节奏极快的时代，是一个个性多元的时代，整天教育人的传播方式当然也令人生厌，娱乐绝对是必要的，但是“娱乐至死”就大大地成问题了，就十分值得我们警醒了。当这种东西成了我们的目标，成了我们的全部，我们自身也确实就危险了。所以，我们处在这样一个时代——与其说我们在拯救报纸，不如说我们在拯救新闻传播，与其说我们在拯救新闻传播，不如说我们在拯救人类自身。

这是我讲的第二个问题。

三、价值判断：基于哲学、美学的讨论

下面我讲第三个问题，我们的“拯救”从何入手？

我们在什么样的一个学术背景下来讨论“报纸出路”问题？怎样的理论框架可以使我们准确认识到当下报纸的问题，并加以较好的解决？我们讨论新闻的危机，现在我们感到按照新闻学、传播学的那些东西，讲基本规律、新闻传播规律，这是正确的，但是好像刚才讨论的和那些的关系似乎并不具有最恰切的必然性，怎么弄都不是那么特别对症：以前没少用这些东西去思考，但效果不明显。说到底，精神产

品的问题，很多时候不是技术的改进就能解决的。所以，我们还是回到本体论的思维方式上去，当下我们亟需讨论的问题应该是：精神产品应该是个什么模样？然后才是用什么方式去表达的问题。这是我今天讨论这个问题的逻辑。

我去过的一些大学，他们看我的书，我的《新闻审美传播》。有人说你的书讨论这么哲学、美学的问题，它还是新闻学书吗？我当然不敢说我写的书有多么好，但我觉得大家学了很多年，大家想象中的那个基本以手艺为主的“新闻学”确实害人不浅。尤其是相当一些同行把新闻学与哲学如此严重地割裂开来，我觉得更是严重不妥的，甚至这也正是我们当下危机的根源之一。在我看来，一切人文社会科学中的技术、手艺的规律性总结都很重要，但是当它们脱离了更高层次的原则统率时，就出大问题了。因此，我们讨论“拯救”，还是要基于哲学美学视域的方式。

刚才我们讲我们拯救报纸是在拯救新闻传播，更是在拯救人类自身。人类自身这个事就得从哲学、美学这儿说。哲学、美学也太多了，从哪说起呢？是东方哲学还是西方哲学？还是谁的哲学？我选了两个哲学家和他们的思想体系及观点来作为今天讨论的逻辑起点。一个是康德，一个是黑格尔。我想选择他们来讨论这个问题，大家应该没有争议。他们绝对是哲学家、美学家，他们创立并终结了古典哲学，为新的现代哲学、美学奠定了基础。应该是一个时代的标杆，甚至是我们当下世界人类的那些理性东西的基本之一。

康德是 1724 年出生，1804 年去世，活了 80 岁。黑格尔是 1770 年出生，1831 年走的，康德比黑格尔大 46 岁。他俩同时活在德国的那样一个民族国家尚未正式建立的时代。不过，以我的阅读，还未发现他俩有什么具体的交集，但黑格尔认真研读过康德的书应该是没有任何疑问的。在那个时代还有莫扎特、贝多芬、歌德、席勒，这个时代可了不得。如果将来在座的各位有研究生读到博士什么的，可以开“这个时代何以如此”之类的题目，我看硕士也可以选。十八世纪下半叶到十九世纪上半叶德国的思想和艺术，达到了人类思想和艺术的一个高峰，就其学理而言，它与全世界任何一个国度，任何一个时代相比恐怕都出类拔萃。

康德自己说，一生主要研究了三个问题。这也就是他的思想体系吧。简单讲，康德的三个问题分别是人类的知、情、意。第一个问题，“我能知道什么”，人类知道什么。结果他写了三大批判的第一个批判叫《纯粹理性批判》。第二个问题，他说“我能做点什么”，人能做什么。第一个讲的是知识，第二个讲的是道德，我做人，我知道很多东西，我应该做点什么呢？讲的是道德、伦理。结果他写了三大批判的第二个批判叫《实践理性批判》。我们现在好多人一说康德，难得不得了，尤其是我们师范大学的同学，将来到了工作岗位，我做过几次咱们全国的师德大赛演讲的评委，我看所有的上去演讲的人从大学到中小学的老师们，他们几乎都引用一句话，就是康德的《实践理性批判》结语部分的开头，说人的一生有两件事情使我们每天想起来都日想日新，并且产生巨大的敬畏，大概是这么个意思。这“两个东西”是什么呢？就是“我头顶上的星空和我心中的道德律”。这两句话我们都觉得老师、师德，强调的是道德约束，“头顶上的星空”指的是知识。康德本身是个天文学家，是一个很了不起的自然科学家，后来研究哲学了，或者说科学问题是康德哲学的一部分。这是康德研究的第二个问题。第三个，“我可以期待什么”。我已经知道了世界的某些东西，也知道了我应该做什么、怎么做了，那么，最后我可以“期待”点什么呢？人总该有一些理想，我总是期望，我还有一点点期待。于是他写了第三大批判，《判断力批判》。事实上这本著作成了今天我们美学的奠基之作。这本书整个讲的都是美学的这些东西。

哲学、美学，请各位同学好好想。第一个我们知道了一些什么，第二个我们应该做什么，第三个我们可以期待什么。这事很艰深吗？当然越思考越深，日思日新——绝对是本体论的东西。前些日子的“世界读书日”，有记者来采访我，说你给我们说说对你一生影响最重大的三本书或三个作家。第一个，我说康德对我影响最大，因为我读了十几年，到现在也没读懂。没读懂，怎么对你影响大？我说正因为没读懂，又觉得人家说得很有些道理，所以就天天研究，找各种各样的书，慢慢地去研究，一定要好好读读这个……前面我想跟大家说的是康德一生研究的三大问题，出版了他的“三大批判”，最后他到临死的时候说，我想来想去这三个问题其实就是一个问题。这一个问题是什么呢？就是“人是什么”。他的结论是“人是目的”。我们经常说以人为本，“以人为本”和“人是目的”还是有一点点区别的。“人是目的”是没有商量的，“以人为本”有一个“谁”以人为本的问题。我以你为本，我怎么理解是我的事。而康德说人是目的，就是这没得商量。那么总的一个意思是康德这样去思考人生这个哲学，到最后落实到“美”上，也就是他讲的是“我的期待”，即“人是什么”，结论“人是目的”。

美是人的终极理想。这句是我根据康德思想的发展过程论证出来的，在《新闻的审美传播》这本书里论证这句话花了不少篇幅。想说的意思是因为康德的一切研究到这儿，那么最后最著名的代表作品到这个判断力的时候，就是美学这一块的时候，他认为这是他最后思考的最大的事，而结果把这个归结为人是什么，人是目的。因此，我们也可以进一步说，审美关切就是人文关切。康德美学讨论的不是简单的感官上美不美，不是这个东西好不好看。他讨论的问题是“美”与“不美”是人的本质表现，是人的终极理想。今天没有更多时间跟大家详尽地讨论这个问题，有机会大家可以去看看书。

那么报纸的出路何在？咱们讨论了这么多哲学、美学，想说的是，精神产品当然应该是美的。但这个“美”，什么样子是“美”？用康德哲学的逻辑推导，我的说法叫做“美是人类的终极理想”，那就是说我们的精神产品要展现并促进我们人类的那些最美好的理想及其实现，是我们要以这样的价值观去捕捉新闻，去报道新闻，去阐释新闻，这样的新闻作品才是有大价值的。

说一个康德可能难以代表整个“哲学和美学”。下面我们再来讲黑格尔，讲讲黑格尔的哲学体系。我刚才讲了，黑格尔比康德小 46 岁，这样的巨星同时生活在德国这一小片土地上。德国人如此擅长这种本体论哲学的思考方式实在是件极特殊的事情。德国这个民族后来出那么大事，不知道跟这个有怎样的关系。（众笑）

黑格尔哲学体系主要是由三大块构成。第一是逻辑学，讨论的是存在、本质、概念问题，不是我们今天讲的简单的形式逻辑。第二是自然哲学，那个时代的哲学家们都把自然科学看得十分重要。那么他的自然哲学讨论的是力学、物理学、有机学等等。我们现在学点新闻传播，除了新闻传播的比较多的技术手段之外，咱们会得也不大多了。这种情况在文学院可能稍好一点。自己读了若干本中外新闻学的书就以为自己有点学问，就要指点江山了。对此，我们还真得有些自知之明才好。黑格尔哲学体系的第三大块是他的精神哲学，这也是他最为看重的。他精神哲学里面讲主观精神、客观精神、绝对精神。其“客观精神”主要讲的是法、道德、伦理，比如家庭、市民社会、国家等等；他的“绝对精神”

讨论的是艺术、天启宗教、哲学。这是黑格尔基本的哲学体系。

按照刚才讨论康德的套路，黑格尔哲学思想体系最后落到这个绝对精神，这是黑格尔哲学最重要的思想。黑格尔哲学的绝对精神讲艺术，讲天启宗教，讲哲学。请各位注意，我们当下对实现人的终极关怀的大致共识也正是这样三个方面：人在“世界是什么”“人是什么”的本体论的哲学关怀中找到了生命的寄托；人在对来世的期待的宗教关怀中找到了生命的寄托；人在艺术所创造的世界中找到了生命的寄托。显然，这三大终极关怀与黑格尔的“绝对精神”所说的艺术、天启宗教、哲学十分相近。这也是个十分值得思考的问题。

上述的这些简要介绍可能说得不是特别精确。我的总体意思说的是康德那样的大哲学家最后讨论的是美，他的哲学体系讨论的是美，讨论的是人的终极理想。而黑格尔哲学最重要处最后也落到了精神、绝对精神，绝对精神讨论的是哲学、艺术和宗教，也落到了“美”上。

这到底是什么情况？哲学应该是一切精神产品奠基的东西，也是我们观察世界的基本思想方法，当然也是价值观。

两个这么重要的哲学家，他们讨论的最终、最重要的都是人类最根本的东西——美。我们刚才讲要拯救人类自身，他们讲的人类的自身的那种最高的东西都落到了“美”上。他们认为精神产品最重要的，最终的归结是艺术和这个我们的人生的理想——美，这样的结论。

我的基本逻辑是这样的，我们的报纸不大行，我们的新闻传播也危机重重，根本的原因到底在哪里呢？我认为根本的原因主要不在介质的变化，而在于我们忘掉了、丢掉了包括报纸在内的新闻传播之所以成为新闻传播的那些东西，我们把它变成了一种“围观”，我们把它变成了一种“八卦”，我们把它变成了一种“生产”。我们新闻产品的创造者们，这里的“产品”指的新闻的文本，不是造假新闻。我们新闻产品的创造者变成了一种工具，精神产品的创造变成了简单的物品生产，好像我们能“跑”就有新闻，当然新闻不跑是没有的，但跑也不一定就有。我们本身没有多少思想，使得我们的新闻越来越糟糕，就是这样一个情况。讲了这么多康德、黑格尔的哲学、美学，其主要意思是期待我们能以这些作为基础，在这样的高度上来讨论报纸的问题，进而讨论报纸的“出路”。如此，我们的“拯救”之路可能才更清晰，更有针对性。

当然，康德、黑格尔哲学、美学讲的精神产品和生命理想，不仅是美的价值观，他们还有诸多如何实现这些价值的原则论述。下面，我们就以他们关于如何实现这些价值的原则论述作为线索，来进一步讨论报纸的出路问题，也就是讨论我们的报纸如何实现这些价值。

四、价值实现：全面回归新闻规律来搞新闻

接下来，我们就以上述康德、黑格尔的思想体系为逻辑起点，来讲讲新闻如何实现审美的传播。刚才是基于康德、黑格尔哲学特别简单的讨论，我们还得回过头来讲我们的报纸，我们的新闻传播。具体一点讲，你说去追求人类最美好的理想去搞新闻，能不能再具体一点。我们一层层往下说。

第一，我们所有精神产品的提供者、创造者们，就是我们现在的、未来的记者、编辑同事们，在我们的新闻传播活动中，如何去追求并实现人的美好理想这样的价值观。前面我们说，审美关切就是人文关切，所以，首先我们在自身的价值观上要坚定地树立起以人文关怀为核心的这样一种价值

观。

人文关怀来自于人文精神，人文精神比较早地来自于欧洲十四至十六世纪的文艺复兴，那个时候思想者们呼吁人要从中世纪的那样一种禁锢中解放出来，真正地成为人。于是这种“人的主义”的思想逐渐强烈地成为一种普遍性的价值观。中国翻译过来的时候，大家觉得“人的主义”这个专有名词不大好，当然也得用四个字，人什么的主义。想来想去，既然是文艺复兴时期提出来的，就叫“人文主义”或“人文精神”。然后有的学者考证中国传统的百家，从里面去找这两个字，找过，但是这个事可能也是个研究课题。不管怎么样，就是关注人，尊重人，强调人的主体地位。后来德国古典哲学家康德的“人是目的”所强调的人文关怀、以人为本，大概都是这个意思。那么我们的新闻报道尽管是客观的，但是我们把握新闻素材，阐释新闻素材时总得有一个基本的价值观在这儿。那么这个价值观，我觉得就是人文关怀的价值观。这个十分重要。我们若干的——一会儿我也讲一两个作品——我们若干的经典里面，真正好的作品无一例外都是那些关注人、尊重人这样的作品。

在这里我顺便说一句，新闻传播学跟哲学、文学、社会学、法学、经济学等等人文社会科学并没有本质的区别，这是我的一个看法。它们都同样的是表达对社会、对生命的判断。看看前面那些社会学者、文化学者对我们当下新闻传播的评论，我们就更加清楚和认同这个看法了——他们评价我们新闻传播的标准和尺度完全是他们行当的标准和尺度。想想，也对，既然都是精神产品，怎么能够不是一个标准呢？如果说它们有所区别的话，区别在于他们表达对社会、生命的看法的方式的不同，大家各有其自身的规律、各有其自身的规定性。新闻传播是以客观的事实的报道来表达对社会和生命的看法。文学创作是通过塑造形象，哲学是通过逻辑推理来表达对社会和生命的看法。因为新闻传播与其他人文社会科学的“相同”，而且是在目的上的相同，所以，我们讨论新闻传播的出路要在哲学、美学的视域下来进行；因为新闻传播与其他人文社会科学的“不同”，而且是在实现目的方式上的不同，所以，我们讨论新闻传播的出路问题，还是要回到新闻传播自身的规律性上来。因此，最优秀的记者一定是首先赢在这个地方，赢在内心的、文本的思想，赢在对新闻传播规律的娴熟而精到的把握上。萨特有一句话叫做“思想就是人的尊严”，我们精神产品提供者最了不起之处，比到最后的是比你的思想水平如何。我们搞文学研究，搞新闻学研究比的是这个。你当作家，当哲学家，当经济学家，当新闻记者等等，最后比的也都是这个。至于那个入门的，专业门槛、技术手段之类还是比较好学的。新闻这件事，人家一天也没专门学过新闻传播的，不是干得也挺好吗？不能以为我们念了四年本科，再加上三年研究生，就觉得我们了不起了，某种程度上讲，我们学的这些也就是有了一个工具吧。新闻报道的专业门槛大概是人文社会科学里比较低的。因为我们是师兄弟，所以我说话可能有些过激。最后比的是思想，技术相对好学些。

第二，我们这种新闻传播，实现审美的传播，对人的关注，应该是通过传播思想来实现的。可能有人说，你怎么老是强调思想，新闻是事实的报道才对呀？我告诉你，思想跟事实是这样的关系，康德后来的又一位大哲学家维特根斯坦讲，“思想是逻辑形象化了的事实”——“思想”也是“事实”。为什么说人家的报道价值大，你那个报道价值不行，就是因为你的那个报道思想含量不够，你所报道的事件本身没有什么价值。

怎么才能有价值呢？因为你本身对价值的追求不够，甚至没有什么思想，有价值的东西你也看不出来。边上人告诉你了，那个主编告诉你了，出了个事，你去采访采访。你写出来的东西也没有价值，因为你不太懂。怎么办？先得在思想认识上重视起来，然后下功夫去提高自己。对此，我觉得刚才说的那句话还得再强调一下——法国存在主义哲学家萨特说的“思想就是人的尊严”。在萨特看来若没有思想，人和其他的动物没什么区别了。我们新闻系的朋友们有疑问：思想当然十分重要，但我们新闻讲的是“事实的报道”，你说的“思想”是“事实”吗？那么，我们就来看看，“思想”是不是“事实”。刚刚我们说了维特根斯坦的看法，思想的逻辑形象就是事实，再简单些说，思想就是事实了。不然的话，我们传播学、新闻学为什么翻来覆去地讲要从事实中找出其新闻价值，要全面提高新闻价值的判断水平呢？我们所说的“传播思想”，当然包括传播那些有新闻价值的、直接的思想观点和看法，但更主要的是传播那些具有思想含量的各种事件、事实，或者说是要在那些新闻事件、事实中挖掘出它的更大的价值来。

第三，怎样传播“思想”？怎样使我们的传播令人爱看、想看，进而达到最大的传播效果？还是要回归作为精神产品的新闻的本源要求，老老实实地按新闻规律办事。

前面我们基于哲学、美学的视域讨论的当下报纸的出路问题，更多的是价值判断的范畴。我们说我们的报纸要实现以人文关怀为核心价值，传播能够促进社会的文明进步和人的自由全面发展的思想，进而实现审美传播。那么，上述这个价值判断、讨论、结论应该如何具体实现呢？

我的结论是，我们的新闻采编必须全面回归新闻之所以成为新闻的本初意义上来，真正地按新闻传播规律来搞新闻。

从上述的讨论中可以清楚地看到，哲学、美学为当下的新闻实现审美传播，进而为走出困境提供了可行的目标。接下来我要说，哲学、美学视域的“新闻的审美传播”为当下的新闻传播走出困境提供了途径——下面就按这样的思路来讨论。

我认为，康德与黑格尔在“美”是如何实现上的看法是很有一致性的。康德说，“美的形式是合目的性与合规律性的统一”。我们把康德的“美的形式”理解为“新闻传播将走出困境”的目标，而新闻传播欲实现这一目标则必须使其具有“合目的性”和“合规律性”。我们讲价值判断时说，新闻报道要以人文关怀为核心价值，要促进社会的文明进步和人的自由全面发展，这主要讲的是“合目的性”的问题。达到了这一点，这个“形式”（新闻文本）就是“合目的性”的，就是“美”的。接下来就是如何解决“合规律性”的问题了。对此，黑格尔的“美是什么”说得就更清楚了。黑格尔说，“美是理念的感性显现”——“美”如何“显现”？是理念的“感性”的显现。黑格尔的“理念”大体可以理解为康德的“合目的性”，黑格尔的“感性显现”可以理解为“美”的实现方式或途径，进一步也大体可以理解为康德的“合规律性”。各行各当都有自身的规律，否则它就没有自身存在的合法性。接下来就讨论审美传播的“规律”问题。

新闻传播的基本规律是什么？这就说到了我们新闻学、传播学和新闻实务的专业上来了。对此，大家都耳熟能详。比如，真实、客观、公正、快捷等等，新闻业界还有更生动的“六字”概括：真、短、快、新、活、深。还有一些表达，比如，一个好的新闻报道，得是有尽可能大的新闻价值的，得有某种新奇感、惊奇感，得是受众所不知道而又想知道的等等。结合上述哲学、美学的那些讨论，结合我们所说的新闻的审美传播的观点，从纯粹的技术角度上来讲，我所在的媒体——《工人日报》把下列原则作为我们应对报纸困境的努力：我们要办一张既有鲜明自身特色，又有广泛社会影响的精致大报。具体讲，除了上述的一般性的新闻规律外，我们要抓价值尽可能大的新闻，这里所说的“价值”，首先是信息价值，其次要突出强调事件的审美价值，也就是蕴含在事件中的对社会的文明进步、对人的自由全面发展有利的价值。同时，这个新闻首先一定要是个具体事件（不是要“感性”地“显现”吗？每个事件都是不同的，都是具体的。只有“具体”了，你才可能是“感性”的）。然后要“厚题薄文”，而且是尽可能地让新闻事实做主题。再然后是要“让版面的每一个位置都重要起来”。一要价值大，二要具体事件，三要“厚题薄文”，四要“处处重要”。用一句话说就是：把价值大的事件新闻“厚题薄文”地“显现”在版面上。这样的报道才可能“像新闻样”，这样的报纸才可能“像个新闻纸”。正是这样的做法使得我们近年来每年都能在中国新闻最高奖——“中国新闻奖”评选中获得四五个奖。

说到底，面对当下的“报纸存亡”问题，我们当然要高度重视，但我们大可不必绝望——任何时候，新闻都是社会和人们的必须品。新的、更方便的传播媒介的出现，必然都会对传统、相对不那么方便的媒介产生影响、冲击，但那只是形式，而不是本质。精神产品形式重要，但内容的价值如何更重要，更是问题的本质。当下报纸不景气，全部根本原因并不在于网络的冲击……移动终端大量兴起之后，固定的终端不也成了“传统媒体”了吗？

那么根本原因何在？

通过前面的诸多讨论，我们应该有勇气承认——

那是因为我们报人自己做得不够好，是我们自己未能始终坚持人的终极理想和按新闻规律办事的结果。

怎样才能做得好？什么样的具体文本算是“好”的？前面是从理论的角度谈的，下面我再从实务的角度举例谈谈。

五、看看我们的经典是如何按规律办事的

最后我讲一点点经典的文本，并以此来把我们前面的那些较理论化的看法具体化一些，感性一些。

先讲个故事。前几天我们报社招编辑、记者。招聘的“硬杠”是这样，28 岁以下，硕士以上者有报名资格。面

试的一道题是：你心目中的最优秀的古今中外的一篇新闻经典作品，能给我说说吗？随便，你认为最好的。不少应试者是想了想，然后说你《工人日报》上有一篇文章，大概意思，我也记不清啥题目了，具体是如何如何……这是经典吗？你是吃这碗饭的，这就是你理解的“经典”吗？文学系的在这儿呢，你现在认为古今中外，最好的，最经典的文学作品，大体上能说几个吧？这个说不上来，没关系，你告诉我一个你心目中最了不起的名记者也可以。结果不少人一说就是电视明星。很多新闻传播专业的，或希望进入这个专业的，不研究报纸，不研究新闻史，更很少关注这个行当的名篇和经典。不知道在座的如何。既便是电视的明星主持人也要具体分析。第一，最早他们大都是干报纸的，就是到了今天，他们自己也说，是干报纸那些年的培训为他们的今天奠定了扎实的基础。第二，中国的名记者那么多，咱们从最早的开始，比如王韬，比如再后来的梁启超、张季鸾、王芸生、范长江，那多了去了。新中国成立之后，我们改革开放三十多年来的优秀记者们还有很多。这就是人家批评我们时所说的“文本的阅读和欣赏变成了观看和围观”。我们的新闻采编在外人看来是制作、复制。

我刚才讲首先是我们的传播主体，也就是我们记者、编辑们你自己先要有思想，要有若干有较深思想的名篇或经典。你没有，你就干不了新闻传播这个活。我们这个圈里总得有点可供学习的，你心中的样板是什么样的，总得有这样的东西吧？所以这块，我只能告诉给大家，你每年到《工人日报》应聘，或者你到中央任何新闻单位应聘，这个题不过分吧。你是吃这碗饭的，问你觉得哪个名记者最好，没有标准答案的，只要你能说出些道理，说得清楚就行。说明你知道你这个领域最优秀是什么样的。我只能很惋惜地说，好几年了，我们新闻传播的同学，十个有九个答得很不能令人满意，都是硕士以上的。面试时见到北大历史系的一个博士，看得出来，这真是老老实实做了一些年学问的，大家在一起能够在某个高度上讨论问题，互相启发。我们一致认为他很优秀。新闻业界的管理者们喜欢那些有思想、有学术训练的优秀的大学生、研究生的加盟。这样素质的年轻人入行后只要坚持用功，路子不要走偏，若干年后就极有可能成为名编辑、名记者。说到底，优秀的编辑、记者都有较好的思想和专业功底，对若干经典烂熟于胸就是其中之一。这一点很重要，十分重要。

接下来，我们就讨论几个作为一个优秀的职业新闻人所应该学习和研究的新闻经典。我能够给大家推荐的是全国记协不久前搞的一个全国社科的重点项目的选题，一个课题——《中国新闻百年经典》，他们出了五本书，从一百多年来的新闻中选出来的一些优秀文本，其中第一本消息卷是我主编的。我觉得这套书可以认真读一读，好好地去体味。你们图书馆应该是有的。这五本书分别是消息、通讯、评论、摄影，还有一本漫画，新闻漫画读本，这是一种经典。

下面我给大家介绍、点评一下我所在报纸的两个作品。一个是前年 7 · 21 北京大雨，去年评的“中国新闻奖”，这个作品是我们的一篇特稿，获了“中国新闻奖”一等奖。第二个作品，是 2005 年的时候《工人日报》的一个作品，也获得了“中国新闻奖”一等奖。大家知道“中国新闻奖”就作品而言，是全国一年一度新闻界的最高奖，一等奖很厉害，凡是评职称什么的，你得过一等奖，就基本不用讨论了。“中国新闻奖”一等奖作品能否成为经典，这需要时间去验证。但说是好作品应该是没有任何问题的。

第一个作品，《北京一夜》，是一个特稿。我简单介绍一下。

前年 7 月 21 日北京大雨，这个大雨中，有人在马路上活活淹死。这个人在汽车里面，汽车抛锚了，由于汽车封闭太好，就怎么也弄不开，人就这样死了，这是一个事。同时那一天晚上北京的好多志愿者自发地去救人，当然也不是救这一个了。就这么个故事，那场大雨确实很厉害，北京的街道，有的街道马路都有这么深的水，情形很糟糕……大概就是这么一个新闻事实。在座的同学们，这个事实你们知道了，现在你可以试着想象一下，你去采写这个东西，报道事实的同时，你到底想说点什么？你的倾向到底在哪？首先，我写几百、上千的志愿者们努力地去救人，就谱写了一曲社会大家庭相互友爱互助的凯歌，这个肯定没有问题，这个报社也可以发，而且往往就登这个。如果我们写一个活生生的生命，大家眼瞅着，看着他就这么淹死，你写这个也是新闻。但这么写，行不行？我们考虑新闻的真实性，真实性一般讲“具体真实”，具体真实是讲这个事确然就这么发生了，新闻肯定得具体真实。这个事本身不能造假。但新闻真实还要讲“整体真实”，除了这个细节是真实的之外，你比如说咱们拿其中一个事，就是淹死人的那个事作为报道的整体的话，我们就需要去讨论了，这个问题是什么造成的？首善之地的城市建设和管理就这么差吗？要追究相关部门，这个部门领导要负责任等等等等。这是一个问题吧？

后来发表出来的这个报道写的精彩之处在于，记者把这俩事写一块儿了。这俩事谁也不挨谁，写一块儿了。我觉得，这个报道的最大价值在于它既弘扬人间真情，也不粉饰灾难，它把具体真实和整体真实非常好地结合了起来。同时，在写作手法上，它把我们新闻上讲的断裂行文法和经典的一些文学手法结合起来了。比如《安娜·卡列尼娜》，我觉得《安娜》是一个非常奇妙的经典作品。两主人公，男主人公、女主人公，七十多万字里面两个人没有什么情节发展所必需的重要交集，他俩的故事基本没有什么关系，这个事很奇怪。现在流行的八卦式的想法，他俩总得有点“事”吧？（众笑）正是这样一个世界名著，竟然他俩没有什么关系。说到这儿，随便再多说几句。我刚才讲德国那一段有意思极了，这个在世界思想史、艺术史、文学史上很著名的一段，其实类似的还有俄国十九世纪末二十世纪初这一大段七八十年，以托尔斯泰，屠格涅夫、托斯陀耶夫斯基等等为代表的俄国，也呈现了一个辉煌的时代，这个时代不得了，当然还有我国的春秋战国的诸子百家争鸣那个时代，真是无比辉煌!

接下来还讲这个作品，记者把谁也不挨谁的两个极端的事写到一起，既有我们社会充满正能量的友爱，也有我们看到一个生命无助地离我们远去，进而思考我们城市的建设、城市的管理，甚至思考我们的政府、我们的百姓……这样两个东西写到一起，主流的能接受，其他的也能接受，最后也没有人找麻烦。这个稿子希望大家认真地看一看。

下面，我们来看另一个新闻作品，题目叫《风雪中，伫立着四个厚道的农民工》。这是在2005年《工人日报》七版上登的一个小通讯，一千多字。大体的意思是说有这么几个农民工给一个老板打工，到春节了，老板跑了，没人给钱了，欠薪。这是咱们常见的一个事情。如果仅报道欠薪可能就是一个很小的作品了。这几个农民工说他不给咱们钱，是他不对。但也有人跟他们讲，这老板家里还有点东西，你们分分得了，也值几万块钱。这几个农民工想来想去说，他跑了，不给钱是他不对，咱们要是拿他东西，就是咱不对了，咱们不能犯法。老板这一堆东西搁这儿，咱们帮着看着点，几个人就等着。寒冷的冬天里，几个人连饭也吃不上了，周围的人听说后送了些吃的……把这个新闻事实告诉给在座的大家，意思是咱们还可以再模拟练习一下——如果让你采写这个报道，要你写，你怎么写？

《工人日报》编发了这么一个一千几百字的小通讯，题目叫《风雪中，伫立着四个厚道的农民工》。一看当然是表扬这几个农民工，但这个“表扬”与普通常见的“表扬稿”有很大的不同。写的是最弱势的几个人，谈不上什么典型。“伫立”，“厚道”，这都带有主观色彩，其实把这个事情客观地描述出来可能就很好了。但不管怎么样，现在这样也已经蛮好了。

关于这个文本的审美价值，我们可以借助社会学和传播学的一个调查来讨论一下。社会学和新闻传播学的一个调查统计研究，曾经有过农民工是一种什么样的社会形象的课题。在广州有一个学者，香港大学的一个女学者说她调查了广州的四家报纸。在《南方日报》《广州日报》这样的党报里面，农民工的社会再现形象是勤劳的、努力工作的占比较大的比重；在都市报的讨论里边，《南方都市报》，还有《新闻快报》的报道里，她的研究结果是进行了定量的分析之后认为，农民工是受压迫者，同时也是社会麻烦的制造者。

媒体再现所呈现出的某个社会阶层群体的形象，我们天天在讲，其实我们在报道的一个人群，比如说官员，我们自觉不自觉地给他们划归到某一种形象里面去，不少报道呈现出的，他们或者是勤勤恳恳、为人民服务的，或者是一帮贪得无厌、不干正事的人，这是我们很多的传播里边“再现”出来的形象。而我们的大学生的社会形象有的说是朝气蓬勃的，有的说是一帮好吃懒做的，也不干正事，整天也不好好学习，娇生惯养等等等等。不同的阐释立场，不同的视角报道出来的是不一样的，而且这种再现结果对社会的正确认知是有大影响的。农民工形象问题也是这样。终于《工人日报》这个报道出来之后，在农民工是勤劳肯干的、勤俭的，是受压迫的，是社会麻烦制造者的社会形象之外，又说其实他们中的很多人是厚道的、诚恳的，大概就这么个意思。这个作品之所以能够获“中国新闻奖”通讯类一等奖，我理解主要原因在于：一是它在新闻的具体真实的同时，增强了农民工的整体真实；二是它很好地体现了对农民工作为人的强烈尊重。它通过一个现实中确然发生的具体新闻事实报道，客观公正地还原了一个社会群体的真实面貌，更弘扬了生命的真爱品质。

大家知道得一等奖很不容易，所以我拿这两个作品跟大家讲首先事实是什么，然后怎样去叙述、阐释这个事实，可能就有很大的意思。

我们今天讲包括报纸在内的新闻传播的出路在于要实现审美传播，审美的传播是什么呢？还是讲的我们要有一种以人文精神、人文关怀为核心价值观的这样一种基本的思想去捕捉，去叙述，去阐释新闻事实。这样的作品就是有思想内涵的，就是会较好地影响社会舆论，进而影响社会的文明进步和人的自由全面发展的。这样的精神产品就是有价值的。

好，我讲的话题就到这里，还有十几分钟，各位有什么问题，愿意提问的，我愿意回答。谁有问题？

提问：老师好，我是文学院的同学，刚才您讲的很多观点我很欣赏，但肯定也需要消化一阵子。我有一点疑问，就是您说整个当代新闻传播以及整个人的精神，由于人自身的思想已经是崩溃的状态，所以导致新闻某一方面的思想、美感也不断丧失。我想问一下，我们是否还可以这么理解，人类的思想是否也在由一种深的状态走向民主。现在的情况是每个人都可以成为哲学家。同时新闻也是这样，是否每个人现在都可以发表言论？虽然这样一种状态可能产生非常大的混乱。您后来讲新闻以及思想都是要说道德，我们现在的确没有达到这样的状况，但一旦达到思想以及新闻状态的民主化之后，人们会回到这种道德，而且这种道德是存在于人内心的。我这么理解是否有一定的合理性呢？

孙德宏：说当下人的精神和思想已经“崩溃”，显然是过分了，远没到这样的程度。但更多的人不愿意思考、不习惯思考，很少从审美的角度思考世界和人类自身的情况确实是比较严重的，而这样状况体现在精神产品的生产者——新闻人身上，就更加糟糕了。当然每个人都可以发表言论，这一点没有任何问题。有问题的是，你的言论是否符合事实的基本真实和必然逻辑。对于职业新闻人而言，你的言论是否有助于推动文明进步，这是你的职业责任，也是你的传播效果的客观要求。从这个角度上讲，我们这个时代在思考，思考的人不知道是多了，还是少了，但是至少我们思考的成果应该是比以往有进步的，这也是没有任何问题的。我想说的是我们作为思想的参与者和传播者，应该以这些思考作为某种尺度来选择、阐释、报道新闻，这才是正道。如果我们新闻传播本身有更多的思考，我们今天报纸是不会有这样大的困境的。这是我回答你的第一个意思。

第二个意思，刚才你说的那个“民主化之后，人们自然会回到道德”，我当然很愿意同意你说的“道德是存在于每个人的内心的”，但我不大认为它与民主化有一种必然的关系。我不知道我的理解是否是你的本意。我更愿意强调职业新闻人怎么样以我们这种思考作为基本的东西，来做我们的报道。我刚才说新闻传播和文学、哲学没有什么本质区别，它们都是要表达对社会和人生的探讨，要影响社会，影响人的，它们的根本区别在于它们表达方式不同而已。那么我们新闻的表达方式当然就是要按新闻规律去做。像康德讲什么叫美，就是合目的性与合规律性的统一，那样的一种文本形式是美的。刚才重点讲的先是思想，后是新闻的规律，讲的是合规律性，就是这个意思。另外，在你的提问中提及了精神、道德、民主等等很重要也很复杂的概念，我想你可能还要表达对“自由”的呼唤。我认为这些概念所蕴含的学理和价值，还是要更科学地理一理的。期待你在这方面有明显的进步。

提问：孙老师，您好，我是2013级中文系的研究生，我现在有一个问题就是，社会评价比较好的一个新闻栏目是“看天下”，里面有一句话就是他说新闻目的是要做最好看的新闻杂志，您觉得什么样的新闻才叫好看的新闻？第二个问题是今天咱们讨论的这个，我觉得除了谈从业者自身的问题以外，应该还有他面向的受众的角度，我想问一下您对现代的这些新闻它所面对的受众，他们的特点，您有什么样的看法？

孙德宏：第一个，做“最好看”的新闻是所有新闻人的追求，这没什么争议，问题在于：什么样的新闻是“最好看”的新闻？我觉得那些具有信息价值和审美意味的，既关注人的物质需求也关注人的精神需求，能够促进社会文明进步和人的自由全面发展的新闻，就是“最好看”的新闻。从技术角度讲，那些合目的性与合规律性结合好的就是“最好看”的。再往下说，那些有真正新闻价值的事件的新闻是好看的。“最好看”的，我能提供给你的除了刚才的这样基本的抽象的说法之外，我一再讲大家去看经典，去研究经典，就知道什么是“最好看”的。你想你为什么认为“看天下”好呢？它是否也契合了上面这些说法？我想你做你的硕士论文，这也是蛮有意思的一个题目。我们一起去想，它到底为什么好呢？这是第一个问题。

第二个问题，对当下的受众怎么看？首先，我认为受众研究很必要，那是我们产品的用户呀，对他们是不可以抱怨的，我们只能去想怎么样让他们满意，而不过多地去强调他们有什么缺点。我们讨论的应该是这个。第二，我认为当下的受众将来可能会有一个变化，这一点希望各位能特别地予以关注一下，那就是他们中的一部分人现在已逐渐地不大满足于网上的那样一种阅读方式，因为太累了。我甚至相信，这类人会继续增多。其实，在很多时候我们也控制不住自己的那样一种欲望，那样一种感官刺激的东西：一条新闻往下链接，没完没了，两个小时，三个小时不知不觉中过去了。最后被网迷到那样一种不能自拔的程度。我们天天在那看手机看得头昏脑胀，最后发现也挺扯淡的。可是，明天还这样。我们自己也控制不住自己。稍清静些后又责怪自己：什么时候去思考呢？不错，现在已经有若干受众开始努力地把手机仅作为工具，而不是沉湎于网上。我更愿意建议我们的新闻从业者们每天上一个小时、半个小时的网，你浏览浏览各方面的新闻，然后你针对报道做一点功课这确实是挺好的，但万万不能整天挂在网上，这样你就“死”了，你被自己的喜欢的那个世界玩死了，你很难正常思考问题了。我们现在有一些受众开始逐渐地告诫自己离那个东西远一点，时间短一点，于是“看天下”这样的媒体在某种程度上顺应了这样一帮读者的需求，它在讨论一些看上去也挺重大的社会问题，虽然偶尔也有一点点八卦，但是总体上讲，还是挺不错的一个东西。我们希望有那样一些精确而有启发的东西告诉给我们。

在《工人日报》新闻理念的若干表述里面，最后说要办一张“精致大报”，其意思就是这样一种追求：把有价值的新闻，尽最大可能真实、客观传递给受众，促进大家的思考，并进而影响社会的文明进步，促进人的自由全面发展，大概是这个样子。

今天讲座的结论，结合你关于受众的问题，我最后讲一句，报纸的最后可能性是报纸总的数量会比较多地减少，最后剩下少数有特色、有深度、有价值的报纸。一种是我今天讲的我所期待的那种比较精致的，既有信息价值更有审美价值的报纸，确实好看，这个一定会出现的。那个时候这种报纸应该是很贵的纸，它是我们当下社会的稀缺资源。一些极有本事的业者留在里边，就像外国新闻史说的《纽约时报》不是大学一毕业就能进去的。有位著名记者胡舒立，原来是我们报社的同事，后来去办财经杂志，现在很著名了，她曾经写过一本书叫《美国报海见闻录》，介绍了美国报业的很多情况，有时间大家可以翻一翻。再有一种是服务类的报纸，免费的或很少收费的，像北京已经出现了大型小区办一个报纸，告诉你哪哪超市什么降价，哪哪卖什么衣服，小区各种服务等等，服务性强极了。这类报纸今后可能会大批地发展起来。那种上不上，下不下，与网络比没什么特点的报纸可能都得“死”，这个具体时间，我也说不好，但我相信在我们死亡之前，报纸肯定不会消亡。

今天就讲这些吧。涉及的方面比较广，希望能对各位同学有些启发，更希望能对未来从事新闻传播的业者和学者同行们的专业储备、思想储备、职业精神储备都能有些帮助。

讲得不对的地方，请各位老师和同学指正。谢谢各位。

时间：2010 年 8 月 18 日

地点：中国人民大学新闻学院

新闻必须实现审美传播

各位老师、同学们，下午好！

我们今天的讲座主要是基于新闻传播的美学问题，题目叫“新闻必须实现审美传播”，也可以算是谈谈新闻美学吧。目的是在新闻传播中如何较好地应用和遵循美学知识与审美原则，进而使我们的新闻传播有更好的效果。

深入地讨论这样的问题，显然，我们首先遇到的最大的问题就是：新闻传播与审美、美学有必然的关系吗？如果这种关系具备必然性，或者说新闻美学本身具有合法性，那么接下来就得讨论新闻的审美传播的具体原则、方式方法等等问题。

因此，我今天主要讲四个问题。按照全国记协的要求，这也算是一次培训。那么，第一部分跟大家共同讨论一下“培训说明”；第二部分呢，跟大家一同讨论一下我们培训的“主要内容”；第三部分，我们来讨论一下美学在新闻传播中的“应用和指导”；第四部分，我们挑选一个具体的案例来进一步讨论一下上述所讲的那些内容。

一、美学与新闻传播是怎样一种关系

下面我先讲第一个部分，培训说明。

我们新闻传播学界、业界很多同事对为什么要了解美学、研究美学有各种各样的疑问，我想这一点也不奇怪——因为目前我们学界、业界从美学角度讨论这一问题的确实十分之少。因此，我们非常需要在培训说明这一节里重点地讨论一下这个问题——美学与新闻学与新闻传播实践到底有没有关系，它们如果有关系，是怎样的一种关系？讨论清楚了这样一些问题，我们的整个看法就有了学理上的合法性，我们就可以继续往下讨论了。因此，在这样一块内容里，我们首先来讨论这样的问题：美学与新闻学、新闻传播实践到底有没有关系，它们是怎样一种关系？

新闻传播、新闻学首先是一个实践性非常强的一门学科，我们学习新闻学、传播学，当然还有研究新闻传播理论的同事，可能更注重纯粹理论的研究，而更多的同事还是要从事新闻传播实践的，具体的讲还是要当记者、编辑、评论员、主持人等。搞理论研究的目的是指导实践，做实务的就更不用说了。

那么，我们就不妨先从一个我们实践中经常遇到的问题入手——我们相当一段时间以来有一些重要报道，我们的业界经常遇到一个十分困惑的情况，应该说，大家都非常重视这些报道，但问题在于：确实十分重视了，花了很大的力气，最后采写出的报道似乎给人留下的印象并不那么深刻。有很多同事讲，这些报道的传播效果，并不那么理想，至少跟我们的初衷还有相当的距离——那么原因到底在哪里呢？

有的同事在讨论的过程中感觉到这些报道不感人，再进一步讲，觉得这些报道很难与受众、与读者心灵产生共鸣。因此，这个问题就可以继续往下转换：为什么下了这么大的功夫，依然不能够感人？依然难以与受众的心灵产生共鸣？这到底是为什么？

我们学界也好，业界也好，大家一般的认识是：只有那些触动了受众情感的文本或作品才可能感人，才可能令读者心情激荡，与读者产生心灵共鸣。我们在几百年，尤其是中国改革开放三十几年来，我们大家公认的名篇甚至经典作品，事实上都具有这样的特点。所以说，我们的作品到底有没有情感，表达了怎样的情感，是很关键的。

情感问题事实上正是作为学科的美学所重点研究的核心问题。什么东西感人？如何才能感人？这正是美学诸多重要问题中最重要的一个。正是从这个角度上讲，感人的新闻作品就应该是具有审美意义的作品。那些具有审美意义的作品，大都是感人的。那么从这个角度上讲，我们研究指导新闻实践的新闻学、传播学，与美学原本就有必然联系。

以上，我们是从一个比较感性的新闻采编实践和新闻传播实践来讨论“有没有关系”这个问题，并得出了这个基本的、感性的结论。那么接下来，我们再从学理的角度来深入探讨一下，美学、审美、美与我们的新闻传播有怎样的必然关联。

美是什么？审美是什么？美学是什么？应该说两千多年来，这些问题讨论一直此起彼伏，尽管最初的时候还没有“美学”这个概念。事实上，时至今日，美是什么、美学是什么、审美是什么，这些在美学里最基础的、最核心的问题依然在学界很难有统一的认识。那么，为了能够把这些问题说得尽可能清晰一点，我们从传统美学的，相对公认的一些经典作家那里来讨论这些问题。

美学最初源自 1750 年德国的一位名叫鲍姆嘉通的哲学学者把他出版的博士论文题目命名为“Aesthetica”。有学者考证，“aesthetica”源于希腊文“aesthesis”，意指感官的察觉。在希腊文中，该词的意思是指“可以经由感官察觉的实质东西，而非那些只能经由学习而得到的非物质、抽象之事物”。由此可见，“aesthetic”从一开始就是指人的感性经验，如感受、感觉、想象、情感等。后来“aesthetic”被翻译成“美学”。学界称鲍姆嘉通是“美学之父”。后来，又有很多学者来讨论、阐发美学问题，其中大多是哲学家。学界一般公认，真正奠定了美学的主要框架和思想体系的是德国哲学家康德。所以，我们就从康德说起。

思想界有“说不尽的康德”之叹。康德的一生，用他自己的话讲，他主要思考了三大问题。

第一个问题，“我能知道什么？”这里的“我”，我们可以理解为“人”“人类”。康德关于对这个问题的思考，得出了他的逻辑学的认知结论。因此他写了一本至今仍深刻地影响着思想界的重要著作《纯粹理性批判》，1781年出版，这也就是康德的“三大批判”的第一个批判。

接下来他说，他一生研究的重大问题的第二个问题是，“我应该做些什么”，或者说“人应该做些什么”。关于这个问题的思考，形成了康德哲学的人类伦理学的道德结论，为此在1788年他出版了他的第二大批判叫做《实践理性批判》这本书。我们新闻业界很多同事在写文章和写评论时经常会引用这样一段名言，大意是我们一生有两样东西越想越值得我们敬畏，一是我们头顶的星空，二是我们心中的道德律。这一段话就是康德的《实践理性批判》一书的结语部分开头时非常著名的话，据说还刻在他的墓碑上。主要讲的是康德理解的“人应该做些什么”，这里面的一个道德结论，这是康德的第二大批判。

康德一生深入研究思考的第三个问题是，“我可以希望什么”，或者叫“人可以希望什么”。事实上，关于这个问题的思考，康德把前面的两大思考“两大批判”“打通”之后，上升到了人类理想、人的期待这样一个层面，得出了他的美学的结论。为此他又写了一本书，在1790年出版，也就是他的第三大批判，叫做《判断力批判》——请注意，这本著作是康德美学体系和美学思想的集大成者。

现在，我们简单地梳理一下康德一生终身所思考的三大问题——“我能知道什么”“我应该做些什么”“我可以希望什么”。如果我们感性一点说，可以这样理解：“我能知道什么”讨论的是我们人类对我们所生存的世界，乃至包括我们自身的那些规律性的东西，或者说人类的“知识”是怎样来的，我们怎样去认识？在此基础上是第二个问题，我们既然已经认识了世界上的这样一些规律，然后我们作为一个人，我们应该做点什么？在这里，康德把整个人的抽象思维落实到了人类的具体生命实践中，比如说要有道德。再接下来，“我”已经知道了一些世界的规律，然后我又知道我应该做些什么，在康德看来，作为一个“人”仅有这些还是不完整的。他认为我们人类还可以，而且应该“希望”些什么，这就是期待、理想等。而且在康德看来，这样才是“美”的，这就是《判断力批判》这本著作，它奠定了我们今天美学的最基本的学理基础，同时也开创了我们两百多年来关于美、审美、美学的一切思考。而这三大问题恰好对应的是我们人类心灵的三大方面——知、意、情。

而康德到他晚年的时候，他说了，“我一生思考了三大问题，但最终可以归结为一个问题，那就是——‘人是什么’？”

这一点很重要——请大家高度重视——康德一生几大问题思考的最后的终结，是“人是什么”。而这一点关乎我们接下来要讨论的问题：美是什么。

事实上，在康德哲学的整个知识和价值体系中，按照康德思考不断升华的时间逻辑关系，最后，也是最终结果是，他认为美是人最重要的特征和追求。所以在康德哲学里面，其结论就是：美是人的生命的期望，或者说，美是“人是什么”的最终结论。那么“人”是什么呢？在康德看来，“人是目的”。至此，我们可以初步这样来理解，“美”是人的终极理想。正因为如此，人的生命才有了终极关怀的寄托。按照这样的思路来讲，我们在这个部分里讨论“美是什么”“美学是什么”就容易得多了。

我们在后面还会谈到，以前我们认为“美”就是“漂亮”、美就是“好看”。现在看来，这当然不错，但是美远不是这么简单。在经典作家这里边，美是人的终极理想，美是人的最高理想，这样的“东西”才是美的。所以从某种程度上讲，审美关切也就是人文关切。

这是康德认为美是什么，有关美的思考的逻辑关系。接下来，我们再来看看马克思主义经典作家是怎样讨论这些问题的。马克思在《1844年经济学哲学手稿》里面有一段非常著名的话，其中结论一句是这样讲的，“人也是按照美的规律来塑造物体”的。事实上，他在这里面把美作为人区别于其他动物的很重要的标志，是人之为人的根本，美是人的期望的象征。

还有我们大家都广泛知道的，美学的集大成者——德国另一位比康德晚生46年的哲学家黑格尔，在他的《美学》里面，也有一句非常著名的话，叫做“美是理念的感性显现”。请大家注意，在黑格尔这里，美由两部分“元素”构成，一是理念，一是这个理念的呈现方式。因为有了理念，这个东西这个事物或者这个判断才可能是美的，接下来还要加上它的呈现方式。是怎样的显现呢？黑格尔认为是“感性”地显现。

所以从这样一些角度上讲，我们可以初步理解这些经典作家们对于美的大体认识。在我看来，它们总体上是一致的。它们都是人区别于其他动物的最重要的标志，美是人之为人的根本。美是我们人类的终极理想，美是人类的最高理想。

通过上述这些，我们可以初步得出这样一些结论——

第一，人类审美的历史其实就是人类追求并实现理想的历史，同时反过来说也是成立的——人类追求并实现理想的历史，就是一部人类的审美的历史。也正因此，审美关切就是人文关切，或者说人文关切就是审美关切。这是我们通过前面的讨论，得出的第一个初步的结论。

第二，新闻传播活动，作为人类实践过程中的精神活动，当然它也必然地寄托了传播主体、接受主体的理想和追求。新闻传播活动作为人类精神活动、实践活动的一个最重要组成部分之一，它本身一定也寄托了传播主体和接受主体的理想和追求。人类新闻传播活动，也应当遵循马克思所说的按照“美的规律”来进行。这是我们可以得出的第二个结论。

第三，我们对人类的实践活动所进行的报道，也就是我们所说的新闻传播活动，若按照刚才的一套讨论的说法来看，它的最高标准应该是对人的普遍意义的探究和对人的不断超越自我、不断弘扬生命价值的传播。再稍稍具体一些讲，就是让人性的光辉得到最充分的展现。

那么它在我看来，新闻传播活动作为人类的重要的精神实践活动之一，它一定是按照美的规律来进行自己的一切活动。那么它的最高标准，就应该是对人的普遍意义的探究，以及对人的不断超越自我和弘扬生命意义的传播。这样一种传播，我们就可以把它称之为审美的传播。所以从这样一些角度上讲，大家可以看到我们当下的新闻学，尤其是理论新闻学，和我们的新闻传播实践，作为人类的精神实践活动之一，它应该而且一定是按照美的规律来进行的。从这个角度上讲，我们的新闻传播实践与理论新闻学研究，与美学不仅有关系，而且应该说它们之间的关系非常之大，甚至它们之间有着绝对的密不可分的关系。

这是我在讲培训说明的时候首先要与大家讨论清楚的几个问题。

那么在讲“培训说明”这一块里面，我还想和大家讲一讲，很重要的一点，我们当前一些理论新闻学虽然有很多的、很重要的成果，但也有一种不应该被忽略的现象：比较多的是研究新闻传播的手段，却比较少的注重研究新闻传播的目的。也正因为如此，新闻学界、新闻业界长期以来有一种说法是“新闻无学”。我的理解是如果说这种说法还有某种道理的话，大概应该是我们当下的新闻学比较多地注重研究手段、注重整理归纳新闻采编手艺，而较少地去研究新闻传播的根本目的这样的原因造成的。新闻传播作为人类精神活动的一部分，它首先也必须遵循一切精神产品的共同目的，而不仅仅是手段。研究手段当然十分重要，但是研究目的应该说更重要。就当下而言，更具有着现实的针对性。所以，刚才在讨论美学的时候，我们说，精神产品，它们要达到怎样的目的，我们人类应该怎样去追求并努力去实现我们的理想，这才是我们一切人文社会科学，或者人文社会学科共同的根本的目的。我想在我们今天的新闻传播学、新闻学、传播学的研究里——尽管这些概念的精确内涵还有着诸多各自的争议——我们不能光钻研或记得我们的手段，而忘了去研究和实现我们的目的。

所以，我们所说的新闻的审美传播应该这样表述：要从人文社会科学共同的基本价值出发，从人类的目的、理想、审美高度来认识和把握我们的新闻传播活动。从人之为人、人是目的、以人为本的角度，从美是人的终极理想的高度来认识和从事我们的新闻传播实践活动。而且也只有这样，我们的新闻传播活动、我们的新闻报道才可能感人，才可能与读者形成心灵共鸣，才可能达到应有的传播效果。也只有这样，我们的新闻报道，才可能在合目的、合规律的美学原则的基本高度上运行。这是我们今天重点讨论的第一部分内容。

二、作为科学的美学学科的基本学理框架

我们新闻传播学者、业者研究美学，到底是为了什么？美学与新闻学、传播学以及我们的新闻传播实践到底有什么关系？上述讨论使得我们得出的结论：它们有很大的、必然的关系，把握并利用好这种关系，就能使我们的新闻报道有更大、更好的传播效果。

在此基础上，我们讲第二部分。

第二部分是讲“培训内容”，也就是要大致地给大家描述一下作为科学的美学学科的基本学理框架。因为大家主要

从事新闻传播实务工作，大多数同事是学习新闻学、传播学的。当然还有若干学习其他社会人文科学的，少数学习理工科。我想比较系统地钻研学习过美学的可能相对少一些，不过也不要紧。这里我向大家推荐两本书，主要是概论性质的书。一本是复旦大学朱立元教授主编的、高等教育出版社出版的《美学》，这本书大家可以作为美学整体的基本把握；第二本书是北大叶朗教授写的一本《美学原理》，是由北大出版社出版的。这两本书各有特色，前者是朱立元先生组织了十几位专家撰写的；后者是叶先生一个人撰写的，内容、学理可能更统一些。叶先生是中国著名的美学专家，几十年来有很多有关美学的著作出版。我想，对美学这门学问做一个初步的、大概的了解可以读读这两本书。

当然，我们也必须清楚，“概论”之类的书毕竟是第二手、第三手的东西了。如果大家还有更大的兴趣，我更愿意推荐大家去读美学史的东西。黑格尔说“哲学就是哲学史”，在美学界，也套用了这句话，叫做“美学就是美学史”。与其他人文学科稍有不同的是，在本科教学中，比如大家一般都是讲艺术概论、文学概论、新闻学概论等等，但在美学界，专家更愿意建议大家去读美学史。在此基础上，如果你更有兴趣，还可以结合“史”去多读一些经典原著，比如康德的书、黑格尔的书、马克思的书，还有海德格尔、韦尔斯等。这是培训内容的第一块。培训时间有限，下面我把美学所讨论的框架性的问题，简单地给大家介绍一下。

美学从概论的角度上讲，大概主要讨论这样五六个问题。

第一个问题是讨论“审美活动”，就像我们现在一直在讨论新闻传播活动，美学讨论的一个重大课题是审美活动问题。一般在这一部分里，讨论美是什么、美感是什么等。事实上，我们讲座的第一部分讲的主要就是这个内容。

第二个问题，我们讨论的是“审美形态”，也叫做审美范畴。关于这一块，也是很有意思的，我们经常讲，古希腊悲剧、古希腊喜剧这些审美形态、审美范畴……西方的主要审美形态、审美范畴大体上说了这样几个概念，一是悲剧与喜剧，二是崇高与优美，三是丑与荒诞。在这里，也有中国美学一块，跟西方美学整个的概念完全不同，有着鲜明的中国文化传统，比如说神妙、气韵、意境等。关于这些，大家不妨在这些书里去看一看。尤其是对照西方美学的相关范畴，认真地体味一下，可能会给我们很多新鲜的启发。这是作为美学总体框架的第二大部分。

第三个问题，我们在讨论“审美经验”。审美经验主要是讨论人类的感知、想象、情感、理解，及其一些动态构成等，这里面包含比较多的心理学的知识。所以说，关于这一块也很有意思。这是第三大块。

第四个问题讲“艺术审美”。在传统美学里面，把艺术都作为核心问题在讨论，传统美学研究的对象就是艺术，这在黑格尔那里表现得极其突出，也有人把它称为艺术哲学。但是随着一二百年的发展和变化，情况有了很大的不同了。艺术远不仅是美、审美的主要对象。所谓“艺术的终结”以及“生活美学”的全面兴起，还有自然美、科学美、社会美、技术美等等，这里，也有人讲新闻美、新闻美学等。这是第四块。

第五个问题是“审美教育”，也就是我们常说的美育。我们讨论审美的人生，所谓海德格尔所期待的“诗意的栖居”。一般情况下，美学讨论的是这五大块问题，它们大致构成了美学概论的主要内容。

美学与其他学科有一个不大一样的地方，那些最基本的问题，同时也是美学几百年来最前沿的问题，比如说，美是什么、美学是什么、审美是什么。李泽厚的《美学四讲》这里就占了三个，另一个是艺术。应该说这些都是美学里最基本最核心的问题，但是到现在还没有哪一个答案是公认“完美”的。由此，我们可以看清这样一个似乎挺令人吃惊的现象：美学里最基础、最简单的问题，往往也是美学里最前沿的课题。我们在最权威的美学、哲学、文艺学杂志刊物，以及近年的美学年会提交论文的选题当中都可以看到，这些问题依然在被激烈地讨论着。由此，我们甚至还可能得到这样的启发：其实很多科学的那些“最高深”的问题乃至结论，很多原来是很基础、很朴素的，比如“常识”。

这是我们今天讲的第二部分，培训内容，这里讲得太简单化了，甚至是应试式的，真正的情况比这复杂得不知多少倍了。所以请大家尽可能地去认真读读我说的那几本概论书籍、美学史的书及经典的原著。

三、美学在新闻传播思想和实践中的“应用和指导”

接下来，我们得讲一讲美学知识和原则在我们具体的新闻传播过程中的应用的问题了。

从审美的角度认识与思考，新闻传播中的价值问题应该是首要的问题。

我们现在一般认为，新闻一般就是传递信息的。在我看来，我们完全可以更明确一些，新闻传播的目的应该有两个，第一是传递信息，第二是影响社会。在这里，传递信息是新闻传播的基本功能，而影响社会是新闻传播的最重要的目的。新闻业界有一句话，叫做“请看事实，用事实说话”，也就是说，新闻传播首先强调的是，新闻传播这个东西是要说话的，我们怎么说呢，怎么让人家信服呢？要用事实说话。那么，简单地传递信息应该是并不难的，而更好地影响社会似乎就难了些。在我看来，只有那些隐藏在事实信息背后深处的、价值最大的意义信息，才可能对社会产生更大的影响。那些表层信息，在互联网时代实在是太多了，完全可以用无穷大来概括。因此我们欲让新闻有更大的影响，我们就应该传播那些真正蕴含了有更大价值的信息。也就是隐藏于事实背后的、深处的意义信息。这样，我们就可以得出结论，价值问题是新闻传播活动中的根本问题、核心问题。因为在今天互联网时代，博客盛行，微博盛行，传递信息几乎没有任何门槛。那么，凭什么我们是职业的编辑、记者？我们职业新闻人凭什么以此安身立命，其他人就不可以呢？事实上，我们这些职业新闻人应该也必然具备，对新闻价值的判断与实现上要明显地高于他们才行。这样，我们才有资格成为职业的新闻人。

正是因为如此，我们今天的新闻传播最大的问题，最根本的问题是新闻价值问题。我们传播的事实到底有没有价值，到底有多大价值，这是衡量一个新闻媒体、新闻人水准如何的一个极其重要的标志。

关于新闻价值的问题，有很多的讨论。新闻价值我们可以理解为，在我们所要报道的事实里面，它不同程度地蕴含了信息价值、道德价值、社会价值、宣传价值、审美价值、娱乐价值等。在这诸多价值里边，在我看来，基本的是信息价值，审美价值是各种价值渗透过程中的最中心的价值。

信息价值，我们学过理论新闻学的同事比较清楚了。我们来说一说审美价值。审美价值应该这样表述，在审美客体（事实与文本）与审美主体（记者与读者）之间的审美关系中，客体能够满足主体的审美需求，给主体带来审美享受的那样一个价值。审美价值就是我们要报道的事实和经过我们采编写作的文本这两个客体能够满足主体，尤其满足我们的受众的审美需求，给主体能够带来审美享受和愉悦的一种价值。主体最大、最根本的审美需求事实上就是人类的理想。具体讲就是人之为人的自我确认，是人的尊严，是在人有限生命中对无限意义的一种追求和超越，即人是目的、以人为本的必然要求。这就是审美主体的审美需求。

因此，在这样一个基础上，因为有了审美价值的判断尺度和标准，我们对信息价值的判断既有了物质的实用性，也有了精神的、情感的实用性。因为审美价值这一概念和标尺的介入，使得我们的报道就不仅有了信息的实用性，而且也有了接受主体他们精神的、情感的实用性；不仅有了物质意义，也有了精神意义。这时我们说的客体才“直指”主体，为主体“打开了一扇看出去的窗户”，进而与主体情感形成共鸣。也正是从这样的角度上，我们才说，审美关切事实上就是人文关切，而人文关切就是审美关切。

新闻传播的审美价值，其核心就是人文关怀。在我们看来，人文关怀的基本内容是关注人的生存、发展，关注人的尊严。人文关怀的高度就是超越简单物质生命的人性的升华。人文关怀的根本指向在哪呢？是人们赖以安身立命的价值观。

所以说，我们在这一部分里讨论新闻价值问题是不是这样的逻辑关系——新闻价值问题是新闻传播中最主要的问题，而在新闻价值的各种价值中，信息价值是基础的，而审美价值处于诸价值的中心。因此——新闻审美传播的价值问题就至为重要了。由于审美价值的介入，使得我们对信息价值的判断上升到了不仅有物质的有用性，而且也有了精神的有用性。在我看来，新闻审美传播的核心价值，就是人文关怀。这是美学在新闻传播具体应用实践中需要重点把握的第一点。

接下来第二点我们来讨论新闻传播的审美构成问题。

新闻传播活动的大致过程是这样的：首先先有了一个事实，然后经过传播主体（采编者）把事实变成了文本，就是所谓的报道，然后这个报道再到读者那里去。基本上是这样的过程。稍微理论化点说是：先有传播客体（事实），经过传播主体（记者），变成了接受客体（文本），然后到达接受主体（读者）——这样一个新闻传播过程。

以美学的原则来看，新闻的审美传播是如何构成的呢？

我认为有如下三个方面。

首先，要以审美的眼光发现和捕捉新闻事实。新闻要实现审美的传播，采编人员一定要用审美的眼光来发现和捕捉新闻素材。

这里我们不妨举几个例子，近几年比较有影响的作品，一个是《人民日报》和新华社的几位记者共同采写的《英雄赞歌》，写丁晓兵的长篇通讯，后来获得第十七届“中国新闻奖”一等奖。在这个文本里，采编者十分努力地去发现、捕捉丁晓兵生命中蕴含的革命英雄主义的品质。在丁晓兵的诸多故事、事迹里边，他们努力地去发现和捕捉那种英雄的品质，所谓超越生命的东西。还有一位上世纪 80 年代中青报的记者，叫郭梅尼，她采写的一篇通讯叫《一个普通的灵魂能走多远》。在这篇作品里面，郭梅尼下了很大的功夫。主人公袁和是一个知青，到美国读书，却患了重病，但他坚持与生命拼搏，最后拿到了硕士学位，受到了美国人的大力赞赏。记者努力去发现在袁和生命中蕴含的关于“勇气”的一些元素……这两个文本极力地捕捉、表达了普通人对超越生命的追求，讲述了被报道者在有限的生命中实现无限意义价值的这样一些故事。所以这些作品很感人。再给大家举一个例子，是讲课前几位同学说在很多课本里都有的一个文本，就是获得第六届“中国新闻奖”一等奖的通讯作品《寻找时传祥》，这是我个人的一个作品。我以为它成功的根本原因就在于，作者在努力地发现、捕捉，并比较客观且恰当地表达了蕴含在时传祥生命中那种正直、敬业、实在的品质……这些文本都感动了读者，获得了很好的传播效果。就此，我们再回到这个问题：我们新闻的审美传播是怎样构成的呢？这些文本给我们的启示是：我们的采编人员，首先一定要努力去发现，去捕捉关注人，关注人们心灵深处，关注人自由全面发展和社会文明进步，有着正向作用的那样一些元素。要有这样一些独到的眼光和自觉的意识。

其次，要以人文关怀作为我们素材展开、阐释的立场。这里要讲的是，在发现捕捉到那些既有信息价值，又有审美价值的素材之后怎样去写的问题。当我们发现了这样的素材，固然很好，但是它距离一个成功的新闻传播还是不够的。我们的新闻传播活动，尤其是我们所讨论的新闻审美传播活动，目标还是为受众“打开一扇看出去的窗户”，提供文本话语深处的种种可能性。也就是说，我们有了一些具有美的元素的、蕴含人类理想的、蕴含了我们人超越自我、实现那些意义和价值的那些素材之后，我们如何展开，以怎样的价值取向去展开、阐释素材。

有人说，新闻只要客观报道就够了。但是，即便是最强调客观的新闻专业主义人士也承认，那种绝对客观的报道是没有的。我们选择素材的过程中已经不断地加入主观的东西，新闻文本、作品，新闻传播是有阐释的。问题的关键是，我们怎样去使用和把握这种阐释的权利。在新闻传播中，如何把握这种阐释？我们这种阐释的原则是什么？在我看来，这种阐释说到底，我们的立场应该是站在人文关怀的高度上，既注重人的物质需求，更注重人的精神需求，去叙述那些具有审美意味的素材和新闻事实。我们的新闻事实一旦离开了人，离开了人的审美体验、情感体验、生命体验，我们就偏离了审美传播的根本意图，结果也失去了精神产品所应该具有的审美品质。当然，这样的作品也就谈不上感人了，更谈不上与受众形成心灵共鸣。

第三，要以尊重受众的审美诉求进行新闻采编，按新闻规律办事。这是针对我们在新闻写作和编辑过程中面临的技术问题而提出的，也就是黑格尔所说的美的“显现”的原则问题。康德给美学规定的一个重要原则是既要合目的性，也要合规律性。我们说以尊重受众审美诉求进行采编，最重要的合规律性就是按照新闻规律办事，这是新闻审美传播合规律性的必然要求。康德有句话说得很好，“审美的合目的性是判断力在它的自由中的合规律性”。所以说，新闻传播的审美构成，第三个方面就是要按新闻规律办事，我们工作中所遵循的，比如真实、客观、公正、快捷，当然还有一些更形象的说法，叫做“真、短、快、新、活、深”等等。也正因此，我们才说我们应用了美学的东西到我们新闻传播中来，或者说新闻实现审美的传播。这样我们的新闻报道因为按照新闻规律办事，就有了它的合法性。

以上我们讨论了新闻价值问题、新闻传播的审美构成问题，下面我们来讨论新闻审美传播的实现方式问题。

在这里还是得和大家强调一下，美不仅仅是“漂亮”、不仅仅是“好看”。在我们现有的，有限的关于新闻美学的书里面，应该说做了一些努力，但是还是比较多的讨论新闻实务具体采编技术的这一块，例如讲到新闻标题就是标题美，讲到新闻语言就是语言美。事实上这些大多数是新闻实务学与文章学的结合，是用美学概念来套这些东西。给人的感觉，美就是漂亮，美就是好看。美不仅仅是漂亮、好看，而是人之为人的一种确认。美是人的终极理想。所以我们一再说，审美关切就是人文关切，或者说人文关切就是审美关切。审美根本上讲的是人之为人的一些最根本的价值和问题。正是在这个角度上，我们下面来讨论新闻传播中美是怎么实现的，或者说是在新闻的审美传播中美是以什么方式实现的这样的问题。

我的看法是，新闻审美传播的新闻之“美”是通过思想的客观表达来实现的。

因为思想的无处不在，美才无处不在。或者转过来说，因为美的无处不在才使得思想无处不在。因为美关系到我们的思想、我们的理想。更多情况下，精神产品最有价值的元素是思想，而不是具体的某一个形式。具体讨论到某一个新闻文本之所以“美”，是因为它所报道的事实里面蕴含了重要的思想，才使得我们这样一个文本更有价值，才使得作品成为更有价值的精神产品，它才“美”……那么新闻传播中的“美”是怎么实现的？或者其实现方式是什么呢？

这其中有两个问题值得我们特别重视。第一个问题，我们要在传递信息中坚定而又自然而然地传播思想。感性一点说，所谓的新闻文本、新闻作品质量的高下，说到底，我们认真去想，主要不是因为它语言的优美、文字的优美才成为经典的，而是因为这样一个作品、新闻文本表达了深刻而有价值的思想，具体地讲，是因为它表达了对人的自由全面发展和社会的文明进步起到了推动作用，它才成为了名篇，成为了经典。

在这点上还是要从新闻实践上多说几句。在今天独家新闻几乎难以找到的情况下，对待同样的新闻事实，在不同的传播主体（记者）那里，其认识和表达是不一样的。比如说有的传播主体——记者编辑，他们只是看到新闻事实的一些表层的信息价值，而很少看到信息背后所蕴含的那样一些意义价值。正是从这样的角度讲，那些看到了新闻事实中所蕴含的对人的自由全面发展和社会文明进步的意义价值的，并按照新闻规律很好地表达出来的，才可能感动了读者，感动了社会，才可能成为了名篇、经典。问题关键在哪？还是在于传播主体的自身素质，即我们的编辑记者本身所具有的怎样的能力和水平——认识准确深刻者，看到了其中蕴含了重大思想并很好地表达出来的，那样的作品成了名篇，而在那些没怎么看到这些价值者那里，其报道则变成了另外的样子，比如变成了简单的表层信息的传递。于是，很好的、很有意义的新闻就这样被淹没了。所以我们在传递信息的过程中如何坚定而又自然而然地传递思想，就成为了我们新闻审美传播的一个重要环节，成为了新闻审美传播实现方式中必不可少的一个方面。严格地说，新闻审美传播的力量在于新闻文本思想的力量。

在这方面我们可以举出太多的例子，不要讲一百多年来新闻史上的名篇。仅改革开放三十多年来的名篇几乎都是这样。比如在 1987 年，《中国青年报的》“三颜色”组稿，曾经被很多的教科书列为深度报道最经典的作品之一。还有《人民日报》在 80 年代发表的一篇作品，叫做《中国改革的历史方位》，讨论在当时的情况下，中国改革的各种各样的宏观背景、必要性、路径，上万字的作品给人以巨大震撼。它们讨论的是我们当下最重要的新闻事实，或者一种时代中很前沿的思想。

另外，我们还可以举两个主观评论类的例子。

比如《福建日报》有一篇新闻评论，一共 160 多字，现在看来也很令人惊讶。这篇社论的题目叫《有些案件为何长期处理不下去》，在我们的教材中我也选用了这篇评论。大体的意思是，当时拨乱反正，要为一些含冤多年的人和事件给予一个更公正的对待。这篇社论就讲了，今天我们的报纸又揭露了两个事件，坏人受到揭露，很好。但是对当前群众反映很大、大家也看得比较清楚的一些案件为什么长期处理不下去？接下来是作者分析——我看原因无外乎这些，一是当事人自己屁股上有屎，二是怎么样，三是怎么样——可能原因还有很多，但主要是这几个。然后自己对照一下，自己属于哪一条？我现在说的这些可能比原文都长了。就是这样一个评论，我们可以去想象，有些同事讲评论不传递信息，我想这不是一个值得讨论的问题。我们在新闻学上讲评论的时候，明确地讲，评论作为一种新闻体裁也是传递信息的，只是它传递信息的方式与其他新闻文体有较大的区别，它主要不是传递一种事件信息，而是传递一种思想信息，传递了一种观点的信息。从这个角度讲，这篇评论传递的思想信息量很大，因为思想的尖锐使它成为了当时振聋发聩的一篇评论。

再说说一篇更为著名的新闻评论。1978 年 5 月 11 日《光明日报》发表的特约评论员文章《实践是检验真理的唯一标准》。那篇评论中所传递出的思想的价值，我们现在已经不用争论了。事实上那种思想对中国改革开放三十几年所起到的巨大的思想上的拨乱反正，和对后来的整个的思想解放的推动作用都是不可估量的。所以说，我们的新闻作品无论是事实信息的报道，还是我们所谓的深度报道，以及所有优秀评论的力量在于：他们在传递信息过程中，坚定而又自然而然地传递了思想。所以我们说，新闻审美传播的力量在于文本的思想的力量。

新闻传播中的“美”具体是什么？至此，我们可以更加明确一些了。真正美的东西是思想，或者说思想原本才是最美的东西，也就是我们前面讨论的，美是人的理想，美是人的期待、向往的象征。怎样去实现新闻的审美传播，实现新闻审美传播的主要方式是什么，很重要一点是传递思想。结合我们前面讲到的，新闻学、新闻传播实践最核心的问题是价值问题，我想这些都是一脉相通的，完全是一致的。什么样的东西有价值，有大价值？可以肯定地说，那些真正有思想含量的东西，就是有价值的，思想含量愈大，价值就愈大。我们讲新闻价值，一直在讨论的也是这样的问题。

再者，既然思想这么重要，但思想又是多种多样、千奇百怪的。我们所期待的新闻审美传播的思想，它的核心指向应该是什么？这就是我这里要强调的，推动人是目的，推动以人为本是传播思想的根本指向。应该说新闻审美传播中的思想，最根本、最动人的地方在于，对人的生存、幸福，对生命的热切关怀。这种最根本的动人之处在于我们所说的思想、我们要传递的思想不是任何的思想，而是我们所说的那种审美传播，它应该是有益于受众，带给受众愉悦、自由、解放、光明为己任的，是要以教人上进为目标的。实现这样目标的、传递这样的思想才是审美的传播、有价值的传播。也正因为有了思想，新闻传播才有了它作为精神产品所应有的品质；因为有了思想，那些简单功利的信息才有了某种永恒的影响力；因为有了思想，我们对那些先进人物的报道才有了对每个人超越自我的心灵激励。

在这里，我还想再次回到我们前面提出的那个感性的问题：我们那么多人物报道，时代先锋、还有很多先进人物的宣传，我们往往下了很大的功夫，最后还说不感人，不能与读者心灵引起共鸣，到底是因为什么呢？当然，也有比较好的，例如新华社记者张严平写的《索玛花儿为什么这样红》，在十七届“中国新闻奖”的评选中获得了全票通过的一等奖。事实上，它已经从正面回答了这个问题——这个文本遵循了很多审美传播的基本规律和要求，实现了对王顺友这个人那种朴实的、真实的，普通人人性的一种展现。同样，王顺友身上所蕴含那些优秀的品质对于我们当下实用主义盛行、功利主义盛行、金钱至上的不良社会思潮给予了很好的反抗，这样的思想感动了读者。所以说，正是因为这样以人为本、以人为目的的思想的光芒，使得这个报道感动了读者，征服了专家评委。正是包括这个文本在内的诸多类似的文本的出现，才使得我们的新闻传播显得生机勃勃、催人上进，才使得我们的新闻传播令人愉悦，动人心魄。

四、一个具体案例的分析

下面，我们来讲第四个部分。

按照我们此前主办方全国记协给我的要求，这部分要结合前面的一些理论性的讨论，做个相对全面的案例分析。严格地说我们在前边举例里已经分析了几个例子了。下边我想找一个传递事实信息，又传递意义信息，因此取得了非常好的传播效果的一篇消息，作为一个具体的案例与各位同事讨论一下。这个文本是《工人日报》2007 年 11 月 23 日的一篇作品，引题是“171 名矿工遇难两周年忌日临近”，主题是“李毅中质疑：为何还没有人被究刑责？”这篇作品获得了第十八届“中国新闻奖”一等奖。

这是一篇 600 多字的消息。具体的新闻事实是：2007 年，当时的国家安监总局的局长李毅中到黑龙江去考察工作。2005 年的时候在黑龙江这个地方发生了一次矿难，一个十分重大的安全事故，171 人遇难。这个报道是关于李毅中到那儿考察工作期间几次谈到相关问题及其质疑。记者非常敏感地捕捉到了这些信息，采写成了这样一个消息。应该说这是一个相当具有审美传播特征的事件性的新闻报道。

具体分析，我们可以看到这个事件的表层信息主要有这么两个：第一，事故发生两年了，相关责任人仍没有被追究刑事责任；第二，李毅中的质疑认为，这种情况违反了司法规定。这是基本的大的事实信息，同时还有一些相关的、小的其他的一些事实信息。比如黑龙江省长表示要好好查，比如李毅中在这些天里的走访也有若干的发现，另外，还有在李毅中追问下，相关的副省长说，谁也不知道是怎么回事……在考察中，还有一些地市没有能够按照国家的规定对煤矿进行安全检查，有些矿安全设施还比较差等等。因此，这篇 600 多字的消息，信息量还是比较大的，能够独立构成事实信息的有十几件。在这样大的信息里面，我们可以注意到记者主要在做两件事情。一是紧紧捕捉并客观报道李毅中的质疑过程，通过对这些过程的一点一点的报道，客观上在不断引导读者对事实信息有一种认识。二是记者对地方官员的“不清楚”“很奇怪”等等这样一类的回答的客观报道，事实上是不断引导读者对事件、事实信息背后的更深层的原因进行思考和分析。

正是因为如此，读者在读这篇报道时自然而然产生一个又一个“为什么”：为什么不究刑责？为什么不究刑责的原因谁都不清楚？为什么不进行检查？为什么不进行补课？等等。这样一系列的“为什么”最终落实到这个大家都十分关心的问题上：为何我们的矿难总是发生？为何我们对生命居然有着这样的漠视？这些原因到底在哪？报道很客观，没有一处慷慨激昂的主观评论性语言，记者有没有站出来，没有。但是通过这样两个线索的不断地报道，步步深入地引导读者对这些事实信息的认识，引导读者对这些认识的思考，最后让读者自己得出结论：为何矿难总是发生，为何对生命漠视到如此程度，原因到底在哪……这样一些思考直指问题的核心、问题的实质。直接冲击着我们读者的心灵——是不是这样？

正因为如此，这篇报道就起到呼唤生命价值、呼唤司法正义、呼唤社会良知这样一种客观的传播效果。而对读者而言，事实在传播主体，也就是记者、编辑，尤其在记者的写作中，在这个新闻文本的客观叙述中，使得读者的情感与文本的意蕴形成了某种共鸣，读者感到是一种酣畅淋漓的对问题深入的思考和对官僚主义、地方保护主义以及我们对生命漠视的一些问题的揭露和鞭挞。所以文本表现出来的这种人文关怀的思想和力量，真正感动了我们的读者，冲击了我们的心灵。报道通过对丑恶的尖锐揭露、对生命的强烈关怀使得我们作为传播者和接受者都产生了一种心灵的共鸣和激荡。

通过这样一个案例的分析，我们可以看到，在新闻作品里面，怎样去发现和捕捉那些带有着审美意味的新闻元素——然后我们怎样站在人文关怀的立场上对新闻素材进行一种客观的叙述，再然后在这里面如何表达出深刻的对生命的关怀、对人的关怀、对社会文明进步的一种期待和呼唤，同时这些表达又严格按新闻规律办事，比如客观地叙述等等。这些都较好地体现了我们前面所讨论的新闻审美传播的原则和方法。也正因此，这样的作品在表达出了十分重要的、人文关切的特征的同时，也深刻呈现出了一种审美的意味。我们说这样的作品是真的好作品，这样的作品是带有审美意义的作品。

这样的作品告诉我们，学习美学知识，对我们新闻传播者来说，确实很有意义。它可以使我们把以往简单的事实信息的客观报道，变成一个对我们人类的自由全面发展、对社会的文明进步具有重大意义的精神产品。我们把这样的精神产品更多地提供给我们的读者和受众，才能够使我们自己敢于无愧地说，我们是人民的记者。我们才可以说我们这些报道真正地把美学知识运用进来，我们的新闻才可能是审美的传播，才可能成为有大价值的传播，我们的整个新闻传播活动才能成为推动中国改革开放向着更好的、更高的目标发展，并在这个过程中贡献了我们自己的力量。

这就是我今天所要讲的内容。我想当我们把美学作为一种知识，乃至作为一种思维方式，甚至价值观的时候，我们会有很好的提高。希望大家把美学的基本原理真正融会贯通到我们的新闻传播活动中，使得我们的新闻传播活动能够在这样一个审美的高度上运行，使得我们的新闻采编及其文本能够有更好的、更大的突破。

好。今天的讲座就到这里。谢谢大家！

时间：2011 年 5 月 30 日

地点：东北师范大学文学院

中国新时期新闻传播审美取向的流变

尊敬的王确院长，各位老师和同学：

大家上午好！我十分高兴有今天这样的一个机会，回到母校，并与大家共同讨论一些学术问题。

我今天演讲的题目是：中国新时期新闻传播审美取向的流变。

我们讨论某种价值取向及其实践的流变，主要是来看看我们的路是怎么走过来的，为什么会是这样，这个过程有怎样的规律，对我们下一步有怎样的启示等等。我觉得中国新时期新闻传播这个过程与审美有很大关系，所以来讨论“审美取向”的流变。

我曾经提出“新闻必须实现审美传播”的问题，就新闻美学做过一些勉强深入的学术探讨，三联书店两个月前刚刚出版了我的一本题为《新闻的审美传播》的学术著作。虽然在这本书的讨论中也分析了若干具体的新闻文本，但总体上讲，那些讨论、分析基本还是比较具有个案性质的。鉴于理论所应具有的普遍性要求，我们当然还要下一番功夫来看看普遍的新闻传播实践的情况——我所提出的那一整套理论与具体的新闻传播实践具有怎样的关系？它们是我空中楼阁式的臆想，还是原本就生长并符合于具体的新闻传播实践？

在下面的讨论中，我把上述所说的“普遍的新闻传播实践”限定在我国改革开放的新时期以来三十多年的时间里；其对象是选取这段时间里新闻传播理论和实践中影响最大的三次“热潮”；其研究方法是通过对这三次热潮的兴起及其演变来看看它们体现了怎样的普遍性的价值取向，同时也来讨论一下它们这种“普遍性的价值取向”到底意味着什么，它们给了我们怎样的启示。

考察我国新时期三十多年的新闻传播实践，尤其是考察曾经有巨大影响，至今仍深刻影响我们新闻传播的三大“热潮”——“新闻评论热”“深度报道热”“现场短新闻热”，我们可以清晰地发现：我国新时期的新闻传播实践实际上是走了一条虽然理论上不甚清晰，但实践指向上却相当坚定的审美传播的路子。

虽然此前新闻学界、业界比较少从审美的角度来讨论新闻传播，尤其是几乎从未有过从把“人是目的”、以人为本作为根本价值的角度提出新闻应实现审美传播，但只要我们去认真检索这三十多年来那些优秀，乃至经典的新闻文本，我们就不难发现，它们不仅都程度不同地“暗合”了审美传播的原则。同时，当我们把这些文本与其传播者的追求，比如大量的传播者的“创作谈”，及研究者的评析等放在一起考查时，还会发现，其实深嵌在这些文本背后的传播者的自我追求中，充满了立足于具体新闻事实，而又超越了简单功利评判的，关注人的生存状态、正视人的物质需求、重视人的精神存在、肯定人的尊严的强烈的人文情怀——也就是说，那些优秀乃至经典的新闻文本所具有的审美追求这一事实表明：实现新闻的审美传播，既有具体新闻传播实践的支持，也是传播者的自觉追求——虽然这种“自觉追求”在理论认识上不那么清晰，而且具体的表述上也是五花八门，层次不高。

我认为，关于这一点的讨论十分重要：因为这种具有强烈人文关怀的审美追求，是那些优秀乃至经典的新闻文本的共同特征，所以我们有必要将之加以总结和提炼，进而成为新闻传播的一个重要的价值和原则；因为这种对审美追求的理论认识还“五花八门”和“层次不高”，所以我们有必要从理论上讨论清楚并努力使之尽可能规范。只有这样，才可能使我们更自觉、主动、坚定地把美的理想和人文关怀的价值变成为新闻传播的根本价值，使新闻的审美传播成为全体新闻人的自觉追求。

我们关于新时期中国新闻传播审美流变的研究，还有一个十分重要的现实目的：通过这一研究结果来进一步讨论当下中国的纸质媒体，尤其是传统大报的“出路”问题，即在电子媒体，尤其是网络媒体迅猛发展并对报纸形成强烈挑战，甚至“报纸即将消亡”的情势下，报纸到底会不会消亡？报纸，尤其是那些欲成为“主流大报”的报纸将有怎样的“出路”？

为了集中地表达我对上述问题的看法，我在讨论三次热潮的过程中，将有意选取中国改革开放即新时期以来的新闻传播实践，主要是报纸报道的样本，其中大部分是“中国新闻奖”的获奖作品，对新闻传播中审美取向流变的情况做些定性、定量的分析。

下面，我就从六个方面来讨论这些问题。

一、新时期中国新闻传播是不断确认“人”的价值的历史

中国三十多年改革开放的历史，当然可以从很多方面来概括，但我更倾向于认为，它是中国人思想解放的历史。正是从这个角度上讲，中国三十多年新闻传播的历史，就是新闻人自身思想解放的历史，同时也是推动全体中国人思想解放的历史。

波澜壮阔的改革开放三十多年，是中国经济和社会发展的黄金时期，更是每个中国人个人命运有了巨大改善的黄金时期——“任何一种解放，都是把人的世界和人的关系还给人自己”——正是基于对人的创造性和人的尊严的极大尊重，改革开放才得以蓬勃而持续地推进。所以，思想解放实质上正是人的解放——小岗村农民开启的土地承包责任制改

革，持续不断的国企改革，是将人从旧观念中解放出来；而进城务工人员的大潮，是将人从土地的束缚中解放出来……正是获得了思想和精神上巨大解放的中国人所迸发出的创造力，造就了我们今天令世界瞩目的巨大成就。

改革开放、思想解放，是一次关于人的价值和意义的重新确认；是一次对人是目的、以人为本价值的追求和实现；是逐渐实现人的尊严和价值的三十年……在这个过程中，人的精神、文化、生产空间得到了巨大的拓展。在经过了政治动荡、经济困顿和自我的泯灭之后，中国人实现了一次伟大的自我解放和自我超越。今天，令我们自豪的当然有我们所拥有的物质财富，但更为重要的是我们每个人已经意识到，并逐渐地拥有了做人的尊严。在一波波思想解放过程中，伴随着焦虑和困惑，更伴随着风险，我们的社会和我们每个人自己开始逐渐地找回了人性的热度——这是时代对“人是目的”的最好确认：改革为了人民、改革依靠人民、改革的成果由人民分享这一理念的确定，是改革开放得以成功并指引改革开放继续前行的根本所在。

中国新闻传播三十多年所走的道路，与改革开放的三十多年的轨迹几乎完全吻合——一方面，新闻人自身走了一条思想解放的道路；另一方面，新闻与新闻人自身的解放和对“人是目的”价值的确认，也全力地推动了全社会和全体中国人的思想解放。

与三十年的改革开放一样，新时期三十年的新闻传播实践，同样波澜壮阔，同样动人心魄。某种程度上也可以说，没有新闻人的思想解放，没有新闻传播所推动的思想解放，改革开放也是不可想象的。这一点，十分明显地表现在那些大量的，即便今天看来仍然令我们耳熟能详、振聋发聩的对思想解放鼓与呼的报道上，比如成为思想解放号角和标志的《光明日报》特约评论员文章《实践是检验真理的唯一标准》，揭露官僚主义的《工人日报》的“渤海二号”的报道，《经济日报》批驳“姓资姓社”的“关广梅现象”讨论的报道，还有张扬着强烈启蒙呼唤的《人民日报》的《中国改革的历史方位》，对人才命运倾注了巨大关注的《中国青年报》的《命运备忘录》，《光明日报》的《一个工程师出走的反思》等等；同时，还表现在那些确认、争取每个人基本的物质和精神权利的报道中，比如获得“中国新闻奖”的作品，《深圳特区报》的《56名女工状告工厂搜身侵权》，《北京青年报》的《法警背起生病被告》，《工人日报》的

《风雪中，伫立着四个厚道的农民工》，以及“个体户”呼唤重视精神需求的《哈尔滨日报》的《我们穷得只剩下钱了》，等等；另外，还表现在那些大量地实现人的自我超越和人性提升的报道中，比如享受工作而展现了平凡生命不平凡故事的李素丽的报道，比如超越生命极限而展现了和平时代英雄主义故事的丁晓兵的报道，等等。

自身权利的实现、乃至超越自我——人的能量、人的创造性的巨大发挥，既是三十年改革开放、思想解放的记录，也是三十年改革开放、思想解放的结果——在新时期三十多年来的中国新闻传播那些优秀乃至经典的文本中，处处闪烁着思想解放的光芒，无处不在地传达着一个大写的“人”字，在每一个曾经引起过轰动的新闻文本的字里行间的深处都可见到传播者对社会、对人的强烈的人文情怀。不错，新时期中国新闻传播和新闻人的种种努力都在解放自身，促进人的自由发展的同时，也解放着社会，推动着社会的文明进步。

思想的解放带来了人的解放，而人的解放又对思想的进一步解放提出更高的要求。这对新闻传播如何更好地把人是目的、以人为本作为基本价值，进而实现审美传播提出了要求——立足于具体新闻事实，而又超越了简单功利评判的，关注人的生存状态、正视人的物质需求、重视人的精神存在、肯定人的尊严，具有强烈人文关怀的审美传播，才是符合时代进步的新闻传播，才是媒体和新闻人所应该努力追求的最高层次的传播。

作为与时代同步，甚至很大程度上引领时代的精神活动的新闻传播，新时期三十年中国新闻传播——审美的传播，其最根本、最动人之处在于，它在传递信息的同时，对人的物质需求和精神存在，对生命的尊严和人的幸福，都表达了前所未有的强烈关怀——它把新闻传播的阐释立场坚定地确认为“以人为本”，它把新闻传播的根本价值定格在“人是目的”。

在这里，我无意于描述新时期三十年中国新闻传播的全部历史。我们主要是通过在这个时期里新闻传播中那些曾引起学界和业界广泛关注和积极实践的几次热潮及对其中一些重要文本的分析，讨论一下新闻传播的审美流变的情况。

这几次“热潮”主要是指“新闻评论热”“深度报道热”“现场短新闻热”三大热潮——在我们看来，虽然每个具体文本所体现出的价值取向侧重点有所不同，影响力也颇多不同，但是它们都对中国新闻传播实践的价值追求及其逐渐清晰，产生了相当深刻的影响。而且从审美的角度上讲，它们无论是内容还是形式，在客观上所表现出的价值取向都有合目的与合规律的特征。因此，它们对讨论新闻传播审美价值取向的流变具有极大的标本意义。

在这里，顺便我还想特别提出一个现象供各位思考：这三次主要体现在新闻传播实践中的“热潮”，与新时期三十多年来我国政治、经济、社会领域里的三次重大的思想解放活动，显然有着某种直接的时间上的对应关系。同时，这三大“热潮”与这三十多年中我国新闻界的“三次学术大讨论”在时间段上似乎也有某种对应关系。从时间段上讲，它们大都是交叉或顺序进行的。因此，我认为，倘能对它们做些详细的条分缕析，或许会得出一些颇有价值的某种方法论意义上的启发来——这作为一部学位论文的选题可能也是颇有趣味和价值的。

二、“新闻评论热”的崛起及其审美取向的流变

前些时候，在改革开放三十周年到来之际，人文社科各

界都在讨论这三十年来其自身的标志性“起点”。比如文学界，大家比较公认刘心武的短篇小说《班主任》是其“第一部”代表性作品。那么，新闻界最有代表性的“第一部”是什么呢？

也许这种讨论本身并不十分“科学”，但作为一个“标志性”的“起点”，应该也有其某种意义。在我看来，如果在新闻传播方面也一定要确定一个这样的“起点”，那莫过于1978年5月11日发表于《光明日报》的特约评论员文章《实践是检验真理的唯一标准》。

在今天看来，这篇评论的观点也许并不十分“创新”，也难有最初发表时那样的“震撼”——也正因为这样，我们才更深刻地体会到，这三十多年我们的社会、我们自己的思想发生了怎样的巨变——“实践是检验真理的唯一标准”在今天已经是常识。但是在当时，它对中国社会，对中国新闻界，岂止是用“震撼”所能形容的？事实上，某种程度上，可以认为这篇评论是中国人从对“神”的崇拜中解脱出来的起点，是重新以一种理性的姿态认识世界、认识自我的开始，它的意义和影响完全超出了新闻界，而成了全中国、全社会思想解放的号角。正是这篇“特约评论员”文章开启了中国的思想解放和人的解放，也开启了新时期新闻传播的“新闻评论热”。甚至也可以认为，这篇特约评论员文章是全面开启了新时期中国人文社会科学所有“热潮”的“第一部”。

我们今天新闻学界、业界热烈讨论的“新闻评论热”“时评热”，虽然也有诸多关于新闻评论与社会和时代关系的探讨，以及无以数计的大量的新闻评论文本，但这些由于更多的是关于新闻评论自身的“技术”方面的讨论和实践，与我们的“第一部”所引起的社会反响及其此后对中国社会和中国人的影响相比，多少还是有些难免给人一种至今难以超越“起点”的感觉。

今天思想诸领域，比如文学艺术和经济学等在回顾自身的标志性“起点”时，已经多有“幼稚”之类的评价。但严格地说，新闻评论对其自身的标志性“起点”，恐怕还难有微词——不错，《实践是检验真理的唯一标准》在奠定了中国思想解放大潮的同时，也树立了一个相当之高的新时期中国新闻评论的“标尺”。

按着《实践是检验真理的唯一标准》这样“起点”的“标尺”来讨论新时期“新闻评论热”，我们大体可以拿出这样一些文本——

1991 年春节起《解放日报》署名“皇甫平”的四篇新闻评论：《做改革开放的“领头羊”》《改革开放要有新思路》《扩大开放的意识要更强些》《改革开放需要大批德才兼备的干部》。这组系列评论旨在强调坚持并推动深化改革开放。正像我们所知道的，它在当时的影响可谓振聋发聩，甚至成了新时期中国“走计划经济还是市场经济”之路，改革开放到底“姓社还是姓资”的“第二次大争论”的标志性事件之一。

然后是 1997 年中共十五大前夕，《中国经济时报》陆续发表的一系列访谈式评论，该报采访了邢贲思、吴敬琏、李君如、李锐等，对深化改革中继基本解决了“姓社姓资”问题之后，关于所有制改革“姓公姓私”问题发表了明确而极有针对性的看法。这组系列访谈式评论后来被有的学者称为新时期中国思想界的“第三次大争论”的标志性事件之一。

如果说上述新闻评论构成了新时期中国“新闻评论热”的极强的现实针对性或即时性特征的话，那么，发表于《南方周末》1999 年元旦的“本报编辑部”评论文章《总有一种力量让我们泪流满面》，则表现出了以往很少见的，直接地对现实中每个人、每个个体的强烈关爱和对人的尊严的强烈关注。

“总有一种力量它让我们泪流满面，总有一种力量它让我们抖擞精神，总有一种力量它驱使我们不断寻求‘正义、爱心、良知’”。“这种力量来自于你，来自于你们中间的每一个人”——这种价值取向呈现了新时期中国“新闻评论热”在更高更广的层面上对“人”的价值予以肯定的特征。此后，这一审美取向显然还更多更深刻地延续和体现在2003年的“非典”和2008年汶川大地震以及更多的日常的新闻评论中。

此后的新时期中国“新闻评论热”沿着《实践是检验真理的唯一标准》、皇甫平系列评论、《总有一种力量让人泪流满面》的审美取向持续地发展着。特别值得注意的是，这期间，新闻评论的一种新的形态开始悄然兴起。更多日常性的新闻评论呈现出在全面关注现实重大问题的同时，尤其关注人的精神存在，比如关注人的生存状态、正视人的物质需求、肯定人的尊严的人文关怀的审美价值取向——这种形态的标志性事件是伴随着互联网的逐渐普及，报纸的“新闻评论热”的审美取向出现了一个特征鲜明的发展。

伴随着这一新发展，报纸开始呈现大面积“时评热”。

一般认为，中国加入互联网的时间节点在 1994 年。这一年的 4 月 20 日，NCFC 工程通过美国 Sprint 公开连入 Internet 的 64K 国际专线开通，实现了与 Internet 的全功能连接。从此，我国被国际上承认为有 Internet 的国家，也成为国际互联网大家庭当中的第 77 名成员。

互联网在中国的普及是 20 世纪末 21 世纪初的事情。互联网的普及已经并将继续深刻地改变着中国新闻传播和接受传播的传统和方式。对此，新闻人们有着极为清晰的认识，尤其是报业的人们。事实上，因为互联网的持续普及，近年来在学界和业界关于“报纸的冬天已经来临”，甚至“报纸即将消失”的观点开始不绝于耳。正是在这个大背景下，作为新时期“新闻评论热”重要组成部分的“时评热”开始大面积地出现。

“时评热”在延续并坚守了此前“新闻评论热”关注重大时代主题、宏大论述的审美取向的同时，它也呈现出了一些与此前情况颇多不同，但显然也更接近新闻自身独立品质要求的特征——比如如何使其“形式”更合“规律”和更合

“目的”——在我看来，近年来“时评热”在很大程度上补充和完善了新时期“新闻评论热”的审美追求，无论是从内容的价值取向上，还是从形式的自我完善上，都呈现出了更符合新闻传播规律的，也更符合新闻传播“影响社会文明进步和人的全面自由发展”这一目的的，相对成熟的状态。

到这里，我觉得我们有必要花点时间来讨论一下“时评热”这个现象。

我觉得报纸“时评热”出现的原因大致有两点：

第一，从新闻传播自身功能的角度上看，它呈现了当时新闻传播向新闻本初意义上的一种回归。

新闻的目的有两个：一是传递信息，二是影响社会和公众。所谓“传递”，其实就是传播包括“思想”在内的各种信息。作为“精神产品”，从根本上讲，报纸提供给消费者的信息，其最大的自身规定性是“内容”，即一张报纸必须为其特定的读者群提供有价值、有用的信息，这样才可能对社会和公众产生某种影响。失去了这一点，其存在的合法性也就丧失了，而这一点在信息爆炸的今天显得更加明确，更加勿庸置疑。然而，相当一段时间以来，一些新闻业者对“传递信息”十分重视，但对“影响社会和公众”则认识不足，或能力不够，或不以为然。于是，选择给读者的信息多的是数量，少的是价值。即便在价值上有所追求，也多表现为物质功利价值，而少“精神价值”，因此总体水平并不高。退一步讲，虽然对新闻的选择和采编蕴含了报纸欲“影响社会和公众”的意思，但与分析和评论相比，其影响的力度显然是有限的。

因此，“时评热”的出现一方面在实践上弥补了这种缺憾，而另一方面则在新闻学上表现了当下新闻向新闻本初意义上的一种回归。这种“回归”与采编新闻更加注意价值判断一起，形成了既提供新闻，更提供分析的立体态势，使今天的新闻传播不仅有了更多更有价值的新闻，也有了更多更有深度的分析——这使得新闻在“影响社会和公众”方面明显得到了加强。

第二，从新闻传播当时所处的客观环境的角度上看，这是当时报纸迎接网络挑战的一种必然的反应。

一段时间以来，关于报纸“冬天”已经到来，关于“2044 年最后一个读者把报纸扔掉”等评论和预测，热度甚高。也正因此，报纸的未来更加令人关注，令人担忧——这一问题是因为互联网的突飞猛进而提出的。对此，我的看法是，虽然“寒冬说”有其某种道理，但报纸是不会消亡的。在信息十分繁杂，而人们生活、工作节奏又非常之快的当下，读者在享受几乎是无穷多的信息的同时，也必然地提出了对其质的要求。读者真正渴望的是媒体根据新闻事件本身的重要程度为其选择、整合新闻，并在不损害新闻客观性的情况下，为其“指出”新闻的“含义”。即不仅为其提供“真”的新闻，而且要为其提供“有价值”的新闻，提供权威的背景和分析，进而提供该新闻对受众获得某种“利益”的可能性——只有那些以其独到眼光和深厚功力，在纷繁复杂的新闻事件中选择、加工出最有价值、最有用新闻的报纸才可能做到这一点。也正因此，面对信息的越来越多，尤其是网络等媒体在传递信息方面已经完全可以比报纸做得更多、更全面的局面，报纸的“转变”就是不可避免的了。而这个“转变”只能在“内容”质量，比如新闻的意义、价值等方面着手。说到底，是在新闻价值判断的水平上、提供更高质量的新闻上比拼高下。

在我看来，这个“转变”的最大可能是，未来的报纸在数量减少的同时，将会日渐呈现出两种形态：一类是数量极少但很严肃的、有大影响的主流大报；另一类是数量较多，而实用性较强的社区、行业类的纯粹的服务性报纸，而传统大报的追求方向肯定是前者。

关于“严肃的主流大报”，新闻界的讨论也很多——这其中当然有那些优秀报人的理想在，但其中最大的原因是报纸这种特殊产品的自身独立品质所决定的——“严肃主流大报”最根本的特征是拥有足够大的权威性和影响力。这个权威性和影响力包括三个方面：一是对新闻事件所蕴含的新闻价值的判断能力；二是对这一事件的分析能力；三是对实现这一判断和分析而呈现出的对新闻文本的把握能力——如果在这三个方面均有足够强的能力，而且这种能力还具有相当的持久性，那么它就可以被称之为一张真正的“严肃主流大报”。就这一点而言，实现新闻的审美传播必须成为其根本的价值取向。

可以认为，新闻时评就其自身的特殊规定性来说，在上述三个方面、在报纸迎接“第四媒体（网络）”的挑战方面，无疑都是大有可为的。也正是从这个角度上说，“时评热”的出现就不仅是正常的，而且是必然的。

因此，也可以认为，“时评热”的出现，其实是报纸在更高层次上对自身品质的“回归”来应对网络挑战的一个反应。甚至可以说，即便没有网络的冲击，已经有了巨大发展的今天的报纸也应该出现这样的转变了。

顺便说一下，在我看来，虽然网络传播在当下甚至拥有取代一切媒体的“声势”，但由于其自身已经出现并难以纠正的诸多缺陷，比如信息极其芜杂，真实性极难保证，以及语言暴力等等，相信这一点大家会看得越来越清晰，不久的将来，人们对诸形态媒体的认识一定会更客观、平和，优秀的传播媒体，比如那些严肃的报纸的作用将被人们重新认识，甚至更加重视。

接下来，我们再看看“时评”的基本特征方面的情况。

“时评热”能够大面积地兴起，自然有其特殊的、必然的道理。这种新闻评论在全面关注重大现实问题的同时呈现出了一些新的特征：比如尤其关注人的精神存在，比如关注人的生存状态、正视人的物质需求、肯定人的尊严，人文关怀的审美取向更为明显；比如符合新闻自身规律的追求更为明显，时效性、事件性明显加强，在某些媒体甚至出现了对同一事件的新闻报道晚于时评的情况……因此，近年来“时评热”在很大程度上补充和完善了新时期“新闻评论热”的追求，无论是在内容的价值取向上，还是在形式的自我完善上，都呈现出了更符合新闻传播规律的，相对比较成熟的状态。具体而言，当下的时评具有这样一些特征：

第一，新闻性甚强。有人甚至称当下的新闻时评为“新闻的新闻”“新闻背后的新闻”。这里的“新闻”主要表现在两个方面：一是它的“即时”特征，即当下的时评是以最新近的新闻为最重要、最基本元素的，它是依赖那些有较大价值的个别的、具体的新闻事实而存在和发生的，离开了那些即时的新闻事实，此时的新闻时评就失去了自身存在的合法性；二是观点的原创性和论证、分析过程的新鲜。这也是当下新闻时评与传统新闻评论的明显差异。这一点，使得原来是较多“老套”的论述式的新闻评论又呈现出了某种新鲜、新奇，甚至惊奇的特征，因此也更吸引受众，进而影响受众。

第二，更加强调理性分析。当下的很多时评文本与我们传统的“新闻分析”颇有一些相似之处。“论”的成分相比传统评论要少一些，寓评于析，分析的成分则明显增多。当下的时评，一般都以读者十分关心的新闻事件为依托，为读者进一步深入地分析、评论该新闻本身所蕴含的更深刻、更具有普遍意义的内涵。而这个过程中最重要的特点是，论者更多的是按照新闻事件本身的必然逻辑进行分析，更深刻、更专业、更理性地揭示新闻的本质，进而帮助读者认识新闻真正的价值。同时，在这个过程之中，也完成了时评另一个更重要的功能，即评论者通过分析，自然而然地帮助读者逐渐形成乃至建立起一个科学的、理性的看待新闻事件、认识新闻事件的思想方法——这一点，使得原本是主观的新闻评论具有了以往较少有的客观的特征，很少灌输的强迫感，因此更入情入理而易于被受众所接受。

第三，既强调专业性，更强调综合性。当下时评不仅帮助读者选择具有较大价值的个别的、具体的新闻，不仅帮助读者认识新闻事件真正的内涵和价值，而且，一篇优秀的时评并不到此止步，它还要通过对这个个别的、具体的新闻事件的分析和评论，使评论者的观点上升到更具有普遍意义的“论”的层面上来。因而，当下的优秀时评就具有了更专业，同时也更综合、更形而上的特征。这既是教给读者一种思想方法，更是在从个别到一般的更高层次上传达评论者的观点，进而更广泛、更深刻地影响社会和公众。因此，当下时评对评论者本身的综合素质提出了很高的要求。而事实是，很多优秀的时评作者本身就是相关领域的优秀专家，而那些身在媒体的时评作者相当一些也已经成为相关领域的专家。应该说，时评的这一特征使得受众对所评新闻事实的本质有了更深刻、更准确的认识。对受众而言，阅读这样的新闻评论当然既增长知识又提高认识。同时，值得特别重视的是这样的评论给受众很强的方法论意义上的真实感，因此也是令人易于接受的。

基于时评以上的三个特征，我们可以清晰地看到，当下的时评之所以成为一股热潮，之所以受到受众的欢迎，其实正是因为它有意无意地暗合了新闻传播的三大审美品质——追求真实、追求客观、追求惊奇。正是因为这些新闻时评本身所具有的审美的特征，新时期的新闻评论才焕发了青春，才使得今天的报纸几乎家家都在重要的版面专门设置了评论版。

当然，也应该注意到，虽然当下的时评热火朝天，但其中所表现出来的良莠不齐甚至泥沙俱下的情况也是不能忽视的。其主要的问题至少有两点：一是一些评论者及其论点以“胆大”为荣，其论证缺乏基本理性分析，尤其是缺乏基本的专业修养和学理训练，违反常识、公正性差，以及人云亦云之处时有出现。二是一些时评文本新闻性差，选择用来分析和评论的新闻事实价值不高，给读者的启发太少，而论证过程中往往又置新闻于不顾。于是，或老生常谈或不知所云现象也并非罕见。

究其原因，主要是评论者本身素质不高，这主要表现在三个方面：一是那些真正优秀的评论文本所蕴含的以人文关怀为根本价值的审美传播的价值观没有真正地建立起来——这一点对当下时评如何提高水平是最为重要的；二是相当部分的时评作者没有或不愿自觉地接受一定水准的学术训练，也正因此，才使得一些评论者信口开河的同时还自以为是“思想犀利”；三是不少的评论者身处“自由撰稿人”的位置上，几乎没有新闻采编经历，更谈不上本身已经是个优秀的记者，因此其时评中选择的新闻价值不高，更多的只是个形式上的“由头”而已，而且对新闻的分析过程也明显薄弱，或无从下手或任意而为，整个分析过程几无必要的客观而言。其实，中外新闻史上的那些真正优秀的新闻评论作者几乎都是或曾经是一个优秀的新闻记者。因此，在这类时评作者那里，加强对新闻规律的认识，以及提高娴熟地按新闻规律办事的专业能力，恐怕还有不少路要走。

正因此，我还想就上述讨论做两点补充。

第一，虽然当下时评具有新闻性强，强调专业性、综合性的理性分析的特点，虽然时评这种在新闻本初意义上更高层次的回归有力地应对了网络等媒体的挑战，但是，我们也必须指出，时评再重要，再有现实意义，也不能代替新闻，它只能是与新闻一起，共同完成其传播使命。这个“共同”有两方面的含义：一是要大大提高对新闻本身价值判断的水平；二是要大大强化对事件新闻的重视，并在此基础上加强新闻时评。

第二，要努力从有较丰富新闻采编经验的新闻业者中培养新闻时评人才。既然它被称之为“新闻时评”，那么，它就必须遵循新闻的基本规律，它就有其存在的自身合法性的要求，它与其他评论类文体是有不可忽视的区别的。对此，那些有比较丰富采编经验的新闻业者有其先天的优势。非新闻业者的其他行业专家的评论当然重要，有一些还相当精彩，但它只能是新闻时评的一部分，而不是全部，也不能是主要部分。新闻就是新闻，那种主要依赖非新闻业者提供时评的认识和现实状况是有缺陷的。“新闻时评”的基本属性首先是“新闻”，“新闻时评”是“新闻的新闻”，一些非新闻业者的时评或许是不错的专业文章，但未必符合“大众传播”要求。这一点是十分值得诸媒体认真思考并予以高度重视的。

三、“深度报道热”的全面崛起及其审美流变

“深度报道热”的兴起，稍晚于“新闻评论热”。相较于“新闻时评热”，在深度、广度以及对新时期中国新闻传播的影响上，“深度报道热”应该是大有过之的。“深度报道热”中所体现出的中国新闻传播的审美取向，甚至可以涵盖了新时期中国新闻传播的基本价值追求。

“深度报道热”的全面崛起是新时期三十多年中国新闻传播区别于以往时代最重要的特征之一。因为深度报道的大面积出现且持久的发展，新时期的中国新闻传播才呈现出全面波澜壮阔的局面。讨论新时期中国新闻审美传播及其流变，不仅绕不过“深度报道热”，而且其中的诸多文本恰恰是充分地提供了这一讨论的最合适的标本——“深度报道热”的全面兴起以及其中的诸多代表性文本，鲜明地体现了新闻审美传播的价值取向及其自身品质的独特性。

1985 年、1986 年，一种发人深省、甚至颇有“警钟”

意味的报道形式引起了社会和新闻界的注意。先是《中国青年报》的《大学毕业生成才追踪记》一组系列报道。这组报道突破了过去那种一写成功者必是“树立远大理想、发奋刻苦”，然后“成才”的简单机械的模式，对当代知识分子的成才问题，从主观努力到客观环境，从普遍规律到偶然机遇，做了多角度、多层次的报道和剖析——如何在不那么令人满意的环境中找到理想与事业的结合点？如何化阻力为动力？如何从适应环境到改造环境？巨人的肩膀在哪里？这些过去只能是私下里议论的话，现在都拿到了报纸上来公开报道和讨论，自然给当时的读者心灵以不小的震动。采写这组报道的记者注重的不是简单僵化，不是被公众已经“习惯”了的“成才公式”，或已经概念化了的“典型”成长之路，而是着眼于诸多主观与客观、必然与偶然之间的综合因素。接着，是《哈尔滨日报》的《一个青年个体户说：我们穷得只剩下钱了》和《光明日报》的《一个工程师出走的反思》等深度报道的发表，尤其是前者所体现出的极为鲜明的对人的精神存在与需求的强烈关注和重视，这些在进一步深化和扩大了刚刚起步的深度报道的社会影响的同时，已经相当鲜明地呈现出了既关注人的物质需求，也关注人的精神需求的审美传播的价值诉求。

1987 年，可以称之为“深度报道热”的标志性年份。在这一年，“深度报道热”全面崛起，并产生了强烈的社会“轰动效应”。这一年，深度报道的触角明显伸长、扩大：政治、经济、社会热点问题几乎无所不包，其思想内涵也呈现出前所未有的深度。

先是《经济日报》的“关广梅现象”讨论的系列报道，它极为鲜明地提出了“租赁企业究竟姓‘社’还是姓‘资’”这个在改革中一个极为敏感的政治问题。这组报道当然属宏大的“政治叙事”，但需要注意的是，在“姓资姓社”宏大叙事的背后，不仅是经济改革向何处去的大问题，而且还有以关广梅为代表的无数“租赁者”们的“生命”向何处去的大问题。然后，是《人民日报》的《鲁布革冲击波》和《中国青年报》的《西部地区贫困探源》。前者从施工管理的体制机制入手，写出了同是中国工人，却在多劳多得和干多干少一个样的“大锅饭”这两种对立的分配方式下所表现出的巨大效率和落差，并对此进行了深刻的透视分析——人的积极性到底是来自空洞说教，还是哪里？后者冲破了解放三十多年来写西部便是“进步与发展”“旧貌变新颜”，而对其久治不愈的贫困却极少涉足的局面。报道通过对无节制生育、乱砍乱伐等愚昧落后的揭示后提出：“西部的希望何在？……那就是——改革！顺应已经开始的经济体制改革的大潮，将西部从自然经济的轨道推向商品经济的轨道。”——在这里，所有的文本都提供了足以支撑观点的众多具体事实。因此，这些文本都以前所未有的巨大的真实的力量，既还了事物的本来面目，又因其与以往之大不同而给受众以相当的惊奇感，因而也为实现新闻对美的追求提供了可能。

这时期还有《人民日报》的《中国改革的历史方位》，《中国青年报》的《命运备忘录》和《定远县青年农民恋人私奔采访记》等深度报道同样引起了社会的强烈反响。

最值得一提的是诸多媒体关于大兴安岭火灾的报道，其中当首推《中国青年报》的“三颜色”组稿。这组报道可以被称之为我国新时期深度报道的代表作品。我们来看看第一篇《红色的警告》的开头——

一把火，一把令5万同胞流离失所、193人葬身火海的火；一把烧过100万公顷土地，焚毁85万立方米存材的火；

一把令5万余军民围剿25个昼夜的火，究竟是从哪里、为什么、又怎样燃烧起来的?

“这是天火”。——灾区一位老大娘说。

“这与‘厄尔尼诺’现象有关，北纬53°线左右有一道燃烧线”。——一位干部说。

“风再大也刮不出火来”。——大兴安岭林管局局长说。

“五个火源都是林业职工违反制度和操作规程造成的。”——迄今一系列的报道这样告诉人们。

是的，现实给我们的答复往往不止一个。今天，大火熄灭了，然而，灾难留给人类的教训却是永恒的。

再来看看这个文本的结尾——

“我认为这场灾难主要是人祸。”大兴安岭林业局局长邱兴亚语调颤抖，“是我们——犯有严重的官僚主义，而我们僵化的体制，也使我们成为官僚主义。这场大火，对我们是不烧死的烧死。”

1987年6月6日，国务院国务会议。代总理万里严肃宣告：“今天的大会，是与官僚主义作斗争的大会。”

1987 年 6 月 18 日，全国人民代表大会常委会。常委们代表十亿公民审议了国务院《关于处理大兴安岭特大森林火灾事故和处理情况的汇报》。他们说：

“现在官僚主义相当严重，相当普遍。反对官僚主义的根本办法，是加强民主和法制的建设，在经济改革的同时，进行政治体制改革。”

大火向我们发出了红色的警告，也给我们留下了沉重的思考。

这组深度报道的最大成功之处在于记者对灾害的报道突破了过去“平面报道”式的“英雄的壮歌”“广大群众抢险救灾”式的“平面照像”的模式，它深刻剖析了灾害发生的更深层次的诸如人为因素等问题和人们的种种反思。它站在“人与社会 · 人与自然 · 人与人”三者关系的高度，对某些现行体制的弊端和官僚主义的恶果、中国生态移民的恶性循环，及烈火中一些人的心理扭曲而另一些人却灵魂升华等问题，进行了多角度多层次的叙述和透视。这些透视的价值已经远远超过了对火灾情况本身报道的价值，它成了人们坚定改革信念的巨大动力。

我们之所以说这组报道是深度报道的代表作，其根本原因就在于，它几乎是最鲜明地体现了新闻三大审美品质——真实、客观、惊奇的新闻文本。也正因为如此，这组报道才在今天成了几乎所有新闻传播学院教科书中的必选篇目。

沿着 1987 年众多深度报道的路径，经过一段时间的沉寂之后，20 世纪 90 年代前期，“深度报道热”再次呈现高潮。这期间有 1991 年下半年《经济日报》推出的一组二十余篇的关于“三角债”的系列追踪报道，以及新华社的《“东北现象”引起各方关注》，以及更晚一些的《改革风云人物沉浮启示录》等。

这期间的深度报道文本中颇值得提及的是，《深圳特区报》发表该报记者陈锡添的长篇通讯《东方风来满眼春》。该作品发表后的一两天里，全国各大媒体争相转载，呈现了中国新闻传播的又一次洛阳纸贵，人们争相看报的惊人场面。这篇报道邓小平南巡谈话的新闻通讯透露了邓小平对诸多当时人们或深陷疑惑、或争论不休的难题的看法。

这篇报道虽然看似更多地是在记录邓小平在不同场合的各种谈话，但它每一个细节、每一句话的现实针对性都十分之强，它不仅起到了解疑释惑的作用，而且为中国走市场经济之路指示了方向。这篇报道与前述诸深度报道一样，都是关注了当下时代的重大问题，所不同的是它的深度更多地体现在极其客观的记录之中。

此后的“深度报道热”还需提及的是创刊于1995年元旦的《中国青年报》的“冰点”周刊。该周刊在这个每篇报道几乎都一整版的专栏里，发表了诸如《北京最后的粪桶》《乔安山的故事》等等。这些报道显然呈现出了更为复杂的状态，很多或新闻性并不强的故事，或普通百姓的日常生活都被纳入了进来，但是很多文本都很感人，都给人以很大的感动。

另外是创刊于1984年的《南方周末》，几经改版后，近年来发表了大量时效性、事件性均极强的事件新闻的深度报道。比如，2008年汶川大地震时的《汶川九歌》等等。值得注意的是，此时《南方周末》的深度报道已与此前“深度报道热”兴起时那些名篇的审美取向有了较大的不同，其主要表现在报道的事件的即时性和审美取向的更广泛性……

这里，我们有必要对深度报道做一些学理上的分析。

关于深度报道的自身特征，随着“深度报道热”的全面崛起，新闻学界和业界都有诸多讨论。《新闻学大词典》

的解释是：“运用解释、分析、预测等方法从历史渊源、因果关系、矛盾演变、影响作用、发展趋势等方面报道新闻的形式。深度报道不满足于向受众提供简单的新闻事实，而是使新闻要素进一步深化，要求一方面剖析新闻事实的内部，另一方面展示新闻事实的宏观背景，从总体联系上把握其真实性。深度报道突破了‘一人一地一事’的模式，要求对新闻事实进行跨时空的、由里到外的综合反映。对‘时间’的采访应包括过去、现在、未来；采访地点不仅包括现场，还包括‘现场’延伸或波及到的地方；不仅要采访当事人，而且要采访其他有关人员；采访新闻事实时，一方面对事实本身的情形、细节要尽可能做详细采访，对相关的事实也要采访；应把主要精力放在 Why（原因）和 How（怎么样）上，说明来龙去脉，阐明本质意义，估计事件影响，揭示发展趋势。”

另有学者认为：“深度报道是一种以‘深’见长的新闻体裁”。“深度报道是一种系统反映重大新闻事件和社会问题，揭示其实质，追踪和探索其发展趋向的报道形式。”在西方，关于深度报道有多种说法，有人将其称为“大标题后报道”“大报道”，也有人认为深度报道就是解释性报道的一种形式。美国新闻学者沃尔特·福克斯认为，在广播电视的时代，“记者只是简单地叙述发生了什么‘事实’，只是简单地交待传统报道中五个 W 已不合时宜，而‘为什么’的问题突然成为新闻报道中最重要的事项。在电子时代，新闻报道中需要意义与背景，而提供这些内容的工作便获得一个特别的称谓：解释（interpretation）。”而美国新闻学家埃德温·埃莫里和迈克尔父子则认为：“老式的客观报道，坚持对说过的话或做过的事情做纯事实报道，受到一种新的概念挑战，后者基于这样一种信念：如果真正要讲新闻真实性的话，读者需要（记者）把一件事情的前因后果说清楚。”

写了很多有影响的深度报道的《光明日报》记者樊云芳在她的《新闻文体大趋势》一书中，把深度报道称为“全息摄影”式报道。她认为深度报道有三个基本特征：一是既反映事物的“正像”，又反映事物的“反像”；二是由过去的由上而下的单向的灌输，变为双向的交流和对话；三是实事求是地在报道中留下改革中尚无答案的问号，尚未破解的“X”，把它们留给今后的实践，留给读者去求索。

上述这些显然都是对新闻传播自身品质的更深层次的追

问。而更进一步，近来又开始有学界人士探讨“深度报道的诗性品格”。丁健雪认为：深度报道“诗性品格”有两大特质。其第一特质就表现在“对个体‘存在过程’的关注——在更加积极的状态下思考人的存在。”第二个特质是“对真实的深层追问——深度报道的引领力在这种追问中得到加强”。

通过上述这些，我们可以看到深度报道的这样一些特点：

第一，深度报道的兴起，其客观原因与“新闻评论热”，尤其是“时评热”有一个很大的不同之处，即虽然它们都是被“新媒体”逼出来的，但主要不是被网络“逼”出来的，而是被电视“逼”出来的。你报的新闻，电视上都有了，而且还有“影”，那谁还看报纸？这就要求以报纸为主的平面媒体必须向新闻的“深”处挖掘：不仅报道事实“是什么”，而且还要努力报道这个新闻事实“为什么”会是这样，以及这个新闻“将会怎样”发展，它的影响如何等等。“深度报道热”的兴起，深层的客观原因在于，新时期的中国是一个思想不断解放，社会飞速发展的时代，人们价值观的多元化要求全面反映时代、影响时代发展的精神产品的新闻传播，必须超越以往那种对新闻事件大多是终结式、孤立式、概念化的“平面报道”，进而实现还事物本来复杂的关系真相的“立体报道”，即所谓“对真实的深层追问”。作为精神产品的新闻传播，其质量如何的衡量标准主要应该是，它的新闻价值（信息价值和审美价值等）的大小。这就决定了报道仅仅传递“是什么”就远远不够了，一个优秀的新闻传播还必须告诉受众“为什么”和“将会怎样”。

第二，深度报道作用的进一步被强化和确认，与网络也有着十分重大的关系。现在看，这种关系就更大了。当电视对纸质媒介报纸的挑战尚未结束之时，网络对报纸的冲击又来了——那种认为“网络报道不够深刻”的认识显然是片面的：此时报纸面临的事实是，一个新闻事件在网络报道里虽然较芜杂但大多还是相当全面的，因为在一个主打新闻后面的相关链接里，几条、几十条，甚至几百条的相关新闻令受众目不暇接。问题是，在网络这里，这些“相关新闻”的相关性得由读者自己来体会和归纳，因此，它需要传播者对这些“背景”进行梳理。更重要的是，这种“梳理”不仅是裁剪重组，而是要说出它们之间的必然的关系，以及这种关系所生发出的某种可能。这一点，当下的网络尚未做到，可能相当长的时间里网络也不可能做到。于是，这就是报纸深度报道的用武之地了。

第三，深度报道所体现出的对国家、民族命运的强烈关切，对人的物质需求的承认，尤其是对人的精神存在、人的尊严的热切肯定，恰好深刻地体现了我国新时期思想解放和人的解放的深度，进而也反映了我国新时期经济、社会，尤其是人的发展的历史深度，反映了我们民族心灵的历史深度。新时期新闻传播实践的这种“体现”和“反映”，当然有很多原因，比如真实而快捷地报道了事实，比如深刻而客观地阐释了这些事实，等等。但在我看来，其中最重要也是最根本的原因在于，在传播者内心深处的那种强烈而坚定的“人是目的”、以人为本的人文关怀的根本价值观使然。正是在这种知性层面上无清晰概念，但在感性层面却相当坚定的审美取向的指引下，深度报道才客观上成为了思想解放，成为了人的解放这种社会构建的结果，同时也再现了这一时期我们的社会历史的深度和我们民族心灵的深度。关于这一问题的讨论，我甚至认为它也是“可逆”的——其实，一个民族的历史深度和心灵深度，其根本也必然地表现在她的人的自由全面发展的深度。那种不把“人是目的”、以人为本作为根本价值的时代，是难有什么深度而言的。同样，其民族心灵的“深度”也一定是乏善可陈的。

第四，当我们认真分析“深度报道热”兴起初期的一些代表文本时，我们也会注意到，它们当然主题都比较重大，但就“新闻”而言，相当多的文本所传播的新闻事件的即时性却并不太强——也许其传播的主题是当时社会的热点、难点问题，是受众十分关注的问题，但新闻本身的事件性却并不十分完整。或者说，一些文本所报道的主体事件本身如果单独作为一个新闻而言，不少还是比较勉强的，至少较难成为重大的新闻。同时，部分深度报道不同程度地带有“主题先行”，或者说是有了一个较重大的主题，然后到现实中寻找事例的嫌疑——从一个更高的标准来看，一个真正优秀的新闻文本其所报道的事件本身倘若能够构成一个有重大价值的新闻，然后传播者又能够在此基础上，深入报道其相关背景，并加以恰当的客观“再现”，那么这个文本才是更高水平的深刻，也更“好看”，更易于为受众接受并打动受众。或者说，这样的文本才是我们所说的既合目的又合规律的审美的新闻文本。

事实上，有研究者对深度报道的“内在矛盾”已经有所注意，比如单波教授就撰文指出：过分关注思想上“求深”，而忽略对“客观呈现事实的把握”；过分关注宏观问题，而较少透视生活中的具体问题；过分强调主体意识，而忽略“主体间”意识，即记者与读者的互动；过分表现精英意识、启蒙意识，而较少眼睛向下，以生活的名义去揭示普通人的生存状态。因此，从某种意义上甚至也可以说，深度报道所遭遇的问题，是“理性过剩”的问题。记者们更多地以理性思辨对抗旧体制下的报道公式和非理性的宣传教条，为了理性思辨而集结事实，而不是为了亲近生活、关注生活而再现事实，从而在不知不觉中背离了新闻传播的规律。这些看法以新闻审美传播的角度而言，就是一些深度报道过于强调“合目的性”，而忽视了“合规律性”的要求。

虽然这其中个别表述或有“矫枉过正”之处，但总的意思我是颇为赞同的——对于某些深度报道所呈现出的这样一些问题，不久后兴起的“现场短新闻热”的实践给予了一定程度的纠正。

四、“现场短新闻热”的昙花一现及其对审美传播的影响

检阅新时期中国新闻传播的审美流变，我们在特别重视那些强调现实针对性，强调报道深度及其影响力的“新闻评论热”和“深度报道热”的同时，还应该注意到中国新闻传播中那些就文本本身的“好看”“易读”，即合规律方面的努力。

无论如何，新闻是一种大众传播，而非少数人的消费品，这一点决定了新闻这种文体自身独立品质的一个方面，即要让更多读者“愿意看”“容易看”。在这方面，新时期中国的新闻传播也是做了很大的努力的。在新闻实践方面，这一努力比较明显地表现在 1990 年初，“现场短新闻”的大面积出现。

简单地看起来，现场短新闻与深度报道在表现形式上实在相去甚远，文字上一长一短，内容上一严一活，很难看出有什么共同之处。但它们在突破“平面报道”，终结以往报道机械化、固定化、简单化和可读性差等方面的追求却有着深刻的内在联系。

“现场短新闻热”的兴起，是新闻业界一次自觉的行

动。北京“八九”风波后，传媒如何既坚持正确的舆论导向，又“贴近生活，引人爱看、爱读、爱听”等问题，再次被提了出来。为此，全国记协受中宣部委托，组织了现场短新闻评选活动。评委会下发的《“现场短新闻”评选办法》称，评奖标准为：“提倡采写反映重大主题思想的新闻作品，作品要突出现场感，作品要求短而精。”于是，较高的新闻价值、现场感强、短而精这三个标准就成了现场短新闻的必备要素和基本特征。很快，一场有组织的、广泛动员众多媒体参加的采编现场短新闻的热潮在全国兴起。首届评奖于 1990 年 6 月举行，首都 22 家媒体参加，获奖作品 50 件。到 1991 年 9 月进行第二届评奖时，参加的媒体已达 1500 余家，获奖作品达 150 件。

特别值得注意的是，有学者对这场有组织的热潮在进行理论的总结时，提及了新闻的美学品质问题。比如彭朝丞研究员认为：社会与读者赋予新闻的愿望之一，在于创造美的精神产品。现代人们对新闻的要求，不仅仅要获得某种信息，而且也有获得知识和美的享受的强烈欲望。而在首届“现场短新闻”颁奖会上，中共中央政治局常委、书记处书记李瑞环的讲话中更是明确：“我们的新闻宣传仍然应在提高可读性、可听性、可视性方面下功夫。新闻宣传要使人感到亲切、轻松，喜闻乐见。我们的新闻宣传应当尊重人、理解人、关心人。”由上述情况可见，“现场短新闻”在最初兴起之时，其价值取向就是十分清晰的。

下面，我以部分前两届现场短新闻获奖作品为例，来粗略地评述一下现场短新闻的大致情况。具体文本大家可以去找这两次评奖的获奖作品集来看。

首先，现场短新闻较好地避免了“平面报道”的呆板、简单化、千篇一律的弊端，大大地抛弃了“套话”，还了新闻事件本身生动、新奇的本来面目。同是写模范人物，《农民日报》发表的《未上金榜的售粮模范》，只有六百多字，其中大部分还是人物对话，就把这一模范写得栩栩如生，自然、纯朴跃然纸上，这与我们过去常见的那种劳模通讯已大相径庭。另外，发表于《解放军报》的《华阳礁上补给忙》可以说是用生死一瞬间的代价换来的。通篇现场素描，文字清新、画面丰满，使读者如闻其声、如临其境。对这一新闻事件，记者虽无诸如“子弟兵为人民出生入死”式的评论之语，却颇有“笔底情无限，尽在不言中”之意。

其次，现场短新闻还很大程度上避免了“平面报道”的概念化、“形势一片大好”“取得显著成果”等终结新闻事件的弊端，还了新闻事物本身复杂联系的真实面目，进而使报道有了浓厚而又真实可信的人情味。《光明日报》发表的《多一份尊重，就多一份自爱——北京一中期末考试见闻》，读后令人感动。其关键之处在于它实事求是地强调了“尊重别人、尊重自己”是一种需要弘扬的人文价值，“千教万教，教人求真；千学万学，学做真人”的主题不需人为解释乃至任何人为拔高，便深入人心。浙江电视台的《省长解决农民卖蘑菇难》是现场短新闻中批评类报道的优秀作品。它一反过去“平面报道”中一说农业生产就是“喜获丰收”“取得显著成果”的模式，对农民“卖蘑菇难”一事进行了批评报道。而且，它还不仅于此，它又把省长实事求是地解决问题的事件结合到报道中来，这就使这个报道呈现了值得重视的新闻的建设意义来。读完报道，令人感到真实可信，思考颇多。另外，《中国妇女报》发表的《投好神圣的一票》在写出事件本身复杂与联系上的努力也是值得称道的。作者通过报道一个村民委员会选举中一对夫妻和一对父子吵架的对话，反映了农民参加选举的心态，尤其是结尾，“主任选掉了怎么办？”镇上指导组的老宋当众答复道：

“按选民意见办！”这既是现场实录，可又蕴含了怎样丰富的时代意义！

通过以上这些，我们可以说，现场短新闻以它的新奇、真实、客观，与深度报道的内涵丰富、思想深刻、发人深省的特点一起，突破了“平面报道”的诸多弊端，从而共同呈现了新闻传播原本所应有的基本品质。

从较高标准上来看，我们也得说说现场短新闻的一些不足。就单个文本而言，我们从“现场短新闻热”中涌现出的那些即便是获奖的报道中，尚难拿出像“新闻评论热”“深度报道热”中一样特别优秀，甚至可称“经典”的文本。如以前两者的标准作为“尺度”来看现场短新闻的那些相对较高水准的优秀文本，总体上讲，即使是那些获奖者，相当数量的文本也属于主题不甚重大，事件性也不很强，有的文本还较多地呈现出“为现场而现场”的情况。首届现场短新闻奖评委、原《解放军报》总编辑杨子才先生的话颇为中肯：“研读全部参评作品，一方面感到有些篇章‘笔下风生，飞入春天去’，看了还想再看，实在令人高兴；另一方面，少数篇目则如同‘美女乱涂朱，粗恶丧天真’，技巧不精，题材好，都写得差，令人掩卷叹息。”但是，我们在讨论新时期中国新闻传播审美流变中，之所以把“现场短新闻热”与“新闻评论热”“深度报道热”并列在一起加以研究，其根本原因在于，现场短新闻在追求或回归新闻传播自身应该短、快、新、活等方面，即新闻审美传播所要求的“合目的性的形式”和“合规律性的形式”方面，具有极其重要的意义。就此，我们需要强调三点:

第一，作为精神产品，新闻传播当然要尽可能深刻而准确地反映社会、反映时代，这一点新闻传播与其他人文社会科学及其实践并无本质区别。但作为人类社会发展和进步中重要组成部分的“特殊”的精神产品，新闻传播同样有其不可替代的自身独立品格的要求，即所谓新闻规律，比如真实、快捷、新奇、简短、客观，“用事实说话”等等，而这一点正是新闻传播区别于其他精神产品，如文学、哲学、经济学、社会学等文本的根本所在，也是其作为一种社会需要的独立文体存在的合法性之所在。正因为如此，对现场短新闻的追求并形成热潮，无疑是对新闻传播“更像新闻”，更符合其自身规律性要求的一种努力。而且这种努力大大地有别于新闻评论和深度报道——关于这一点，其最鲜明的标志就是，“现场短新闻”的兴起，完全是新闻界自身主动自觉的产物。因此，我们也可以把它看作是新闻界自身对新闻评论和深度报道中所体现出的一些不足的自觉反思和矫正。

第二，现场短新闻这种使新闻传播“更符合其自身规律性的努力”的意义，并不仅仅在于它对“小通讯”“特写”之类新闻文体应该如何改进、完善。它的更大价值应该在于：所有新闻文本都应该具备“真、短、快、新、活、深”，以及客观等这些品质。它的直接的现实针对性应该在于，并不仅仅是“现场短新闻”要有这些品质，而我们日常的消息、通讯、评论等等都应该实现“真、短、快、新、活、深”。同样，“深度报道”也应该如此——这一点对新闻实现审美传播而言，更是具有十分重要的意义。事实上，新时期中国新闻传播从1990年代中后期之后，单独的“现场短新闻”之类专栏虽然几近绝迹，但现场短新闻所追求的新闻文本应该更符合新闻规律的努力及其成效却随处可见。

第三，从时间段上看，虽然“现场短新闻热”在1990年代初看似“突然”兴起，而且具有明显的“自上而下”的特征，但也应该看到，其中也确实蕴含了新时期中国新闻传播审美流变的某种逻辑的合理性。

“现场短新闻热”兴起的1990年代初的一两年里，正是在“深度报道热”全面兴起的第一波高潮，与1992年春邓小平南巡谈话之后“深度报道热”开始第二波高潮之间；也是“新闻评论热”酝酿向“时评热”过渡的时间。应该注意的是，第二波的“深度报道热”和“新闻评论热”转向后的“新闻时评热”中所表现出的新闻传播的事件性、即时性等特点，显然与“现场短新闻”的价值追求不无关系，显然与这之前的现场短新闻在优秀的新闻传播应该新鲜、及时、生动等方面的强烈追求及其实践，尤其是这种审美观念渐入人心有大关系。虽然“现场短新闻热”的持续时间较短（主要是1990年至1992年初），但它恰好填补了新时期新闻传播审美追求的一个不可缺少的空白。审美追求当然首先是关于“内容”的，但它绝不仅仅是“内容”的，追求传播文本的更易接受的“可读性”的形式问题，同样是新时期新闻审美传播的重要的、不可或缺的课题。虽然“现场短新闻热”中的那些比较优秀的作品就单个文本而言，尚难说有什么“经典”，但是这一热潮所倡导的“现场”“短”“新闻”等价值取向，正是既对此前深度报道中某种不甚注重（或“无暇顾及”）上述新闻规律的倾向做了某种提醒和校正，又为此后报道在注意“深”的同时，也注重“新、快、短、活”，注重新闻事件的即时性，提供了某种准备，即在新时期中国新闻传播努力追求内容深刻的同时，也努力追求形式的合目的与合规律……也正是“现场短新闻热”的兴起在时间段上的这一看似“特殊的偶然”性，才十分恰当地证明了新时期中国新闻传播审美追求的某种必然性和全面性。那种简单地认为新闻的审美传播，或“新闻美学”就是研究文本形式“好看”的认识，当然是错误的，但是那种认为只要关注了人的精神存在，肯定了人的尊严的新闻传播就是审美传播的认识，同样是片面的、错误的。严格地说，不注重文本形式自身规律性的新闻传播，那也难说是合格的新闻传播，更难说是新闻的审美传播。我们所说的新闻的审美传播，说到底是形式的“合目的性与合规律性”并重的。

五、新时期中国新闻传播审美流变的大致线索

我觉得，我国新时期新闻传播审美流变大体可以概括如下三个走向。前面我们通过对“新闻评论热”“深度报道热”“现场短新闻热”的各自情况及其演变，分别从它们各自特点的角度讨论了新时期中国新闻传播审美流变的情况。

下面，我们再综合概括地总结一下这方面的情况。

我国新时期的思想解放说到底是理性的成长和人的解放。显而易见，新时期中国新闻传播审美流变的过程，既是新闻传播适应这一过程的要求的结果，同时也是作为整个意识形态一部分的新闻传播自身完善的必然结果。

第一，从更多直接地关注社会向更多地关注人自身的演进。

新时期的中国新闻传播初始阶段与社会发展几乎是同步的，新闻传播所关注的问题也几乎全部都是影响当时社会的全局的、重大的问题，这些问题并不仅仅关涉哪一个人，甚至也不仅仅关涉哪一部分人，而是关涉所有国人，关涉整个社会，比如我们前面所提到的《实践是检验真理的唯一标准》《中国改革的历史方位》等等。

这些文本的视角是以家国为对象，以整个社会为对象，在思维方式上鲜明地体现出了“没有家国哪里有我”的特征。此时的中国社会百废待举，“小我”显然“尚难顾及”，或者我们也可以把这种情况理解为，对每个“我”的关注完全倾注在对“我们”，“我们的处境”“我们的观念”方面。改变社会，首先要改变“我们的思想”，“我们的思想”的改变，首先是改变社会的价值观，尤其是要把“我们的思想”从已有的概念化、机械化的禁锢中解放出来。所以，大家要先对最基本的问题，比如“检验真理的标准是什么”取得共识；要先认识我们的处境，认清我们改革应从哪里起步，比如对今天的中国到底处于“怎样的历史方位”上取得共识，中华民族“是复兴，还是被开除球籍”？甚至要从头说起：“我们从哪里来？我们向何处去？”——请注意，中国新时期初期，中国新闻传播的审美取向与中外历次重大的社会变动几乎一样，启蒙的成分占据了全部。此时的启蒙更多的是着眼于全局，着眼于家国的——这也正是这一时期被后人称之为20世纪中国继“五四”启蒙运动之后的又一次“新启蒙运动”的原因。

随着新启蒙运动的不断深入和迅速取得成果的扩大，这种启蒙在依然十分关注“我们”的同时，也开始逐渐呈现出从“我们”向“我”的转变，向那些依然具有全局意味但同时已经相当具体的人和事的转变。比如关于人才流动的《一个工程师出走的反思》，比如关于个体承包姓资姓社的“关广梅现象”的讨论，比如关于个人精神权利的《56名女工状告工人搜身侵权》《一位青年个体户说：我们穷的只剩下钱了》，还有 2007 年各报多有报道的“孙志安事件”等等。

这样的一种转变是值得我们重点予以关注的。在这种由“我们”向“我”的转变中，还有一些报道关注的看似重大的社会问题，但因其事涉很多具体的个体的权利，所以其审美取向的转变不仅表现出某种形式的变化，而且这种变化的主题也愈发清晰起来。比如 2008 年以来的关于“限行”和“五一”长假等讨论或报道……这一转变过程中新闻传播的审美取向用工人日报评论员刘文宁的一篇时评的标题来描述颇为准确：《以公民的姿态站立》。这篇时评认为：每个人都应有一个坚定的公民意识，“有了这种公民意识，人们才会将公众的事、国家的事视为与自己休戚相关的事，才会以主人的姿态去时刻关注社会的进步与不足，才会自觉约束自己、关照他人，才会在见到危害社会的不良现象时，勇敢地站出来制止。这种公民意识将公民个体与国家、民族利益连成一体，将无数公民个体联结在一个有序的社会团体之中。”从中我们可以看到，这种由“我们”向“我”的微妙转变，其实相当鲜明地表达了马克思关于未来的共产主义社会的“每个人”与“全体”的“条件”关系。

第二，从较多关注人的物质功利需求向较多关注人的精神存在的演进。

在对人的关注方面，进入 20 世纪 90 年代，尤其是新世纪之后，中国新闻传播的审美取向还有一个新的转变，这就是这时期的新闻传播所着力关注的问题，从以往较多地关注人的物质功利需求开始逐渐增多地向更多地关注人的精神存在“人是目的”的价值取向转变，而“以人为本”则最终成为社会的主流核心价值——这个转变在作为精神产品的新时期中国新闻传播史上具有着里程碑意义。

《北京最后的粪桶》《当年落户在留村》《五叔五婶》……这些从 1995 年起陆续发表于中国青年报《冰点》上的报道当然十分关注这些普通人的物质生存状况，但是透过那些具体的故事细节，我们可以十分清晰地看到，它们的价值取向显然更加注重那些普通的随处可见的人的精神需求和人格尊严。事实上，这期间大量的对个体的人的关注的新闻文本更多的直接切入点仍然是对具体的人的物质功利事件的报道，但我们稍加分析就不难发现，在这些文本里，其最后也是最根本的落脚点，还是大多都表现在对人的精神存在的关注，表现在对人的人格尊严的肯定。也正因此，这些文本才超越了具体的物质功利判断，进入了虽然抽象但却又相当具体，而且具有更广泛意义的层面，进而感动了更多的受众，对受众乃至社会的精神升华起到了某种震动的效果。

与此同时，还尤其值得注意的是，在从较多关注人的物质功利需求向较多地关注人的精神存在的演进这一过程中，还有一类新闻文本——典型报道现象，也颇值得讨论。近十多年来，一批“典型人物”的新闻文本影响力不小，比如李素丽、徐虎、许振超、王顺友、丁晓兵、华懿蕙的报道等等。在我看来，这些文本在新时期新闻传播的审美取向流变中的积极意义在于，这些人物虽然也都是普通人，但其报道所传播和关注的人物的精神存在已经又有了某种超越，他们或在享受着自己的工作，或已经超越了生命的物理极限，在这些普通的生命中闪烁出的超越“小我”的精神力量，对工具理性泛滥、实用主义盛行、大众文化庸俗化甚至低俗化的当下，弘扬以有限的生命追求无限的价值，因此它们毫无疑问自有其难得的审美意义……

从上述两方面的情况看，新时期中国新闻传播的审美取向及其流变，集中表现在既对人的物质功利需求予以正视，更对人的精神存在予以关注，尤其是对人之为人的人格尊严予以肯定——也正是这种对“文本的合目的性”的强烈追求，才使得新时期中国新闻传播表现出了审美的令人感动的形态来。

第三，从主要是重视内容向既重视内容也重视形式的演进。

美是人类的终极理想。追求理想当然就要关注那些促进或阻碍理想实现的现实中的事件或问题，这当然也包括存在于人自身的那些问题。但是，无论是揭露、鞭挞那些丑恶，还是揭示、分析那些“复杂”，还是传播、弘扬那些美好……就新闻传播自身而言，这都需要一个恰当的载体平台，这就是新闻传播的形式。

事实上，从前述的对新时期中国新闻传播的三大热潮及其中的代表文本的分析中，我们可以看到，新时期中国新闻传播初期的价值取向更多地注意新闻事件的信息价值的判断和实现。相对而言，对审美价值判断的实现方式的合规律性关注有限，即对如何更符合新闻传播规律，适应受众接受要求的实现方式问题的重视明显不够强烈。这当然与那个百废待举的时代有关。但很快地，对新闻传播“形式”的关注也渐趋明显起来。一方面，对“深度报道热”和“现场短新闻热”“时评热”及深度报道、现场短新闻和时评本身作为新闻传播的自身独立品质的讨论渐次受到重视，对新闻传播自身规律的研究和重视也广泛起来。“现场短新闻”的大力提倡其实很大程度上就是对按新闻规律办事、对新闻传播形式的一种高度重视。而“深度报道热”“时评热”从题材上更多关注重大时政问题的宏大叙事转向报道事件的即时性和审美取向的更广泛性的这一转变，也表达了这一点。

由此可见，新时期中国新闻传播的审美流变，实际上是内容、形式并重的一种渐次的演进，虽然时间上有所交叉，但总体上的追求却是相当明显的。

六、新时期中国新闻传播实践的审美追求给我们的启示

根据上述讨论，新时期新闻传播实践的审美追求及其流变可以给我们这样一些启示：

第一，在新时期中国新闻传播实践的审美追求中，优秀的新闻文本都是以人文关怀为根本价值特征的，今天的中国新闻传播实践已基本形成“合目的合规律”的审美形态。

尽管新闻学界和业界极少从审美的角度来讨论新时期中国新闻传播，而且更少有人从人是目的、以人为本作为根本

价值的角度提出审美传播的问题，但是，通过以上讨论，我们可以清楚地看到，新时期中国的新闻实践确实走了一条审美传播的路子，其突出特征就在于：那些优秀乃至经典的新闻文本都是程度不同地具有追求合目的性与合规律性的品质的。也正因为如此，新时期的中国新闻传播才成为了新时期中国思想解放运动的一部分，并推动了思想解放、人的解放和社会进步；正因为如此，新时期的中国新闻传播才受到受众的欢迎，其所传播乃至构建的以人为本、人是目的的观念才逐渐成为整个社会和人们的主流核心价值观。

第二，当下的新闻传播都必须在审美追求上下大功夫，不仅要注重提高对新闻素材信息价值的判断和实现能力，而且更要注重提高对新闻素材审美价值的判断和实现能力。实现新闻的审美传播应该成为新闻学界、业界共同的自觉追求。

报界人士常有这样的苦恼——对具体报道而言，为什么诸多重大报道的采编者们花费了巨大的精力，但传播效果不感人、不理想？对整个报业前途而言，报纸如何应对电子媒体的挑战？如何应对“报纸即将消亡”的预言？当下传媒颇受诟病的“语言狂欢”“娱乐狂欢”的根本原因在于，原本基于审美的“鉴赏”被置换成满足欲望的“消费”，而以人为本的人文精神却被抛到一边。因此，在电子媒体挤压下的报纸等平面媒体，在努力借鉴、学习其他媒介的长处的同时，其根本的出路应该在于坚守人是目的、以人为本的人文关怀的理想。只有这样，在电子媒体已经相当多地传递了信息的同时，报纸还有空间，即充满人文理想的审美传播的空间，而且这个空间显然是商业的“狂欢者”们所没有能力占领的。那些保留着思想的，保留着我们对社会和生命的体认的，保留着以人是目的、以人为本的人文关怀作为基本价值取向的精神产品，是我们今天这个社会的稀有产品，是我们这个社会急需的稀缺资源……所以，如果世界最后还剩下极少数几份报纸，那一定是那些承载着传播者对人类进步的思考，表现出强烈的人文关怀的报纸。

在我看来，实现新闻的审美传播，既是新闻传播自身独立品质的内在要求，也是提高当下新闻传播效果的现实要求，更是新闻传播在人类进步中的根本使命。

第三，实现新闻的审美传播绝不是一句可有可无的口号，甚至也可以说，它才真正地关系到报纸的生死存亡。

从新闻应实现审美传播的高度看，也许我们对“大报”

及其编采人员要求高了一些——此时你所具备的那些被称之为“新闻敏感”和“新闻原则”（其实是编采技艺）的东西，远远不能适应要求了。但是，不应该认为这是过分的要求，你既然不愿意“消亡”，而且要成为主流大报，成为主导舆论的重要媒体，追求在报业市场，乃至整个媒介市场机制中的有效性，你就必须有这样的较高的标准并努力实现之——毕竟，我们所说的“主流大报”是当下中国数千家报纸中的极少数。这既是报纸及其新闻人的社会责任使然，也是报纸所面临的市场法则与受众的需求使然。

下面我愿意回答大家还感兴趣的一些问题。（略）

今天讲的时间已经够长了，很感谢大家有兴趣听了这么久。以后有机会再与各位讨论。

谢谢各位！

时间：2013 年 8 月 15 日

地点：工人日报社

《寻找时传祥》采编背后的故事

——在工人日报青年记者沙龙上的问答录

主持人车辉：工人日报社青年记者沙龙的启动仪式就到这里。下面我们沙龙的第一期正式开始。这一期我们请的嘉宾是孙德宏先生。题目是“总编辑致青春——《寻找时传祥》采编背后的故事”。之所以选择《寻找时传祥》，是因为这个作品影响极大，绝对算得上是经典。下面，我们就先请他讲讲这个作品采编和发表后的基本情况，然后请他回答大家的问题。下面我们就请孙总开讲。

孙德宏：首先十分感谢青年同事们邀请我来作沙龙的第一位嘉宾。接下来我就按着你们出的题目和要求，以一个原作者的身份和记者的身份跟大家说说《寻找时传祥》这个作品前前后后的一些故事。先简单介绍一下这个作品是怎么选题的，然后怎么采访写作的，（发表）之后一些大致的效果反响之类。尽可能客观地给大家说说这些基本情况。然后，大家有什么问题，你们随便提，能够回答的，我就给大家回答，回答不了的我回去再做功课，之后再找机会向大家汇报。因为大家都是同事，我尽量放开些讲。

首先，我觉得这次沙龙的选题角度挺有意思，海报大题叫“总编辑致青春”，副题叫“《寻找时传祥》采编背后的故事”，看来不少人都有个“怀旧”的情结，同时对具体文本的实操更感兴趣。看到“致青春”的题目，我也挺感动。

以前我在一些大学里做讲座，我以为理论、理念之类的很重要，经常讲我的这些新闻的、美学的理论，但一到提问的环节，10个人有5个人提有关《寻找时传祥》的问题。大家还是关心这个。这篇报道大家可能都看过，越年轻的呢可能印象越深一点，可能是因为它选进了全国的中学语文课本，初中课本是节选，高中课本是全文，职业高中语文课本也选了这篇文章。刚才还有同事跟我说他高中时就学过，而且还为了考试而背过有关“标准答案”。这令我十分汗颜。

为了下午跟大家讨论，我中午时又把原文找出来看了一下。这篇报道选题的情况大概是这样：1995 年，现在说话是 18 年前了。我是 1994 年调到《工人日报》机动记者组的。在此之前，我在机关做过文字工作，然后在《中国建设报》当了 7 年的记者、编辑。当时工人日报新成立了一个不能算纯粹独立的部门，是挂在记者部下面的一个叫机动记者组，我调来的时候有四位同事，他们都是非常优秀的记者，从他们身上我学到了很多东西。

当时的机动记者组的特点是不分口，也基本不派什么指定的题目。这个部门由总编辑直接领导，当时的总编辑是张宏遵，现在已经退休，是一位非常优秀非常有水平的领导，他直接领导这个部门。现在年轻同志到单位都想分个口，那会儿我们也有这样的想法，但是总编辑说，你们什么口也没有，关键是研究问题，采写出有分量的报道。不仅如此，当时偶尔出去开个会，回来写个稿，登出来了，总编辑还不大高兴：“又去跑这些不痛不痒的干什么？”他当时大概就是这样的一个套路，意思是要求我们静下心来下功夫思考问题，搞有大价值的东西。那么我们具体干什么呢？天天看书看报想选题，想好跟总编辑报告，觉得这题目还行就干，不行就拉倒。大概是这么个状况。

大概到 1995 年“五一”之前，大家在报社干了几年都知道，“五一”时中央和全总要推出若干典型，那么这些活自然有要闻部、工会部、记者部等等来干，这活也轮不到我们。总编辑说在这么重大的时间节点上你们也应该干点什么吧，你们讨论讨论看能干点什么。于是我们几个就坐下来开始讨论，东拉西扯。我当时算个“文学青年”，于是我就提出了个题目：他们都写现在的这些了不得的典型啊、劳模啊，咱们能不能写一写在我们成长过程中，甚至我们出生之前就很著名的老劳模，也有一点点“怀旧”的意思。

那个时候我还意识不到这样的想法在文学和美学理论上，在我们之后讲的“怀旧”上的价值。现在美学里研究的“怀旧”是个极其重要的范畴。你们这期沙龙的主题叫“致青春”，我以为至少在潜意识里也是有这样的审美情趣的。我们看张艺谋拍的《山楂树之恋》等等这样一系列作品，事实上表达的都是一种怀旧的审美情趣，包括最近一些电影人在拍《致青春》之类的作品，他们都三四十岁了，于是他们也开始怀旧。

“怀旧”，在美学上是一个非常重要的范畴，因为其中蕴含着一种或浓或淡的对过往的生命中理想的追索和怀念青涩朦胧理想但纯朴真诚的情感。那个时候在理论上虽然不太懂，但是大家都感觉这东西很有意思，于是我的这个建议得到了他们的极大赞同。那时候机动记者组里好几位同事都可以称得上是“文艺青年”，对文学都有着挺大的甚至狂热的爱好，觉得怀旧好，写老劳模能好看。于是大家就把这个想法包装了一下报告了张宏遵总编辑。总编辑虽然是学新闻出身的，但是对坚守理想似乎比我们还有着更深刻的感受。总编辑说：“那你们就试试看吧。”于是这个选题就定下来了。

定下来之后，大家回来商量具体干点什么，怎么个写法。后来，一位同事腿受伤在医院，另一位同事当时有个别的任务在做，那事实上就剩我、于飞、连云丽三个。当时就想先选个最著名的吧，想来想去于飞就选了大庆的王进喜，连云丽选了鞍钢的孟泰。我当时由于夫人要生孩子，走不了，在北京找一个吧，于是他们说那就写时传祥吧，北京的，名气也够可以，于是我就定了时传祥。至于这组报道的总题叫什么，当时也没怎么想好。

定下了选题之后，到底怎么写？

咱们现在的选题都是有一个什么事儿大家去写，这也是我一直追求和倡导的——做事件新闻。而当时一个是网络也不发达，也不知道发生些什么；二是“五一”的报道总还是主题要清晰的。接下来说选了这些人，总得先了解了解吧。现在的套路是网上一搜，时传祥的资料就出来了，当时根本没有。当时报社还有资料室呢，在资料室这些老劳模还有些资料，那会儿叫“剪报”。我记得那会儿大概有两大本吧，十六开的，贴的，找到了一些。大概故事就是那样一些故事，主题不外乎“脏了我一个，换来万家净”。大概就这个主题，算是时传祥最重要、最闪光的经历及评价吧。

大概了解了这些之后，依然不得要领，总不能把人家的事迹再写一遍吧？而且当时要闻部、记者部、工会部的若干典型正在大张旗鼓地弄着。那么我们就在那琢磨。想了想，还是先了解情况……于是就先跟北京市环卫局去联系，了解了一通，后来知道他儿子在环卫局当纪检委书记，跟他儿子见了见、谈了谈，算是又了解一些事儿。然后，又跟环卫局搞宣传的同志聊天，目前环卫工人的状况等等，聊了若干之后依然不敢说到底要怎么写这个东西。主要原因是一直没找到自己要表达而又有较大新意的那个“点”。

那个时候我作为文艺青年有个特点，还是要找一些感动了自己的东西写。记得当时感动的东西无外乎就这样一些，我到环卫局去，人家有关的工作人员讲，你别写老劳模了，就写写我们现在的环卫工人条件如何不好，总被人打等等，招工也招不来，当时我们指标多少，政府还给特批了多少指标，尽管如此，第二年还没等招第二拨，第一拨就走差得不多了。我听了这些之后开始有了一些感动。

后来有一次又到时传祥家里看了看，时传祥的老伴和他的小儿子在一起，他的小儿子当时是北京市环卫局的纪检委书记叫时纯利。到他家去，老太太没念过书，不认识字，她家里也很久没有记者来了。若干年前，时传祥“火”的时候经常见到记者，这都过去几十年了，家里已经不怎么来记者了。他家是一个很普通的北京市三居室的居民房，家里也没什么稍稍高档的东西。慢慢地聊天中，老太太和家人们可能觉得我还不像一般那些记者那么功利，他们就说，你写这个行不行啊？写劳模现在还有人看吗？我觉得这都是很实在的话。

大概就是这样一个采访过程，在这个过程中我渐渐地积淀出一些感动，写作的冲动也在渐渐地涌动。尤其是当时还有一个背景，上世纪 90 年代初期，文学界、文化界有一个关于人文精神的讨论，那时社会刚刚开始搞市场经济。市场经济大潮来了，整个社会的价值取向开始向钱看，谁谁谁又“下海”了都是挺激动人心的事。但与此同时，人没有底线的情况也越来越厉害。那么我们经过了新时期前面的十几年，大家终于开始讨论我们的文学作品、文艺作品为什么没有经典？得出的结论之一是，我们的人文精神的严重的失落。可能搞文学的同事们还有这样的印象，90 年代初期的时候有这样若干的讨论。我作为文学爱好者，也参与了这些讨论，写过文章，也看过学界的、创作界的这些说法。我想，根据我这次的采访，结合当时那个年代对于人的各种思考，我确实已经有了一些感动。

坦率地讲，那个时候写这个作品，有相当大的成分是当文学作品来写的。但是，毕竟我也做了大概有七八年新闻记者了，那个时候知道的是，尽管我像在写文学作品一样写这篇报道，但是我当时的职业价值观是这样认为的，最优秀的新闻作品应该是极其客观地表达你在搞文学时思考的那些问题，新闻与文学在结果上是一样的，只是在表达这个结果的手法上不同。因为当时坚持这样的想法，所以我写的这个文本就没有任何虚构，但同时也要表达文学最高水准的那些思考和追求。我当时觉得记者和作家是有差距的，尽管我现在不这么认为了，但是那个时候是这样一个情况。于是这个文本出来之后，给新闻学界带来一些“麻烦”。

上次在一个大学讲课，讲之前闲聊时一位老师说你这个作品我们在讲课的时候实在不好讲，按照传统的新闻学理论和一些著名作品的模样，“不大好套”。可是呢，说你不是新闻作品，又很难拿出证据，没有确凿的证据说你这东西不是新闻作品，但在我们惯常印象中的新闻作品里，主题是极为清晰的，你这个作品的主题当然是清晰的，但这种清晰却是又很复杂的，跟大多的社会新闻、时政新闻的写法还是有相当的不同。他的意思是说《寻找时传祥》这个文本有着很复杂、较永恒的一些主题在讨论。我说你说的这个我很感谢你，现在有那么多人在讨论这篇文章，网上有几千个教案在讨论，我也浏览过，我觉得他们好像没有像你这样来讨论，而是大多把这个文本讲解成一种技术的东西了，在讨论字词句、篇章结构，我觉得我也没有办法，我们应试教育就是这种搞法。当然，作品出来后读者怎么看也不是作者所能决定的了。

写作的时候，坦率地讲，写第一段的时候我也不知道后面能写成啥样，反正就顺着感觉往下写。所以现在第一段，26 年前怎么怎么样，36 年前怎么怎么样，一个是国家主席，一个是掏粪工人，他们死于一场同样的名为“文化”的“革命”，大概就这么一段。所以说业界学界现在不好讨论也确实为难他们，很少见过通讯有这么写的。那么这样一种对比，技术上讲，可能还是可以讨论的，比较难的是最后一句。我在另一个学校的时候，给他们的硕士生、博士生开了一个类似咱们这样的研讨会，他们那次让我去讲新闻美学，他们提出了这一问题，其中一个学生说他研究了这篇文章，但怎么也想不太通，第一段最后一句“他们死于一场名为文化的革命”，你到底想表达什么呢？我说一定要讲吧，这个事就这么说吧，我想彻底地否定文革，但这话说得太政治，我说我们的文学应该呼唤人格的那种平等，强调人的主体地位，也就是文艺复兴以来大家所一直强调的。现代思想、现代哲学最重大的成就讲的是，上帝的退场，人的觉醒，人的主体地位的回归。大概讲的是这样。所以我在讨论这样的问题，事实上我也期待通过这样的思想和语言来讨论，我们曾经几十年来的这样一个简单地对人的个性、人的尊严，对人的美好品质的抹杀。这些话说得就很多了，可能我采写当时也未必有这种“深刻”而清晰的认识，而只是一些感觉而已。大体上是这个样子。

那么采访过程中，我能告诉大家的，我大概这样面对面采访、聊天的有三四十人，一对一的大概有十个八个。我还到了当时的掏粪工人所在的掏粪班，他们有十个八个的工人，大家一块坐一坐，那天晚上还请他们喝啤酒，去买的啤酒，大家在那闲聊。他们有的干完活回来衣服还没换，看到我说，嗳，这个记者还挺哥们、挺够意思的。当时就在他们那办公室里，破得不得了。你想，一个掏粪班还能干净到哪去？买了点啤酒、熟食之类的，大家也就是胡说八侃一通，那些哥们说谁老婆漂亮啊，谁又跟谁怎么样啊，这些都说，这样又带来了报道中若干个具体的事实细节。

这个时候呢，我应该说，采访了这么多人，事实上，当然是在寻找有价值的新闻事实，但我觉得主要还不在这儿，主要是在积累我写这篇报道我认为应该有的情感的过程。文学青年可能就这么个套路，写东西先得感动自己，在寻找积累这样一种情感。在这个积累过程中，慢慢地有了一些感受。所以，最后就写出这个东西了。

写完之后，我先给几个机动记者组的同事看，他们看完了半天不说话。后来是于飞，我们的组长说：“好，但你这是新闻吗？”我说大家看吧。因为他是一直做新闻出身的，先在《北京日报》，后来到《工人日报》，现在已经退休了，比我大十多岁，这是他的态度，确实挺尖锐，但是像不像新闻我也不大有底。当时连云丽看了，说“你这个好得不得了，看了你的我也有了信心。”连云丽比我小十来岁，是人大新闻系科班毕业的，她拍案叫好。后来又拿去给另一位在医院住院的同事看。我们当时机动组有一个很好的传统，一些重要报道写完后，大家都先相互看看和讨论一下，再坐一块一轮一轮讨论。当时写一初稿，就想很快地互相看看，大伙再说一说。那时候我们从来没有意识到谁说我这稿不好我会不高兴，大家都觉得能够集中所有人意见是个很幸运的事情。这位同事看完在病床上说挺好。我有了点信心，就交给了总编辑。交完之后就没事瞎扯去了。

几天后，我们闲着没事又去积水潭医院看同事，在积水潭医院跟他聊天，就这工夫，那会也没有什么手机，总编辑让总编室打电话到医院，又打到病房，让我们立刻都回来，于是我们都回来了。回来后到了办公室，张宏遵破例从他那层来到我们这层楼，到了我们办公室之后就说："我们谈谈稿子吧"。

因为我那稿子是刚交，（另外）那两个稿还没交呢。张宏遵平时对稿子的要求能把我们折磨死，写一稿不成，写一稿又不成，那会儿没有电脑，都拿稿纸写，给他看又不能划得乱七八糟地送去，只能改一遍抄一遍，抄一遍送一遍，送一遍最后可能一个字没改就给退回来了。他常说："这不大行吧？"他的新闻水平确实很高，我能够走到今天，遇到这样一位总编辑是我个人职业生涯莫大的荣幸。以他的工作风格我也在检讨自己，对大家的稿子，我从没要求到这种程度。

这个组是他力主办起来的，所以他总是监督着我们的稿子。但是那一次非常令我们惊奇，他说，这个稿他一共改了十几个字，我不同意可以擦了按我的干。他说这稿行了："我看写得非常好。"

后来这个稿子，加上于飞的稿子也写出来了，还有连云丽关于孟泰的稿子也写出来了，我们说三篇稿得有个栏题，于是想来想去好像是连云丽想了个题，叫做《重访精神高原》，当时“重访”的意思要有，要不然就没什么由头。“精神高原”呢，大家就认为他们这些人的精神代表了我们当下中国人的最高精神。但是，这个题后来有人说也有点毛病，人家说高原都空气稀薄，我看网上的教案里有人是这么说的。但不管怎么样，叫了这么个栏题就出来了。

发表了之后呢，影响确实挺大，前前后后进了很多新闻院系的教材、辅导材料，再然后选进了初中课本、高中课本等等。最近几年还有电视台、电台来采访拍片子。当时听张总说那年评“中国新闻奖”，这个稿子全票当选当年“中国新闻奖”通讯类一等奖。

关于这篇稿子的前前后后大体就是这样。我能够跟大家分享的就是这些情况。

下边大家有什么意见，有什么问题提出来，我能解答就尽量解答一下。

李元浩：我听完孙总的讲述，感觉非常深刻。有个问题，您在做这个报道的时候应该说有点特事特办的(意思)，部门的设置也是总编辑直接管的，时间跨度比较宽松。但我想现在我们没有那么长的时间去商量这个选题，也没有那么

长的时间组织采访。为了时效性和信息传播速度更快，在目前这种新闻传播环境中，有时候我感觉时间和精品不能兼得。这方面，您给我们提出什么建议？

孙德宏：当时的机动记者组确有某种“特事特办”的意思。但一定要说“时间”问题，我觉得“时间和精品”好像不完全是你说的那样一种必然的关系。首先，我能说的是，我那个时候也十分羡慕和渴望能有你们那么多的采访任务。我们特别期待，但是总编辑不给，这是事实。可能也正因此，才磨出了几篇稍有意思的稿子吧？另外，我认为一个作品，或者说咱们采访一个东西，时间不是最重要的。只要你真的觉得这个事的价值比较大，时间总是有的。我们那个时候也无所谓几点上班、几点下班。这个题目我很喜欢，写一晚上、写两晚上，甚至不吃不睡也算不了什么。当然，那种时效性极强的新闻稿另当别论。所以时间这个问题，现在大家说我天天有编版的任务，这个会那个会，但事实如此无法改变。在这个前提下，如果你把它当作理由，那可能一年、两年、五年、十年也就这么过去了。于是你可能也码了一百万字、两百万字，但最后恐怕仍是难以留下什么东西。

所以我觉得，时间不是绝对的问题。问题的关键是，你的主任现在真的说给你一个月时间，你能否写一篇好稿子？难说吧？因为事实是我们现在有些较重要的稿子给的时间可能还不止一个月。

说到“建议”，我更多的期待是，建议大家下点功夫平时注重积累。积累这个东西太重要了。

这么说吧，我大学毕业时也曾经想，这辈子再也不念书，不考试了，好好去当个公务员，万一还提拔提拔呢。到了工作岗位之后才明白，你是谁呀？你以为你是谁呀？于是经历了一些之后才懂了，像彻悟一样，然后自己找一个我能干的、热爱的工作，踏踏实实地干，这就挺愉快的了。结果就参加考试当了记者。当了记者之后，大学毕业这么多年大多时候，都是晚上看完新闻联播和天气预报之后，就是读书写文章。二十多年就这么过来的。所以我觉得，真正地积累了，不仅是知识的积累，更是你的思想、技能、艺术感觉的积累，专业的积累。尽管如此，水平仍然相当有限，想不明白的地方、想明白了但没做到的地方还是多得很。

所以结合这个文本，讨论的远不仅是一个简单的新闻事实，而是要讨论——当然我当时理想可能大了点儿——要讨论“人”的问题：应该做一个什么样的人？我们社会需要什么样的人？大概是在讨论这样的问题，而且这个讨论是很真诚的，至于说当时（表现得）是否浅薄或者深刻是另一回事。所以说有了那样的积累才有了这样的思考和这样的作品。

如果接下来继续讲“时间”，我们报社跟都市报恐怕不能比。都市报记者一天发一条、发两条，你要“扫街”去，我们现在远没到这种程度。关键的问题，还是自己怎么积累，遇到一个新闻觉得真是好东西的时候，和几年、十几年所积累的思想、手艺重合的时候，下大功夫用新闻的方式把它表达出来。我认为这个是我所应该追求的。那么有可能这点碰上了，可能就做出来了，不然真不大行。

你说我这么忙啊、那么忙啊。当然，大家都很忙。我的体会是，书看多了你会发现，咱们学新闻的同事，那新闻学概论一天可以看三本，因为大家讲得都差不多。当然，最初的时候你可能几个月才看一本，到了一定程度后，你把目前的几十本都搬来，十天二十天也就差不多了。前提是，你已经有了深入的研究、大量的积累。你甚至可以说是翻翻目录就可以说是看过了。看看它的序言啊、目录啊，还有新鲜处翻翻啊。当然有的时候，看一本经典，一个月、两个月也是有的，然后几年后再看，要反复地体味。但是大量的书，在我看来，可能有很多的垃圾、重复的信息你是不用看的。你看过几十本理论新闻学的书，你就知道中国的、北京的这一拨的讨论新闻学的流派、上海的那一拨的、广东的那一拨的，大概就这些东西。所以，关于李元浩讲的这个，也许我这个办法是个笨办法，但是我个人的经验就是这个样子。

程莉莉：您讲了很多采访的故事、经历，原来您采访了这么多人，很多领导啊、环卫工啊、时传祥的儿子啊，但是我看到这稿子里面有些就没有提到。我们做策划也好、编辑也好，现在特别追求细节和故事化的东西，恨不得把现场事无巨细的东西写得特别全，然后哪怕将自己心里的感受啊、判断啊，甚至包括对未来的预测啊都写进去，可是我发现您在材料的选择上有独到之处。比如说，我去跟记者约这个稿子，能采访到时传祥的儿子，肯定特别兴奋，肯定会跟记者说，一定要多采访他、多写他、多跟他聊，这个应该是最能贴近主人公的机会，能还原他当时的样子。但是，我看您这个稿子没怎么提到他。您选择素材，有没有像我们现在很受折磨，不知道从何写起的烦恼？您最后是怎么选择这些素材的？我们现在写这类的稿子又怎样进行素材的选择？

孙德宏：如何处理好海量素材，我也有很多烦恼，也挺受折磨。不过，讨论这个问题，我觉得它涉及到新闻理论和实务里一个非常重大的问题：到底新闻是什么？我们说什么叫新闻，陆定一的定义大家比较公认，是新近发生的事实的报道，讲的是事实。

大家注意到，我们报社的若干业务讨论、业务学习、编前会上也强调，首先要写事，要是个事实。作为新闻的目的，第一是传递信息，第二是影响社会。从这个角度讲，首先得传递信息，这没有问题。那么这篇报道，按照较高的新闻价值判断标准看，所有的事实信息几乎都较难以称之为“新闻”，按我们现在的讲，它得有新的未发现的事实，这里边几乎没有。至于环卫工被打什么的，也已有若干的报道。

这篇报道在选择事实的时候，我现在首先能告诉大家的是，所有的事实都是有依据的，都是现实中确然发生的，但任何一个事实单拿出来恐怕都难以构成“新闻”。那么这个东西还被称为新闻作品道理在哪儿？感性一点说，写这个报道，把它当作新闻的时候是我有了一个想法。刚才讲过的，人到底应该怎样？我认为，这个想法很有新闻价值，至少在当时，文学界在讨论，但新闻界很少有人讨论，新闻业界也没人特别专门报道这事。或者说，一篇报道说我们要做有道德的、诚实的人，都是正面的，这个人好啊，我们都要向他学习。这是我们说的表扬稿。所以我觉得那个也不是我能接受的，甚至也是读者所难以接受的。我期待有更好的表达。而有了这样的感动、这样的思想，我认为它就是新闻了。于是，我就把我采访的东西，老老实实地、真实地说给大家，而且经过我的剪裁以及对事实的运用，我期待你阅读之后能得到我初衷的那样的想法，甚至认同我的想法。我以为，这就是新闻，如果还能在技术上操作得好一些，那就是好新闻。这是我当时的想法。

从这个角度上讲，就这篇具体报道而言，我丝毫不认为我采访的哪一个人有什么了不起。我采访了时传祥的儿子，那里边也写到了万里。那天就算采访到万里了，我也不觉得有什么不得了。而我认为比较重要的，是当时有了那样的感动和那样的想法，就是对“人和社会”的思考。在我们当时的社会，甚至今天，我认为这个通篇的主题要谈的这个问题也是有较大价值的。尽管现在看来，当时还是有点狂妄。有了这样的信念、自信之后我就真的不在乎那个消息来源是谁说的或者说我采访了谁。甚至当时我写的不是时传祥，而是别的什么人，我恐怕也会来努力表达这个主题。当然，文本里很多事实我还是交代了信息源的，这一点大家可以细看。

刚才有的同事说了，这么大的一个主题，咱们得先写一故事吧。写完了之后，我得写采访了各方面的人吧，既然领导重视那咱得弄一个“系列”吧。但是，以我以前对文学的狂热，导致我对文章好坏评价的标准是，跟长短无关、跟多少篇也没有关系。相反，愈短愈好。后来知道，尽量写得短一些，其实也正是新闻的真谛之一。

我曾经跟评论部的同事们讲，我期待你们的社评有个三四百字的，就那薄薄的一小条，大标题比文所占的版面还大。我认为那个漂亮，能说出一个大家深受触动的东西，而且大家都觉得你说得有道理。我在要闻部当主任期间，把一版的通讯都取消了，全是消息。后来没顶住，因为有些东西你光弄个消息不行，不答应的人很多。

在素材的选择上，有了一个这样重大的主题，素材的真实是必须的。在报道里，采访了时传祥的儿子，最后那里边就一行字提到了他，时传祥的几个儿女都在环卫系统。现在我想，当时我的采访固然是为了获得事实，但主要是为了积累情感，积累思想，再用新闻传播的规矩表达。现在，如果你一定要按照传播学定量分析的方法来讨论，这篇文章所叙述的事实细节，几十个是有的，但有的只是一句话、有的是半句话。当时我想用我的那个思想来统领这些细节。所以我觉得，这个东西不是我们所习惯的常见的报道，或者这个单体事实本身具有强烈的新闻价值，而是属于“另类”的通讯，在这个角度上讲，因为这些事实本身单独拿出来可能构不成具有较大价值的新闻，所以我也没有把某一个事实过分放大。因此，我觉得，这篇报道能取得这样的效果，第一是我有这样的思想，第二是我努力地按照新闻规律、客观的报道手法来表达。这里边几乎找不到我站出来说的话。有大学老师跟我讨论的时候就说，主题这么重大这么深刻，但怎么都没看到你站出来说了什么。我说，这也正是我努力追求的。

顺便再说几句，首先，“新闻是事实的报道”这没有问题；其次，就这篇报道而言，新闻在于事实，更在于事实或诸多经过重新组合的事实本身所蕴含的思想。对此，我们可以从学理上多讨论几句。我在《新闻的审美传播》一书中说，从审美的角度上讨论，思想本身是“美”的。在此前，若干人讨论，艺术是美的，但思想跟美没有关系。说到美吧，就把思想降低了。哲学家们不愿意说自己的东西是美的；艺术家们就认为你们哲学家、思想家说的东西就别往我们这边掺和。但是，现在的美学里面觉得思想是美的。萨特在八万字的教职报告《想象》一书里说，思想就是人的尊严。德国哲学家维特根斯坦说，思想是逻辑形象化了的事实。就此，我们也可以这样说，我们新闻里说的事实同样是逻辑形象化了的，这个事实被逻辑化之后的形象就是思想。所以从这个角度上讲，思想也是事实，是一种逻辑形象化了的事实。因此，传播一种有新鲜价值的思想也是一种新闻，而且可能是很重要、很好的新闻。

问题的关键是，太多的记者没有做到这一点，但毫无疑问，这应该是一个优秀的记者所努力追求的。比如说某几位著名的访谈录采写的记者，写过若干政界、学界人物的访谈录，很了不起，影响非常大。他们与领袖、学者的问答多是原汁原味的，你一句我一句，但大家都非常想看。那里边固然也有具体的事件性的事实，有新闻，但很多是看法、想法，但这些可能是更重要的新闻。那么我们的新闻报道，当然要遵循新闻的基本东西，要讲事实。我自己的努力是，在讲事实的过程中，通过对事实的叙述和我的整合，表达、阐释我的思想认识。从这个角度讲，如果一定要讨论“这个作品单独的事实具不具备新闻价值，作为新闻作品的合法性在哪”这个问题，那么可不可以这么理解——这个作品，传递了当时比较有价值的或者社会应有的一种观念，或者一种理想，因而使得这个作品也可以被当作一般的新闻作品来看。

罗娟：您是如何从文学青年成为记者的？在通讯作品里边，如何避免对一个已经故去的人的合理想象？像您做时传祥报道时，如何克服把想象做得不合理？在语言上，您这篇文章里没有一个成语，反而是通过最简单的语言表达了背后非常深厚的涌动，这个是怎样做到的？

孙德宏：首先，成语还是有的，可能不多。其次，所谓“转变”是因为我的职业是记者而不是作家，那么你就得按新闻记者的规矩办事，否则你的存在就没有合法性了。现在看来，有较熟练的新闻技术的同时，还能有一定的文学、人文修养，那么这样的新闻稿可能更有深度，更有较好的传播效果。

我以前是文学青年的时候，写过小说也写过诗和文学评论。做了新闻工作以后，我觉得干哪个工作就得按照哪个工作的规律去做。我没在新闻系正式受过科班训练，但我坚信任何行当都有自己的系统规矩。所以，干了这行就找了一些新闻学的书学习。弄明白了一点，特别欣赏人家写的一句一句的都是事实，都很客观，但整体看还挺有内涵，挺有力量。我当时觉得这个就是新闻的真谛。现在可以理性一点地讲了，第一个要真实，第二个要客观，第三还要有价值。

至于“想象”，新闻文本里的“想象”，很复杂，但我觉得首先得明确一个标准，就是你报道的具体的新闻事实绝不可以虚构，无论是否“合理”。

关于“通过最简单的语言表达了背后非常深厚的涌动”，这个评价有些高了，但它确实是我的一种追求。这可能是与我最初有关文学的训练有关，我觉得这是一种生产精神产品所必须的追求。就文学而言，以散文为例。余秋雨出来以后，大家赞赏不已。后来看到龙应台的东西，感觉大大不同。她的时政倾向非常明显，事实上涌动在龙应台思想里的，不畏强暴、所有人都平等的价值观，强烈得不得了。我最初对余秋雨非常敬佩，现在也是很敬佩。但是，一个文学评论家评价余秋雨“抹着口红，游荡文坛”的话虽然十分刻薄，但也值得体味。另外风格的张中行的散文也值得体味。张中行的文字平白到了极点，却给人以较大的震动。我们今天对民国知识分子、大师的关注，我以为一定程度得益于张中行的文字。二十年前就风行了，但现在才开始大量出这些书。比较这三人，各有特长，但在追求用简单语言表达深刻想法这一点上应该是一样的。就我个人审美取向看，我当然赞赏余秋雨那样的聪明博学、龙应台那样的睿智尖锐，还期待用张中行那样平静的方式表达。当然，这是我的一些感性的想法，如果写论文，也得仔细地斟酌一下。总之，这些都值得学习借鉴，因为语言对思想表达的意义在精神产品里，无论文学还是新闻都是极为重要的。

在我读博士期间，读过东西方不少人文社会科学的经典原著。这时我才知道，原本康德、黑格尔、马克思的语言都是好极了。《共产党宣言》出版的时候，马克思也才 30 岁吧？漂亮文字的背后传达的是博大精深而且意气风发的思想。

从我个人的价值取向看，平缓一点会更好。新闻是讲一个事实给大家，如果还想用某种价值观、某个思想去影响别人，就更应该尽可能地平缓一点，而不要用自己的更强烈的语言来表达，这容易给人居高临下、强迫控制的感觉，传播效果应该不会好。当然，可能有人认为不是这样，而是“感情充沛、恣肆汪洋”更好。于是，在技术手法上用大量的排比，大江大河地一浪高过一浪。就我个人来讲，这样的文字不太喜欢。尽管，我们的历史上也有过这样的好文章，但人家拿捏得太好了。我看也是难以简单复制的。如果我们的同事还没到这样的水平，就一定要大开大合，恣肆汪洋地写文章，可能效果会不太好。比如说，现在某种动辄万言的大通讯，我觉得也很好，但是我个人认为如果他们的心情再平静一点，文字再客观一点，可能那文章的说服力会更大。

在《寻找时传祥》里边，我是努力地控制自己不要把情感在技术上表达得太过明显。那么现在，过了十几年，我对新闻写作技术层面的价值取向可能更坚定了，那就是努力争取在比较平静的过程中用事实说话，并且努力用这样的手法达到原本用“大江大河”式手法想达到的效果。当然，我也知道，我还远未达到这样的水平。

关于新闻文本中的“想象”问题再讲几句。一般地讲，新闻作品中的事实是不可以有想象的，它所叙述的事实必须是确然发生的。但如果站在更高的高度上讲，对你的主题、要表达的倾向，我认为一定要有想象。没有想象，精神作品是不成立的。要严格地区分，你告诉人家的新闻事实绝对不能有半点儿虚构。关于这个问题，我书里边的第五章讲到了新闻文本中的隐喻、象征、想象、理想等等，纯学术的讨论和例子。大家有兴趣可以翻翻，那里讲得比较严谨些。

以《寻找时传祥》这个作品而言，在主题和思考方面如果没有那样的一些想象，没有较强烈的要引导社会价值观应该“怎样怎样”的想象，作品不可能写成那样。

但是，从技术上讲，所有的事实、细节在技术上一定不能有想象，更不可以有虚构。合理的也不行。《寻找时传祥》里边的事实没有一个是编的，没有一个是所谓的“合理想象”。时传祥的故事都是有据可查的，后来的一些故事也是事实。现在有些新闻文本确实是有一些可能“并不影响”新闻主事实的“想象”，并称之为“合理想象”。这个在学界、业界都是有争论的，我个人是不赞成的。先不说你是什么初衷、是什么思想，但因为你新闻里的这个事实是不存在的，所以整篇报道的真实性及其表达的思想就是可以怀疑的。一定要那样，你写小说就好了。

所以我的看法是，在新闻文本里面，只要是具体的事实，一个也不能够虚构和想象，哪怕是所谓的“合理想象”。如果你的报道不通过“合理想象”就无法表达你想表达的思想，这只能说明：一是你的采访可能是还不到位；二是你采访到位了，但你的认识能力可能还不到位；三是你采访的那个事实原本也就没什么价值；四是你初衷设置的主题从开始就不那么成立。

我们现在网络上的一些东西之所以被称之为“语言暴力”就是这样，骂这个骂那个等等。但是如果白纸黑字写的事不是真的，就应该负法律责任。某某人平时品质好坏是一回事，做没做你报道的那件事则是另一回事，而这才是新闻最重要的。新闻，说的是什么事就是什么事，把事实说完能达到你想达到的主题是你的本事，达不到那是我们还需努力。

苏墨：读了这文章以后，我更倾向于将其当作文学作品来读。表达的境界是比较难得的，王国维说过的最高的境界是“众里寻他千百度，蓦然回首，那人却在灯火阑珊处”。所以我读到最后一段的时候，“记者在…”，特别精妙的是“其中一个人单独对记者说”。在我们人生的不同阶段，读这个文章的感觉是不一样的。所以，我想请问，如果您今天写，会有什么不一样的想法?

孙德宏：这是一个假设的问题，也许对完善我们思想方法的讨论有点用，但确实也挺难回答。事实上，这个结尾和报道那种对比式的开头，多少也是比较雕琢的技术手法，只是尽量努力地写得不露痕迹而已。

这个结尾我讲了两个事实，一个是几个有身份的人听说写掏粪工就笑了，另一个是其中有个人对记者私下说，这种精神还真是需要。其用意可能是我觉得，我们这个时代已经到这个样子了，做人虚假，自己被虚荣所绑架，然后为了显示自己好像也有身份，挺高尚，于是就“装”。但是，当一个人努力地静下心来想一想，挣扎着不被虚荣所胁迫的时候，我们会觉得如果每个人都能那么敬业，踏踏实实做事，那么这个时代是很好的。这是这个报道想表达的。

所以我还是想说，一方面是要呼唤人类的精神家园；另一方面我认为我们虽然很多时候不怎么着调，甚至有些可耻，但还不是不可救药，而是可以救赎自身，只是有相当一部分人活得不是原本的自己而已。我们原本骨子里有这些东西，比如诚恳、实在、敬业等等。我们也都想解放自己、超越自己，为什么不能做一个真实、诚恳的自己？

我现在也不敢说，我自己还能写出怎样的文字。如果那个选题是今天来操作，我觉得思想上或许比这个更深厚一些，表达上可能更温和一些。

程莉莉：如果您现在看这个作品，还有什么缺陷？

孙德宏：刚才其实我已经说到了一些。

如果说有什么缺陷，完全从我个人的审美取向而言，这个报道的某些地方可能技术手法上雕琢的痕迹还是较明显的，与我今天期待的“更平实、更自然、更温和”还有些差距。比如说开头，我看今天所有的评论都说“开门见山、强大的悬念、强大的审美张力”等等，我认为说得可能都对，但另一方面可能也说明是有意为之。中间的起承转合，我当时努力地让人看不出技巧，但是我现在看，还是努力地使用了一些技巧。有些话其实也是挺煽情的。

我不想说我们这个时代“恶人”很多，我认为绝大多数是善良的、厚道的人，只是由于时间、地点、制度安排等等方面的原因，把某些人内心的恶激发了出来。我还是想呼唤人们内心的善，那些东西才是美好的东西，是我们社会所需要的东西。当然，那是我想象中的人的终极理想的美。但是现在看这篇报道，在技术上有些地方有些过于讲究，而使得这样的想法的表达不十分到位。

一所中学夏令营有一年让我去讲这篇文章，我不大敢去讲，我害怕讲上面这些就把人家那些技术性的“标准答案”给颠覆了。而且更重要的，人家老师讲的似乎也是有道理的。我自己没想那么多，但是我内心里有那些东西，尤其是一些较明显地使用技巧的地方，比如张力、开头结尾、字词句之类等等，我认为给初学文章的中学生讲可能还是有某种借鉴的，毕竟有一些隐含的有技巧的东西。就文章写作的技术而言，可能还是有点道理。所以以后中学、夏令营请去讲，我就不去了。我们今天讲，我比较愿意讲讲思想，不太好意思讲技术。

最后，我给大家提点建议——希望大家多读经典，多去研究我们新闻史上的好作品，多去研读文学、哲学、社会学、经济学、法学等等那些优秀的经典作品。

在我看来，康德、黑格尔、马克思之后的思想家大都是“分支”的，包括我们现在讲得较多的哈耶克、凯恩斯、哈贝马斯等等都很了不起，但从某种角度来讲，稍晚的一些前辈写的大都已经不再是百科全书式的东西了。

我们当然要读康德、黑格尔之后的书，但可能还不太够。更建议大家去读康德、黑格尔时代的，优秀的、真正的思想大家的东西。他们讨论的问题很多都超越了技术性的层面，讨论的是宏观的学术思想、是价值观。仅就康德、黑格尔同期的十七、十八世纪而言，当时的中国也有若干十分伟大的思想家、艺术家，比如顾炎武、黄宗羲、王夫之、戴震、章学诚、曹雪芹等等。看他们之后的书，也已经成了真正的经典，当然也是很好的。但是，读的时候应该有基本的把握。他们的很多东西，相对地来讲，是某一领域的东西，讨论得更多的是某一领域的思想及其技术性的问题。我们当下流行的，号称思想家、哲学家的那些书有的很好，有的也难免鱼龙混杂，毕竟前者是经过一两百年的大浪淘沙了。比如：在我们的一百年前、两百年前思想家讨论的经济问题是怎么说的呢？他们讨论的是两个问题，一个是用市场还是用计划配置资源。这个资源讲的较多是物质资源，我们现在的经济学问题好像多是讨论这个问题。但是我们忽略了经济学最初的还有一大任务，也就是第二个问题：人的积极性如何调动的问题，或者说人的资源如何配置的问题。这个词因为我们常在工作中用，把这个问题给庸俗化了。而我们真正的经济学讨论的是两个问题，一个是怎样配置物质资源，一个是怎样配置人的资源。所以说，我们看的书都在看前者，于是我们在发表意见、报道的时候把“人的问题”不同程度地忽略了。又比如我们的新闻传播专业——我们现有的新闻学、传播学，尤其传播学刚出来之后，把传统的新闻学打得一塌糊涂。它做了大量的定量的，甚至模型的东西，这当然是个巨大的进步。但是它的危害好像也不小，那就是把作为人文社会科学的新闻学、传播学某种程度地变成了一门手艺，把原本就较多注重技术手段的理论新闻学变得更加实用和功利。而作为人文社会学科一部分的新闻学，它首先要遵循人文社会科学的基本价值，这个基本价值是哲学、经济学、社会学、法学、文学等等都应该共同遵守的东西。这个东西是什么呢？那就是人的自由发展和社会的文明进步，这是最根本的问题。我们往往钻进一个领域，专是专了，但最基本的，也是最重要的东西却被丢掉了。

所以，读经典重要的是去领会其精神，去体味其真正的价值，把那些具有大价值的思想和方法变成自己的价值追求和思维方式。我们采写好作品，在技术上作为知识是可以模仿的，可以感受的，但是思想是不能够模仿的。思想要自己努力地、自觉地去探讨、研究，这甚至有关信仰。

非常愿意跟大家共同交流。因是内部讨论，放得可能比较开，不少地方讲得可能也不够严谨。因此，说错了的地方请大家批评指正。

谢谢大家！

时间：2007 年 8 月 22 日

地点：工人日报社

“精致大报”与名编辑名记者

各位同事：下午好！

我今天讲话有个题目，叫《“精致大报”与名编辑名记者》。“精致大报”是想说说我们的采编理念、目标；“名编辑名记者”是想说说我们的传播主体，也就是记者编辑的业务能力和主观努力的问题。总的意思是，在全报社努力地把实现我们办报理念的方式，从报社编委会的外在倡导变成为我们每个采编人员的内在追求。

我具体讲八个方面的问题。

一、办一张“导向正确、中央满意、工会欢迎、职工爱看”的精致大报

我们天天在想在讨论的一个问题是：我们要办一张什么样的报纸？

到目前为止，我们的基本答案是：我们要把《工人日报》办成一张“导向正确、中央满意、工会欢迎、职工爱看”的精致大报。

首先是“导向正确”。这要分两个方面：政治方向正确——要按照党和国家的方针办报；舆论导向正确——有一些新闻事实是存在，但是在刊发的时间上、角度上，在报道的主题倾向上，以及在版面的位置上，都要恰当。如果把握不当可能会带来一些舆论上负的作用。这两点想清楚了，我们每天做各种采编工作的指导思想就很清楚了。

二是“中央满意”。我想做到导向正确，当然还有“重点突出”，中央就会满意了。

三是“工会欢迎”。《工人日报》作为全国总工会的机关报，如果工会不满意，《工人日报》的存在就出现很多问题了。从一个产品存在的“合法性”角度而言，你的主要消

费者不欢迎你的产品，这可是大问题。

四是“职工爱看”。我们办的是工会的机关报，但是目的是要为广大职工群众服务，维护广大职工群众的合法权益，调动职工群众为社会主义建设做贡献的积极性、创造性。工会的目的也正是为职工服务。因此我们这张报纸从根本上讲是办给职工看的。

以上基本是内容的要求。

二、“精致大报”目标的由来

《工人日报》很快就到60周岁了。近60年以来，我们在办报目标上曾有过很多的讨论，乃至争论。其中，是办工会机关报还是办综合性大报的争论最多。在今年的全国记者站长会议上，全总领导代表全总书记处对此给予了明确：《工人日报》是中华全国总工会的机关报，同时也是综合性的全国大报。

我理解，“机关报”是报纸的性质定位，“综合性的全国大报”是从报道的传播效果角度讲的——没有较大较好传播效果的报纸，是对“机关报”这个优良资源的浪费。

我更愿把这个定位结论放在新闻实务的范畴上来讨论问题：我们怎样把这张大报办好？

现在，我们的说法是要办一张前面所说的那个“四句话”的精致大报。为什么提出这样一个理念？因为随着互联网和都市报的蓬勃发展，中国的传统大报受到了很大的冲击，在发行量、广告经营等方面都受到了冲击。最重要的是引导能力受到了冲击。作为传统大报，《工人日报》的传播影响力也在发生着变化。这种变化来自多方面，表现也是多方面。

在都市报和互联网的冲击下，要让我们的报纸依然能够引导舆论、影响社会方面起到更大的作用，并不容易。都市报大多都是“厚报”，像《北京青年报》正常出版是48个版，有的报纸甚至达到了每天100个版。它们中的有些报纸已经提出了很雄伟的目标，要办成一张具有全国影响力的报纸。不能小看这些都市类、地方类媒体。事实上，全世界的媒体包括欧美的大报，绝大多数都是地方类的媒体。美国的《纽约时报》《华盛顿邮报》都是地方类的报纸，但它们都具有全国影响，甚至世界影响。

有的同事讲，我们也应当办成一张“厚报”。但我们遇到的第一个问题就是经济上的因素，这限制了我们。大家可能会说，《中国青年报》每周有四天也有 12 个版。我们为什么不能由每天 8 个版增加成 12 个版？增加 4 个版面，一年的成本是 3000 万。我们暂时有些难度。问题的更关键之处在于，我们即便有几十个版就必然能完成上述要求吗？二是，在当下信息如此丰富的情势下，谁有时间、有兴趣去看你那许多个版？网络是无穷大的，你怎么比得了？相反，大家期待的是，你用尽可能少的版面，把最有价值的新闻告诉我。这有多好啊？

正是这样的客观因素导致了我们只能是薄报，而且应该是薄报。但即便是“薄报”也不能是传单，“薄报”不能成为我们内容简单与肤浅的理由。我们主客观都应该让我们的“薄报”有更重的分量，因此必须精致。我们要在这种条件下办成有全国影响力的报纸。我们必须在有限的空间里完成“四句话”的要求：即导向正确、中央满意、工会欢迎、职工爱看。

三、“大报”的内涵

关于“大报”，有很多研究成果甚至指标，比如报纸发行量、报社级别等等。那么，大报最重要的特征到底是什么？我认为发行量不是第一位的，也不是级别高就是大报。

讨论之前，我们先读一段大家公认的“大报”——《纽约时报》的前总编辑阿贝·罗森塔尔70年代初写给编辑部的备忘录：

> 《时报》的头版也许是这张报纸最重要的单项资产和商标，头版呈现给读者的并非只是一些重要新闻，还包括本报编辑们对重要性的判断能力。头版不仅是新闻，而是新闻加《时报》声誉。正如你们所知，本报头版对其他报纸、对电视乃至对新闻事件本身都产生着极其重大的影响。因此，新闻在本报头版的位置，其本身就构成一件新闻。

令人吃惊的这段话有这样几层意思：

首先，《纽约时报》的头版就是报纸的商标；其次，头版呈现的不仅仅是重要新闻，而是《时报》编辑对于新闻重要性的判断，代表了当今时代最准确最前沿的判断；最后，《时报》的判断水准在广大读者中形成了信任，形成了品牌。

这段话向我们传递了两个方面的信息：1、“大报”必然是对社会有重大影响的报纸；在欧美，真正具有影响力的是《纽约时报》《泰晤士报》。布什访欧，接受了《太阳报》采访，引起了业界对布什的说法：“牛仔就是牛仔。”什么意思？《太阳报》不是主流报纸，对主流人群没有影响力。在中国，《人民日报》就是大报，它的一个评论员文章就有很大的影响。2、影响力，很大程度上是取决于报纸（编辑、记者）对事件的判断能力。这些是从纽约时报总编那里得出的基本结论。

我们一直在讨论，大报是对社会产生重大影响的报纸。于是也带来一个问题，即对信息怎么理解。我的理解是，新闻就目的而言有两个：一是传递信息，二是影响社会和公众。报纸产生的本源是传递信息，中西报纸产生的最初目的都是传递信息。时代的进步让广播、电视，第四媒体甚至是第五媒体出现，这样的情况下，报纸如何传递信息已经是一个十分重大的课题。至少是与互联网比，报纸在传递信息上已经没有了特别的优势了。

今天讨论这个问题，有两点值得注意。一是我们的编辑和记者应该继续注意报纸传递信息的功能，我们忽视了这个作用就丧失了媒体本来的意义；二是我们在传递信息的同时，必须要在影响社会上下功夫——事实上，这也是今天的报纸相对其他媒体的最大优势所在——在这方面，绝大多数的报纸做得都不够。

当下，新闻界业者对“传递信息”都很重视，但对“影响社会和公众”则或认识不够或干脆不以为然。事实上，这确实是一张报纸“大”与“小”的最重要区别。进入20世纪90年代之后，我们称之为巨大影响的深度报道相对少了。因此，我们在对新闻的认识上，应该有这样的结论：继续坚定传递信息这一基本职责，还要在此基础上加强对影响社会的主动积极把握。

我们常说的“大报”之“大”，其实指的是影响力的大小，尤其是指它对主流社会的影响力的大小。也正因此，那些“大报”才又被称为“主流大报”。

四、“精致大报”的内涵

精致大报就是在有限的版面和篇幅内实现“内容倾向的合目的、形式表达的合规律”。内容倾向的合目的性——要怎样地引导社会，对新闻事实选取挖掘怎样的主题，表达怎样判断这个事实的意义，要跟我们要弘扬什么的目的结合起来；形式表达的合规律性——新闻自身的规律性，新闻之所以成为新闻，有其独立的形式，真实、客观等。

新闻是通过对新闻事实客观的报道来传达记者对新闻事件的态度。李瑞环同志曾说：“我们的新闻首先要让人愿意看，人家都不看，你教导谁？引导谁？他看了，你才能潜移默化地教育他，引导他。”其中重要的部分就是让人“愿意看”，我们只有按新闻规律办事，才能做到让人愿意看。

因此，精致大报是在有限的版面和篇幅内实现“内容倾向的合目的性，形式表达的合规律性”。具体到本报，第一，是在内容上的要求：既要有本报的鲜明特色，即“三工”、群众性特色。又要有广泛的社会影响，我们工会今天在关注着社会的热点，关注着工人，工会新闻与整个社会不是隔离的，要放在整个社会大背景下看，站在党和国家的大局角度来看（后面会讲一些新闻获奖作品，实际上它们大部分都是“三工”的题材）。第二，在形式上要真实、准确、深刻、简洁、生动、客观……这与其他任何报纸的追求没有任何区别。我们昨天听的一位领导同志的报告，也提到了CNN，他“很佩服 CNN”一些报道的技术处理。我们确实应该学习东西方一切好的成果，用以符合我们的目的。

这里所谓的“精致大报”，“精”讲的是精确、价值大；“致”讲的是干净、到位。从极致的角度上说，它起码要包括这样几层涵义：

一是每一篇报道对本报核心读者群而言，都应该是最有新闻价值的简洁而又到位的报道。也就是说，我们发的每一篇报道，应该是既充分体现本报特色，又具有广泛而深刻的社会影响的；二是每一个版面都是重点突出、搭配平衡，都令读者产生自然而然要读一读的欲望的；三是每天的报纸都要体现出内容倾向的合目的、形式表现的合规律特征来。前几天老同志评报时讲八个版每版都有“好东西”，我想如果我们的报纸每天都基本能够达到这个情况，那么就挺接近我们这个要求了。总的说，这是一个需要不断努力的逐渐趋近的目标。但取乎法上，得乎其中，取乎法中，得乎其下。倘若我们做不到全部，能做到一半，也是应该全力以赴的。

五、办精致大报的关键在采编人员新闻价值的判断水平

什么是价值？价值是客体本身所蕴含的一些属性、功能对主体的意义、用处。什么是新闻价值？新闻价值是新闻客体（新闻事实、新闻文本，尤其是新闻事实）对新闻主体（传播主体、接受主体，尤其是接受主体）的效应或价值。你在选择采写、编辑新闻的同时就是新闻价值判断的过程。

新闻文本作为新闻客体之一，我们在面对事实的时候把它写成报道，变成了报道。此时我们提供给读者的已经不是纯粹的、原来的那个事实了，是经过我们选择、裁剪的事实。于是我们提供给读者的新闻文本，当然这个文本要尽可能地符合新闻事实。我们要先掌握新闻事实对读者的意义，对我们从事新闻工作那是太重要了。由此可见，提高我们新闻价值的判断水平，就是要提高传播主体（编辑、记者）对客体（事实）的认识和判断水平；而对另一客体——新闻文本，也需予以高度重视。现在我们对新闻价值的判断水平不

是很高，重视程度不够。一些记者往往干了一辈子新闻，也没写出什么重要稿件，更谈不上有重大影响。这里面是对新闻判断的水平问题，其次才是新闻文本的水平问题。

在座的有近几年新进入报社的大学生。现在新闻教育对新闻文本比较重视，一部新闻学，四年的教育讨论的大多是技术问题，导语怎么写，消息怎么写。对新毕业的新闻学硕士们，我问过他们毕业论文的题目是什么，有近一半的人回答说写的是媒介经营。我不是说经营不重要，但是你功夫下在媒介经营上，为什么不去广告部呢，为什么要到编辑部来呢？

我们在文本技术上的重视，相当程度上导致了我们对新闻事实价值判断的忽视，也导致了对一张大报影响社会的功能的淡漠。更严重些说，导致了我们把一个本应是人文社会的科学变成了简单的技术手艺。有人说，这“手艺”也是很复杂的。好吧，无论是简单还是复杂，你总是手艺吧？从这个角度说，人家称“新闻无学”，我们也没什么可以冤枉的。所以说，现在我们应该重视对新闻事实的价值的判断，然后按照我们所学到的，前人在技术层面上的高超的手艺来传播信息、影响社会。

六、较高的新闻价值判断水平，是名编辑、名记者最重要的特征

什么叫名编辑、名记者？我们要有较高的判断新闻价值的水准，能把这种价值判断准确、全面地转化为新闻文本，并通过这种蕴含了我们的判断的文本的传播形成了较大的社会影响，而且类似的影响还有相当的持续时间，这样的编辑、记者就一定是名编辑、名记者。

这里面有几层意思：对新闻价值的判断，能够圆满地合规律地把这些判断形成文本，然后这个报道能在社会上引起较大的反响，这是对新闻判断水平的一种检验。此外，还要能够长期的有著名的作品、版面出来，或者有其他新闻成果。现在所说的名编辑、名记者本身并没有一个绝对的标准，但是在我们业务的圈子里总有一些人被誉为很著名的编辑和记者，国外的有李普曼，港台的有金庸、董桥、林行止，民国时代的有梁启超、张季鸾、王芸生、成舍我、范长江，等等。这些人之所以成为名编辑、名记者是由于他们编的稿子、写的稿子对社会产生了长久的影响。这些人的新闻

判断水平确实很高，他们曾经影响过中国的历史。再往后推推，《中国青年报》里也能说出一些人来，他们都有代表作品，《人民日报》《经济日报》也能说出若干。《工人日报》也能说出若干，但是相比那些报纸可能还是少了一点。

我们也寄希望鼓励本报所有的编辑记者，不论年纪大小，努力成为一名名编辑、名记者，这既是你的光荣，也是我们报社的光荣。当然了，也是我们总编辑的光荣。在我们的任上能产生一些对中国社会有重大影响的编辑记者，我想这是我们共同的光荣。

我们说较高的新闻价值判断水平，是名编辑、名记者最重要的特征，事实上就是要讲这样的问题，结合着综合性精致大报这样一个观点来讲我们的新闻价值判断，我们既要传递信息，又要影响社会，那么怎么才能做到呢？而且实际情况是，最近相当一段时间，我们的几个新闻版都承担着规定动作的栏目近20个，再加上我们对国际国内的其他重要新闻又要做必要的报道，剩下的空间就更小了。那么该怎么做呢？

形象一点讲，如果今天中国或者国际上有一百条新闻的话，我们报纸只能有十条那么大的地方，那怎么办？如果我们的新闻价值判断水平高的话，我们就应该有这样一种能力，在一百条中我们有本事把新闻价值最大的十条选出来。信息爆炸的今天，无限大的虚拟空间以及厚报数百上千条的新闻，读者的阅读也越来越费劲，报纸的主流读者群不可能每天每份报纸从头看到尾。为什么文摘类报纸受到欢迎？就是因为它努力地想把读者最关心的新闻摘下来。我们能不能够把既符合本报特色又有广泛社会影响的新闻找出来，在“一百条”里把最有新闻价值的“十条”找出来，让我们的读者说“看看这张报纸就差不多了”，让职工群众们也觉得今天重要的新闻就这么多了。我们必须有这样的功力。那么，能从“一百条”里选“十条”的功夫在哪儿？还在于我们对新闻价值的判断。大报对一个事情的认识、判断，和小报当然不在一个水平上，否则凭什么你是大报？凭什么你做大报的编辑、记者？

衡量精神产品的标准不是论斤论两的，而是在于你的东西对人家的价值有多大，这就需要选择和判断。《纽约时报》的编前会，若干个部门坐在一起推荐、讨论头版的稿子，选出几篇来。这个讨论选出的过程本身，就是新闻价值判断的过程。定下来之后由一版主编在白班下班之前画出版式草图，交总编辑定夺。晚上还有一个编前会，进行技术性的调整。我觉得我们在工作中就应当这样去思考，始终都在考虑、衡量：哪个新闻最有价值？这个新闻的最大的价值到底在哪里？

在这个问题里，我举几个例子来进一步探讨一下。先谈谈本报两篇过去的报道，再谈谈近两年来本报获得“中国新闻奖”的几篇作品。

一是湖北记者站王四新的《武汉市东西湖区重奖离退休企业家陈尔程 / 让有突出贡献企业家“老有厚养”》（1998.2.25，一版），大概是说在“59 岁现象”比较严重的情况下，武汉市东西湖区的一个企业家，退休那天受到东西湖区重奖轿车、别墅和 20 万现金。

另外一个是原安徽站张彬的《民营资本欲参股荣事达 2000 万 / 拍案叫好者不少心存疑虑者亦多》（1998.2.10，一版）。这条新闻的事实大体是：一个民营资本家在上世纪 90 年代中后期的时候，由于经济体制越来越规范，老板觉得自己没有能力运营这么多钱，自己认为大型国企比较规矩可靠，决定把 2000 万交给国企。重点分析这个稿子，这个新闻后面还有一个事实：此事在企业内部引起很大争议，国有企业的职工有人认为这不是给资本家打工么，我们的主人翁地位不能保证了；也有人认为外国资本家的钱可以用，为什么国内资本家的钱不能用呢？这就产生了分歧。这个新闻的价值究竟在哪儿？如果照经济新闻或者社会新闻来报，也未尝不可，但是我们《工人日报》最后把它作为一个关于在股份制面前，职工乃至社会思想观念亟需讨论的时政新闻来做。新闻事实有两个：一是老板拿钱来入股，二是企业内部分歧甚大。事实上，我们认为后一个新闻事实是更有价值的新闻，1997年开十五大，经济体制改革上推行股份制，在此之前我们国有企业经济体制改革到底怎么改，是有很大的争论的。当时我们认为这是一个重大的新闻，我们报了，紧接着，若干报纸也开始跟进报道，第二年的两会时，关于此事的报道就铺天盖地了。最后荣事达做了一个展览，展厅里《工人日报》的几篇报道很醒目地放在最前面，后面接着全国各报的报道，据说有几百万字。这个新闻在当年《中国企业十大新闻》的评选中，名列第十条，前九条大都是关于企业改革的决定出台之类的内容，而本报这篇是唯一的一个具体的事件新闻。

再说说本报这几年获得《中国新闻奖》的作品。比如说今年获得通讯一等奖的《风雪中，伫立着四位厚道的农民工》。我们如果简单地把它作为社会新闻来报道，怎么可能获得新闻一等奖呢？第一，它说的是事件；第二，从新闻价值的角度讲，我们今天全社会关注农民工，关注弱势群体，他们是工人阶级的一部分，也是劳动者、公民的一部分，我们应该对他们的人格有基本的尊重，但是农民工的社会地位依然很低。在这样的情况下，我们有这样几个被欠薪的农民工，老板走了，老板的东西他们给看着，不拿走、不卖。他们说老板不给钱跑了，是他不对，是他犯法，我们如果拿他东西，那是我们犯法，我们不能那么做人。大家想一下，他们的人品怎么样，他们的精神境界怎样？他们做人是有尊严的。这是我们的一个通讯员写的，得了“中国新闻奖”一等奖。

另外我们前年关于“9 · 22 大限”系列报道，国家规定所有在煤矿入股的各种官员 9 月 22 日之前必须退出来，要闻部在一版上不断在追踪这个新闻，前前后后发了大概有三四十篇稿子。虽然这些稿子有些写得很短，有的文字上也较为粗糙，但是它在新闻价值的判断上是有大价值的，因为事件本身是当时中国最重要的经济、社会和时政新闻之一。

今年，我们经济新闻部做的《九省市农民工求职地图》，人家新闻奖评奖的时候就觉得很好，为农民工提供服务，为社会的弱势群体的服务，那么贴切，那么实在。还有，去年内蒙站张玺的稿子《两千二百万罚款九个月一文没到》。当你把这个事情的价值判断明确之后，你的文本写作差一点问题都不大，甚至仅这样一个题目就可以获得重视。还有文化周刊上两个通讯员写的《九公里的女人们》那篇报告文学，和评论部刘文宁写的社评《以公民的姿态站立》，写得很好，回头大家好好看看。

七、目前本报要强调的几个新闻采编的技术问题

刚才讲到了很多，时间关系，这里我就大概地说说“纲”，不展开说了。

第一，稿件要强调事件性。坚持“内容为王”，多发有较大价值的事件新闻。我刚才讲的那若干个报道能够获得“中国新闻奖”，他们都是事件新闻。读者愿意看的也是事件，是大家觉得有价值的事件。我们选取新闻的时候就要下最大的功夫来选取事件性新闻，倘若事件本身又有较大的新

闻价值，我们的报道就可能有广泛的影响。

第二，报道要有强烈的现实针对性和服务性。这里包含报道内容和选题要针对社会现实，又要把读者群定准。服务性强、实用，读者就会喜欢看你这张报纸，我们对进一步扩大发行和吸引广告的贡献就大。

第三，报道要有明显的可读性。就内容而言，除发生在“三工”之内的东西，那些“三工”之外的事情，“三工”们也是希望知道的。就表现形式而言，只要导向正确，我们的一切报道和表现，都应该提倡怎么好看就怎么写、怎么发的原则。

第四，整个报道要简洁、新鲜、深刻，符合新闻采编规律的基本要求。

第五，版面安排要紧凑合理、简洁大方、厚题薄文。这里我要特别说一下厚题薄文，题目要厚起来，文章要短下去，这里不是人为地把题目做厚，而是把新闻提炼出来，当人家看完题目就大体知道了新闻。同时，要尽可能地让新闻事实作主题。真正征服读者的是新闻事实，是有比较大新闻价值的事实。反过来，当一篇报道用事实做不出主题时，这篇稿件的价值可能就有些可疑，登不登就两可，十之八九没有什么价值。

八、怎么样提高新闻价值判断水平

总的说，要从苦练基本功开始。具体地讲，要有三项基本功：

一是要苦练和提高新闻业务基本功。我们自身的手艺这一块，怎么采写，怎么编辑，怎么能够娴熟地运用和把握各种新闻体裁和语言工具，把应该表达的主题按新闻的独立品质的要求到位地进行表达，等等，这都是一个优秀的采编人员所必备的基本功。虽然我今天一再强调新闻的价值判断问题，但这是在一个基本的前提下来说的，这个前提就是新闻的基本手艺、基本功。这些对我们相当一部分采编人员而言，还是需要下大功夫的。我们学新闻的同事有比较好的基础，没有受过新闻学、传播学专业训练的同事，这方面是需要补补课的。建议各位多找些书、教材之类看看，新闻教科书和优秀新闻的作品集，比如20世纪80年代的全国好新闻获奖作品，90年代起至今的17届“中国新闻奖”获奖作品，比如各种有一定影响的不同角度的作品选集，比如数十名著名的记者的作品集等等。

二是对我们所报道领域问题的研究，大到对党和国家与工会全局、大局的把握，小到每一个口儿，比如我们所要报道的各个专业领域，都要下大功夫研究。搞新闻要有新闻敏感，但仅有敏感和聪明是不够的。为“三工”代言、维权，要有正义感和胆量，但仅有胆量也是不够的，而且不仅不够，有时甚至可能还很危险。只有深入研究包括工会在内的我们要重点报道的业务，比如经济领域、法律领域、文化领域、科教领域等等，进而成为某一领域的专家、半个专家。只有我们知道了该领域历史、现状、未来，尤其知道了当前主要问题的症结所在，我们才能知道真正有价值的新闻在哪里，我们的新闻价值判断水平才能提高起来。

三是文字水平。我们作为文字工作者的基本功，我们文字水平如何也决定了我们的诸多作品写作水平如何。我们一些编辑、记者很聪明，但是经典读得太少。一个优秀的记者，比如董桥，他自己说我可以毫无愧色地说，我对自己写下的每一个字都不内疚，那都是杜鹃啼血一般写出来的，所以董桥是大家。所以，一个优秀的记者必须有一手精妙恰当、入木三分的文字。

按说，对若干优秀作品和名编名记还应多做些点评式的分析，但鉴于时间关系，今天就谈这些，有些问题以后还有机会与大家共同讨论。

谢谢大家！

（在《工人日报》编采人员培训班上的讲话）

[附]

我的一份答卷

《工人日报》每年都有一两次新闻编采人员的业务“考试”，其形式都是开卷的，也无人判卷。每人答好后，上传内部局域网，供全体编采人员观看、评议。《我的一份答卷》是 2013 年初时，报社确定由“副高”及以下职称的编采人员出题，可以点名也可以不点名请“正高”同事回答，“考”一下全体“正高”职称的同事。下面这篇文字就是我作为被考者之一的答卷。

1、张世光：您如何评价央视开展的“你幸福吗”采访？

答：从传播学的角度说，这个传播活动可用“议题设置理论”来讨论。

议题设置理论（the Agenda Setting Theory），是由美国传播学者麦克姆斯、唐纳德·肖最早提出。这种理论认为，大众传播只要对某些问题予以重视，为公众安排议事日程，虽然大众传播媒介不能直接决定人们怎样思考，但它可以为人们确定哪些问题是最重要的。这样，就能影响公众舆论，就能影响人们对周围世界的大事及重要性的判断。换言之，在大众传播中越突出某一事件，多次、大量地报道某一事件，就会使公众突出地议论这一话题。它的局限性在于，没有涉及到反映社会议题的一面，以及不能将这种效果绝对化。

因此——第一，从包括出题的世光老师在内的社会舆论的广泛关注（包括调侃）的效果来看，央视这次传播活动显然达到了“使公众突出地议论这一话题”的目的。第二，这个由媒体提出（设置）的“议题”如果能与公众的关注——所谓“社会议题”更大程度地契合起来，同时也再具体“闭合”一些，传播效果应该比现在会好得多，至少被调侃的情况会少得多。

2、杜鑫：记者的终极目标是什么？

答：这个问题因涉“终极”便具有了某种“信仰”的味道，同时也很“形而上”。我不敢说所有记者的“终极目标”应该是什么，只能说我个人的理解。我的理解是：通过记者的劳动，通过媒体的报道，尽可能地促进社会的文明进步，促进每个人的自由全面发展。

3、李瑾：记得您曾谈及，“高级”新闻作品最终是以价值观来取胜而成为名篇名著（大意）。一份报纸的价值观，可能在于其向外界宣导的“口号”中浓缩。比如，《南方周末》——在这里，读懂中国；《经济观察报》——理性，建设性；《网易》——做有态度的新闻；等等。在您心目中，《工人日报》坚持的价值观是什么？能否用简洁的词汇来总

结？具体到本报目前呈现的“产品”，距离您心目中所能够呈现出的价值观是否存在距离？如果存在，您认为应该用什么样的具体方法来弥合实操与理想之间的距离？

您当初选择新闻这份职业的初衷是什么？在理想与现实之间，您认为最大的鸿沟是什么？是否今天仍然存在有关这份职业的困惑？如果有，困惑是什么？

答：新闻作品是精神产品，衡量精神产品的标准是作品本身价值（意义）的大小。作品本身价值（意义）的大小取决于两点：一是所报道的事件本身价值的大小；二是报道者（传播主体）新闻价值判断水平及文本实现的能力。而所报道的事件本身价值是客观存在（不可更改），因此，作品本身价值的大小就取决于报道者新闻价值判断水平及文本实现能力的大小。进一步说，取决于报道者的认识水平，取决于报道者的价值观。

从比较“终极”的角度说，我理解《工人日报》应该坚持的价值观是：促进社会的文明进步，促进每个人的自由全面发展。如按李瑾老师要求“用简洁的词汇来总结”，我一时还未想好，请容以后再答。至于“立足三工”也十分重要，但这是“途径”，或是我们实现上述“价值观”的特色、方式。不然，我们与别的报纸就没区别了。甚至也可以说，这是《工人日报》存在的合法性之所在。

从较高标准看，本报“产品”与此标准尚有较大距离。

具体解决方法应有如下几点：一是全面提高编采人员的新闻价值判断能力；二是全面提高最大化实现新闻价值的文本操作能力。具体讲，还是基本功的问题。比如，对我们所处世界和生命在“终极”层面的基本认识，对所报道领域的深入认知并努力达到专家水准，对新闻规律的严格而自如的把握，还有“干净而富有意味”的文字掌控能力（这一点记者站的昌云、大丰、浓曦诸老师对文字均有某种“信仰”，编辑部亦有若干），等等。

第二题，“当初选择新闻这份职业的初衷”是，觉得这个职业“挺风光”，能够说话，能影响社会。关于“理想与现实”，记得二十多年前写过一篇文学论文里这样表述人类的处境——“理想与现实的长距离的背道而驰”。今天没了这样的“激情”和“矫情”了，但觉得它们之间距离的“鸿沟”还在：学问贫乏，尤其痛感用功不少、弯路尤多。否则，应该能更有底气、更有智慧地“说”得更多、更恰切、更有力量。关于“困惑”“职业困惑”，人人都有，时时常有。大一点说，我以为这与我们的时代进程有关是一部分原因，个人的作用多是尽力推动吧？

4、袁潮：在当下传媒多元化的形势下，如何利用《工人日报》及中工网现有资源，充分发挥报网互动的优势，让平面媒体“立”起来，形成平面、网络、视觉多元立体交叉传播平台，既能体现主流媒体的主导，又能渗透到社会各个角落，还可以在这个传播平台上提升广告传播价值，赢得社会效益和经济效益双丰收？

答：我觉得这个题目很重要，也确实是当下本报十分应该高度重视的。相关具体想法，我觉得少相老师答得很好，我说不出什么新话了。其中一些专业知识也是我所缺乏的，我将努力学习。我赞成少相的看法。

5、戴明阳：报社一直强调报网互动。但是，近年来，报社的报网互动的成功案例鲜有，如何能真正地实现报网互动，通过网络扩大《工人日报》的影响力？

答：关于“报网互动”“报网融合”请参见上题回答。

关于“报社的报网互动的成功案例”确实很少，但2012年两会时少成老师具体操作的本报官方博客应该是个不错的尝试。具体可参见本报《实践与思考》杂志上少成的文章。

6、丁军杰：面对互联网的冲击，报纸生存空间还有多大？中央主流媒体得益于政策保护，获得了宝贵的生存机遇期，《工人日报》如何抓住机遇应对互联网挑战？报纸再厚也无法抵挡网络的海量，办精致大报似有扬长避短之势，请问，要办好精致大报，《工人日报》的具体路径和目标是什么？

答：简单地从信息量、报道的即时性的角度上看，“面对互联网的冲击，报纸生存空间”几乎没有了；但从作为精神产品的报纸的信息的“质量”来看，“报纸生存空间”依然很大，甚至无穷大。

在我看来，精神产品的社会需求当然有“量”的要求，但“质”的要求应该更大。具体到新闻产品而言，普遍强调

“信息的有效性”“做有大价值的新闻”之类说法的道理，也正在于此。当下人们对“垃圾信息”的深恶痛绝，以及人们面对无穷大的海量信息的无所适从等等，都从另一个角度说明：“信息市场”的竞争，“高端”处在于产品的质量和品质，那些经过“高手”筛选过的，真正有价值的信息，以及对它们所进行的高水准的相关判断、分析、预测等等，正是当下“信息市场”所急需的“稀缺资源”，以市场经济供需理论的思路看，这是所有媒介所求之不得的。这也是我们经常所大力强调的把《工人日报》办成一张“精致大报”的道理所在。

由此看来，“具体路径和目标”也就应该是比较清晰的了：全面提高编采人员新闻价值的判断能力，全面提高编采人员最大化实现新闻价值的能力等等。

7、贺少成：“为读者办报”大概是每一个报业从业人员耳熟能详的一句话。但在我的概念中，“读者”是一个非常虚幻的词，我所了解的对版面或稿件的评价基本上都来自报社内部，而非“读者”。我们的“读者”需要什么？他们对稿件的评价又如何？对此我一无所知。因此在策划或选择稿件时更

多是凭个人的直觉或好恶。请问，我们如何与真正意义上的“读者”实现互联互通？又如何从他们的角度和立场来策划、选择稿件？在一次编前会上，您提到报纸是一个夕阳产业，我想请问在大形势如此的情况下，《工人日报》如何开辟更多的渠道，让本报信息源实现多介质传播？谢谢！

答：第一题请少成老师参见下题我对晓林老师的回答。

关于“报纸是一个夕阳产业”，请参见我对军杰老师的回答。这里需要再进一步回答的问题是：报纸会不会消亡？我觉得有关“报网互动”“报网融合”，以及本题的“信息源实现多介质传播”的很多问题，都与此有关。

对“报纸会不会消亡”的问题，学界、业界讨论甚多。较典型的有两本书：一是【美】菲利普·迈耶的《正在消失的报纸》，二是【日】中马清福的《报业的活路》，国内较有影响的也有一篇文章，即吴海民的《媒体变局：谁动了报业的蛋糕》（《中国报业》2005 年第 11 期）。其实认真读下来，他们的看法和结论也有诸多不同。或无法断言报纸必然消亡。这很值得我们体味。

我的看法是：①报纸不会消亡。②信息市场的激烈竞争反映到报业的结果是大浪淘沙，相当长的一个时期之后，可能大部分报纸会退出市场，而那些能够提供“经过高手筛选进而真正有大价值信息”的报纸，不仅将留下来，而且必将成为“信息市场”上的宠儿，大受欢迎。

当然，“让本报信息源实现多介质传播”无疑是很好的，也是应该努力追求的，但就上述分析看，这已经仅是诸多技术手段之一了。

8、高晓林：客观、公正、权威的评价体系，是一张报纸生存发展的原动力。本报以星稿为标志的内部评价体系正日趋完善，但尚缺“两条腿”，即读者评价体系和第三方专家评价体系。尤其是在发行主渠道靠行政手段的背景下，获得真实的办报质量检验更显重要。那么，如何尽快弥补这一“短板”?

答：我很同意晓林老师关于“客观、公正、权威的评价体系，是一张报纸生存发展的原动力”的观点。

报社十多年来对此作了若干次尝试，但最后效果都不那么令人满意。我分析主要问题是：相关抽样调查结果缺乏必要的统计学意义的科学性，比如统计学上所要求的评价者的年龄、职业、地区分布以及一定的“最少数量”等等。这些问题某种程度上解决得比较好的媒体，如央视的收视率调查、中青报的调查版的有关报道等，但是较好地做到这些显然人力物力成本较大。另外，就本报的情况而言，“第三方专家”以前也请过，但实际效果也不大理想……但尽管如此，这些都不应该是我们不做这项工作的理由。

应该说，报社目前的星稿制度的持续改进，也算是努力改进的一部分吧，比如老同志评报、年轻同志评报，同时加入网站转载率因素等等。另外，加强各部门根据包括网上信息、热点等所进行的策划等等。但尽管如此，仍然得说这些与“客观、公正、权威的评价体系”的建立仍有相当距离。对此，仍需做认真探索，关键是找出真正切实可行、有较好实际效果的办法来。

9、王瑜：个人很赞同您对新闻作品审美价值的阐述，最近比较多地关注涉及公众领域的问题式深度报道，想请问您如何提升此类深度报道的审美传播价值，应从哪些方面入手？

答：美，“审美”的“美”，远不仅是“好看”“漂亮”，而是“人”的终极理想，是“人”的身心愉悦。因此，审美关切就是人文关切，就是坚持人是目的、以人为本的基本价值观。具体到实现“新闻的审美传播”，就要求我们传播主体（采编人员）在整个传播活动中，既要关注人的物质需求，更要关注人的精神需求，进而关注、倡导、推动人性的升华和社会的文明进步，寻找并构建人的愉悦的“精神家园”。

基于此，来讨论“如何提升公众领域的问题式深度报道的审美价值”问题。我以为可从三方面考虑，即“新闻传播的审美构成”的三元素：①以审美的眼光发现和捕捉新闻素材；②以人文关怀作为素材展开的阐释立场；③以尊重受众的审美诉求作为新闻传播的落脚点。即从“人”入手，从“社会文明进步”（比如公平、正义等）入手；同时，整个传播活动必须严格遵守新闻规律（比如真实、客观、全面、公正，或真、短、快、新、活、深等等）。

当然，若较好地做到这些确实需要具备较高的多方面的素养。对此，可参见我对李瑾老师题目的回答。

10、姬薇：您曾被业界称为“专家型记者”，当年您的很多报道在房地产业、新闻界都产生了巨大影响。您曾说专家型记者是优秀记者的重要标志，请问在当今大量出现“混媒”终端的全媒体时代，成为一名专家型记者需要具备哪些素养和积累？如何发挥大众媒体的传播优势？在健康传媒和健康记者群体以惊人速度发展的今天，如何在业界突出《工人日报》的诉求点？

答：之所以说“专家型记者是优秀记者的重要标志”，是基于我前面回答军杰等老师问题时的基本认识——当下“信息市场”的竞争，“高端”处在于产品的质量和品质，那些经过“高手”筛选过的，真正有价值的信息，以及对它们所进行的高水准的相关判断、分析、预测等等，正是当下“信息市场”所急需的“稀缺资源”。以市场经济供需理论的思路看，这才是所有媒介所求之不得的。以此看来，今天的“优秀记者”确实得是个“专家型记者”，否则你对新闻事件的“相关判断、分析、预测”，肯定无法做到“高水准”，因而你的报道便也无法成为“信息市场”所亟需的

“稀缺资源”。

关于“成为一名专家型记者需要具备哪些素养和积累”，请参见前面我对李瑾老师问题的回答。

11、车辉：有人说成功的记者所写的报道应该具有很强的个人风格，但也有一些知名媒体称，新闻报道加入个人特色与色彩是很危险与不成功的。请问这是否是一个悖论，理想的状态下，新闻报道是应该淡化个人风格还是应该注重个人风格?

答：对精神产品而言，具有较强的个人风格当然是“成功的标志”，记者所写的报道也不例外。因此，“应该注重个人风格”是没有问题的，问题的关键是这里所说的“个人风格”是否符合新闻规律。

我认为，新闻作品的“个人风格”主要表现在：记者选择事实素材及采写、运用、“阐释”这些素材的基本的价值取向，及其文本的结构方式、语言特点等等。关于这些，显然都可能带有不同的记者所具有的不同的个人特征，表现得好，那就是“风格”，甚至是“很强”的风格。什么叫

“好”？就新闻而言，其重要标准之一就是，首先必须遵循新闻基本规律，比如真实、客观、全面、公正等等，不能为所欲为，不能以己之好恶选择事实，更不能“合理想象”，甚至臆想而添加事实，同时也不能简单地把自己的观点强加给读者。因此，在确保按新闻规律办事的前提下，个人特色（风格）越鲜明的新闻文本就越好看，就越能受到受众的欢迎，就越应提倡。由此也可以说，那些未能按新闻规律办事的“个人特色与色彩”，肯定是“很危险与不成功”的。

当然，具有较强的个人风格的新闻文本，是记者多方面素质的综合表现，比如认识能力、专业水准、语言表达，甚至“做人”等等。事实上，中外新闻史上的那些名记者的故事都证明了这一点。

12、张菁：工会工作同质性强，导致稿件经常内容相近，呈现方式也不够生动，致使大量工会报道可读性不强。如何在工会日常的工作中寻找和及时发现新闻源，把握好有价值的新闻事件，以及如何生动鲜活地写好工会新闻，增强工会新闻的可读性？

答：“工会工作同质性强”，不错。当下的工会工作主要是“一个主题”“一个主线”“两个普遍”等等，我们的工会报道当然也必然要紧紧地围绕这些进行，弄得不好便“导致稿件经常内容相近”。但我们需要清楚的是，“报道主题”相同，并不意味着各地工会实现这些主题的方式、方法也相同——而这正是各地工会工作的特色之所在，也正是我们“在工会日常的工作中寻找和及时发现新闻源”的重要途径。大家都在做这些工作，欲有作为者当然十分迫切地想知道别的地方是怎样做的，因而我们倘能把那些有价值又切实可行的“方式、方法”呈现给读者，那就是特别有“可读性”的。关键在于：我们有无能力认识到它们那些“方式、方法”是否有独特性，以及这种独特性是否有价值和有怎样的价值。对此，恐怕又得谈到基本功了。我们对工会工作、工运事业了解多少，研究多少，能否算得上“半个”工会问题、劳动关系专家？听人家说说，或者开个会，拿几份报告，就敢写报道，那肯定是不行的。

关于“如何生动鲜活地写好工会新闻”，这一点对本报来说，十分重要。但办法也没什么特殊。这一点于任何领域记者，比如“财经记者”“时政记者”“健康记者”“体育记者”“国际记者”等等，都是一样的——选题、采写、编辑等，都要进行价值判断，然后按新闻规律办事，比如在文本呈现上要“真、短、快、新、活、深”等等。就具体实践看，工会新闻部、要闻部等版面上那些获得星稿者，在这些方面都有很好的经验，我们都应该共同来体味和总结。

13、张明江：提一个关于怎样充分发挥高级编辑、记者作用的问题。

从某方面讲，一个媒体中，高级编辑、高级记者的多少、水平高低，是媒体素质的一种体现，所以说，高级编辑、高级记者不仅仅是个人的荣誉。那么，在新兴媒体日益繁盛、传统纸媒发展空间萎缩的情势下，从《工人日报》来讲，怎样更有力地展示、扩大高级编辑、高级记者在新闻业务方面的引领效用，带动全报社新闻业务尤其是青年编辑记者素质的整体再提升？能不能引入导师制、建立高级编辑、高级记者业务指导工作室？

答：“充分发挥高级编辑、记者作用”的问题，十分重要。这次报社做的“考正高”应该就是“充分发挥高级编辑、记者作用”的一次尝试。我理解，“考”不是目的，目的在于：大家互相交流——出题、答题，都是各自经验和能力的一种检验、一种交流、一种互相学习、一种相互促进，是在全报社范围内提倡、鼓励，并且推动形成较浓厚的业务氛围的一种努力。

关于“导师制”“业务指导工作室”等形式，我也觉得甚有新意，只要有利于“全报社新闻业务尤其是青年编辑记者素质的整体提升”，我以为包括“导师制”“业务指导工作室”在内，任何办法都是应该而且可以尝试的。倘总编室能拿出切实可行的具体操作办法来，我也很赞成。

（2013年1月3日）

时间：2008 年 5 月 6 日

地点：工人日报社

这组“特别报道”应该是个什么样子？

我们今天这个会叫“纪念改革开放三十周年特别报道”策划讨论会，大家共同来研讨本报纪念改革开放 30 年，我们要搞的一组“特别报道”应该做些什么，以及怎么做的问题。

刚才听了大家的讨论，很受启发。这个讨论的过程也是我们的思路不断清晰的过程。在此之前，关于这组“特别报道”应该是个什么样子，我和家伟副总编也讨论过几次。下面，我先就大家说的这些选题和思路谈谈我的感觉和印象，然后再具体谈谈我对这组报道的期待。

我同意家伟刚才的那个说法，要写事件，写人物。咱们下一步在继续明确思想、原则、目标的同时，重点是继续筛选选题，使之更具体化，然后做案头功课、采访、写作、编发。

大家提出了一些问题，也提出了自己的一些想法。显然，对这组特别报道大家已经思考一段时间了。通过刚才的讨论，相信大家对一些问题已经有了一定的共识。应该说，至少大家对这组“特别报道”在思想层面、在文本的好看程度上，已经有了一些很重要的感觉性的东西了。今天这个讨论，尽管题目没有最后确定，但是，通过刚才一些同事把这30年的脉络、大事等情况一年一年捋下来，得出的这些东西，对大家既是个充电的过程，也是个大致思路的整理和清晰的过程。比如石述思把30年分成三个阶段，是在宏观上对大家很好的一个储备；比如像刘文宁讲到的那样一些主题性的东西，还有大家都共同谈到的诸多观念、思想等等。这样的一些思想和观念的“解放”和“变迁”都为我们下一步做好这组报道提供了一些基本的而且是十分重要的东西。

我今天要说的最重要的是这个问题：我们这一组“特别

报道”，应该是个什么样子的东西？

我想总的一个原则是这么两句话：一是它既要对我们的受众（读者）有用，还应该好看；二是它既要我们的认识及其表达准确、深刻，同时又要能够引起读者的心灵共鸣，进而推动社会的文明进步。可能不是很确切，但大概是这样的一个意思。

具体地讲，应该有这样四个方面的要求。

一、它应该有比较大的信息价值

无论我们讨论多么宏观、全面的或者是具体、个别的问题，我们一定要牢记，这组东西名叫“特别报道”，因此它首先得是个“报道”，得是个“新闻”。所以说这组特别报道首先要有比较大的信息价值，首先得是个“事件”。即便是30年前、20年前或者是15年前的事，今天还依然要采写出新闻来，采写出信息价值来。这就像历史学家所说的，任何历史都是当代史。这是今天的我们所应该干的事。

关于要采写出有价值的信息这个问题，最重要的是在真实的前提下，挖掘并阐释出整个新闻事实发展过程中多种元素的联系。也正是这种“联系”，才真正地、更有意味地使读者看出我们今天来重新报道和阐释这些事件的价值、当下价值。因此，我们就应该准确、真实、深刻地认识那些历史，及其过程中的具体事实，以及那些事实中的主体——人。

这是第一个意思，也就是我强调这组“特别报道”首先得是个新闻，得是个新闻事件，要让今天的读者看过后，仍然觉得它还是有十分鲜明的信息价值。

二、它应该有比较高的审美价值

在有比较大的信息价值的基础之上，我们这组“特别报道”要能够给读者愉悦、自由、解放、光明等等这样一些具有正向意义的感受。它应该让人看完以后心情很愉快，觉得自己确有一种解放的感觉或愉悦。这也就是我所说的审美价值。

这里面涉及到一个重要问题，即我们的认识方法问题。我指的是，我们那种判断信息价值的科学认识方法和判断审美价值的审美认识方法，两者应该并重。这组特别报道仅有信息价值还是不够的，它还要有审美价值。为什么大家刚才讨论中提及的都是“某一方面”的事情，如农民工问题、再就业问题？这些都很重要，从认识方法、从思维方式讲，这是我们科学认识的条分缕析的基本成果。这个，我们一定要把握好。所谓信息价值，主要是科学认识的结果。科学认识的特点是，从具体事实出发，然后，去对这个事情的“真”进一步判别和认识，进而上升到“概念”，以此来讨论信息的价值、意义等等，这是一种科学认识的方法；而审美认识的方法不是这样的，审美认识的方法当然也是从具体事实出发，但不是要上升到概念，而是要回到我们自己的“内心”来。在这个过程中，我们的内心情感与科学认识结果相结合，使这个科学认识的结果来激活我们内心的情感世界，激活我们作者即传播主体和我们的受众即接受主体的心灵，使这些人内心世界、情感世界受到激荡……达到如此效果就自然超越了我们前面所说的科学认识的信息价值，而使得报道具有了审美价值。这样，报道才更有深度，更有影响力，也才能好看，才能感人。

我们一篇报道很真实、很准确、很深刻，这基本上是科学认识的结果，追求的是信息价值。我们说，我们这组报道还强调要追求审美价值，它与仅仅追求信息价值的区别在于，你不光要说得真实、准确、深刻，而且你写的最终的文本，能够与我们的读者（受众），乃至传播主体的内心世界、情感世界吻合起来，在情感上发生一种激荡和共鸣。这是我们说的审美认识的结果，追求的是这组报道的审美价值。

原来意义的新闻是这样产生的，首先得有一个具有新闻性的事实，然后再经过我们记者的梳理、剪裁而把事实变成文本，变成我们的报道，然后这个事实（文本）就到了受众那里，这是一个传播过程。在事实变成文本的过程之中，起决定性作用的是传播主体——我们记者、作者。这个“决定性”的主体应该具备什么？就是上面讲的一是要具备信息价值判断和实现的能力，二是要具备审美价值判断和实现的能力。也就是说，我们这组报道讲了非常多的事实和细节，非常重要的概念和判断，这都是科学认识的结果，要搞好这组“特别报道”必须得有这个做基础。没有这个基础，光说一些小情小调是不行的。有了这个基础的同时，我们在采访写作上要努力地想方设法使我们的实现方式、表现方式，从具体的事实、事件入手，从具体的人物入手，把这种真实、准确、深刻的科学认识，再进一步上升到我们的审美认识。这种审美认识就是要让科学认识的结果回到我们的内心来，回到受众的内心来。这样科学的、审美的认识及其结果，才能与我们的报道、与我们的受众融为一体，大家才能感动。

三、它应该体现“人的解放和理性的成长”这个主题

审美认识、审美传播的实现，主要在于我们对事件中的主题的把握。

改革开放这30年，我们所有成就最重要的主题是什么？这是我们做好这组报道必须解决的问题。我理解的，这30年最重要的主题是：人的解放，理性的成长。

首先，关于“人的解放”。我们这30年的一切努力和工作、一切的进步，我理解最重要的是表现在人的解放和社会的进步上，这也是这些年方方面面改革的初衷和落脚点。我们党现在提出了“科学发展观”，科学发展观的核心就是“以人为本”，一切的改革和发展都是为了人，为了人的全面发展。

其次，关于“理性的成长”。从相对应的学科来讲，这

是社会科学的东西，是社会进步、按社会发展规律进行各种制度安排的范畴。无论从经济学、社会学、法学等等来讲，都在促进着我们这 30 年人的理性的成长、社会的理性的成长。比如市场经济的建立，比如法治社会的建设，比如股份制改革、法人治理结构，以及契约精神、诚信社会的建立等等，都是理性的成长。从大的方面讲，所谓理性的成长，就是把我们人类普遍认可的那些价值，比如法治精神、市场契约精神、体面劳动等等，结合我们的具体情况逐渐地确认并成为我们自己和社会的基本共识。企业改革如此，社会的变迁也如此，都是这样。

所谓的人的解放、理性的成长，说到底是启蒙。当然细分起来，这也不是完全相同层次的问题。总体上讲，人的解放是最大的成就。包括大家刚才讲劳动法、合同法、劳动合同法，仔细想想，都是为了把人的全面发展作为最根本的目标。劳动者的全面自由发展，现在说可能仍有较大的努力空间，但至少它作为公民、作为一个人的基本权利，这 30 年确实是在不断地厘清和进步的。

具体说到这组特别报道将涉及的农民工问题、劳模问题，大家说 20 世纪 80 年代的找一个，90 年代的找一个，新世纪找一个，他们的变迁及其体现出的时代的变迁，恐怕不仅仅是他们从原来的“老黄牛”变成一个知识型的工人这样简单的问题。事实上，他们心灵的自由，他们作为人的解放，才是他们最大的“变迁”。今天的劳模和过去的劳模，无论从社会评价、社会要求，以及他们对自己的期望，都有了巨大的变化。为什么不一样？原因是，他们觉得，我创造更大的价值是从繁琐、低效的劳动中解放出来，是我的能力的解放，同时也是我心灵的、精神的解放。正因为如此，才说这些劳模们现在变成了知识型的优秀的劳动者了。“知识型劳模”的判断可能多少还有某种物质的功利判断的因素在。我们注意到，很多劳模在讲实话时都讲到他在追求做人的尊严。总书记在工会国际论坛也讲到，要做个体面的工人、体面的劳动者。体面的劳动者，既包括他收入的增加，吃穿住行的改善，同时当然也必须包括他人格的受尊重，有尊严地劳动，即他对自我的确认乃至超越。我们写的有关劳模的报道，如果能够在这方面有思考、有突破，就会有更大意义。审美关切就是人文关切，说到底，还是人的解放和理性的成长。

我们这里说的 30 年两大重要主题，其表述方式是科学认识的判断方式，它是对我们搞好这组特别报道的思想的一个基本储备。我们真正要操作达到文本实现的时候，要把科学认识方法和审美认识方法结合起来，使之成为审美的传播。

四、它应该好看，应该有较强的可读性

直观地说，这组特别报道，或者是 15 篇也好，20 篇也好，绝大部分应该是由一个事件作为主体报道下来。要给读者讲一个事件，讲一个或几个故事。讲这个曾经的事件、故事是个怎么样的，以及它们是怎么发展过来的。通过这些事件和故事来表达我们前面说的那些主题性的东西。说到底，它应该好看，应该有较强的可读性。

关于这方面，最近有一些报道可以借鉴。比如《中国青年报》今天写《第二次握手》，写作者张扬怎样从 60 年代写小说，到 70 年代写出来了，然后它的手抄本在全国私下里流传，以及后来他怎样进监狱，又怎样出来，平反，出书，等等；中国青年报还发过“少年班”发展今昔的报道，把那个时代怎么出来个“少年班”，涉及到的那些人，怎样

一步一步走到今天，有的成了联想的中国总裁，有的成了美国的大科学家，等等。我们任何一个读者看报纸，其初衷都不是主动要去受教育的，很少有是主动地去看作者要讲的道理是什么，否则就去看研究者的论文就是了。我看有关“少年班”的报道，是因为那个时候就知道这个事，而且特别羡慕敬佩，因而我就特别想知道他们现在怎样了。于是，那一大版就看完了。当然，你记者有本事在报道讲故事的过程中自然而然地加入了你的倾向、教育，那么我看故事的同时自然也接受了你的“教育”。写张扬“第二次握手”的报道，我也是从头到尾一口气地看了一遍。因为这里头有故事。

因此，今天我们采写这组报道，要好看，要有可读性，也一定要从具体故事入手。这个要求的意思不是因为要表达我们科学认识的那些观点而来找个由头、举个例子。这组报道不是这个套路。我们现在完成一些规定动作时，开头要找个故事，那是勉力而为，比较笨拙。如果以新闻规律的准确把握的更高标准讲，这个故事、事件不仅仅是由头、例子，而是它本身就应该是个新闻。我们把它较好地叙述出来，就已经构成了这个新闻。我们要把我们对这个事件的科学认识及其信息价值，在对这个事件的报道中写出来，比这更高明一些的标准是以审美认识的方法，按照追求审美价值的做法，从故事出发，从具体事实出发，力求与读者的内心情感形成共鸣，把这个故事写进受众的内心。让我们对这个问题的深刻认识，通过对故事的报道尽可能地激活每一个读者内心的情感，进而实现报道者，主要是读者对这个事件信息价值的超越。因此，倘若我们能够把这个事件、这个故事叙述好，就应该能够表达我们的观点，这就是好的“特别报道”。这可以是一个标准。

这组报道的每一篇都要有事件，要讲故事。它不是述评，也不是综述，更不是新闻分析和评论。那么，我们还要表达我们对事件的深刻的认识，怎样写呢？可否这样试试，写到某一段的时候，加几句，比如讲沈阳防爆器材厂，写到它破产了的时候可以写：就在它破产的那一天，某些有重大意义的宏观背景，如此时的企业改革是“那样”做的；防爆器材厂肯定也搞过放权让利的改革，没搞好。放权让利在当时有其意义，但现在看没解决根本问题，才走下一步，比如现代企业制度、股份制，等等。这样一写，宏观就出来了；然后你接着往下说，企业破产后，人总得活吧，厂长就张罗部分职工卖豆腐，就有卖豆腐的人和故事了。其实，这不仅仅是写国企改革，更是写国企改革这个过程中的人的变化即人的精神、观念的变化。当你写到某些破产后的职工，今天也成了有声望的“成功人士”的时候，他会说是因为这个时代的变迁使他过得很好，他感到很愉快。而那些不那么努力的、甚至整天怨天尤人的人，则又是如何如何……要有这样一些事件、故事，我们的报道就好看了。

关于具体大类划分的题材，同意大家讲的以“三工”为依托，但还要加上“社会”这一块，再去找这样一些故事，在故事的报道中去把握宏观的东西。

对于这组报道最终文本的具体呈现形态，我不太赞成在文后弄链接，也不赞成搞那种“名词+事件+点评”编撰式的写法。建议每个人的那一篇都能拿出一个完整的文本，看上去是完整的东西，甚至是范文，宏观、微观结合起来写，很漂亮啊。

还是以写沈阳防爆器材厂破产这个特稿为例，还是一定要把中国国企改革30年的脉络搞清楚，把其中重要的东西，要在恰当的时间节点上给融进去，这样读者都会看明白，那些故事肯定会吸引人。题目确定后，就让摄影部去找过去的照片、今天的照片。比如写农民工，刚才说的“安子热线”就是个好故事，它是普通人的心灵交流。这个“热线”肯定有上百上千的朋友，现在找个仨俩没问题。他们当年20岁，现在四五十岁，有的可能还在打工，或者有的当了车间主任或者企业家了。可以从这里切入，以他们的故事说农民工的命运变化。报道他们的故事，就是讲述农民工的成长史，甚至是我们这个时代最普通劳动者的心灵史，就是更多的普通人作为人的解放和成长的过程。他们中的优秀者们成功的原因，或者道理，事实上也就是我们前面讲的，是个人的解放、超越的过程。

第二，应该强调要采访当事人。有的事件的报道可以一个人完成，因为就是发生在一个人身上的事，比如劳模。假如就写一个人，他的典型性、丰富性够不够，能不能撑起一个版？能，就写一个版；不够，就再找个一个、两个，甚至更多。事件的主体还是人，所以，要写一个、几个，甚至十几个人，一定要采访当事人。写几个在故事上不相关的人，粗想一下，读起来可能不大顺，但原因主要我们自己本事不够。重要的是要找出他们“事件性”的联系来——安娜和列文有什么必然关系？托尔斯泰不也写得很顺，而且很经典吗？

当我们把这组报道的主体和范围确定在“三工”和“社

会”之后，我们要找的可能都不是这个社会的极重量级人物，这样相对来说好找一点。我们的特稿不仅仅写故事中的人成名时的那点事，一定还要写其成名时的那个事件及其中的主要人物到后来到今天怎么样了。比如第一只飞乐股票，那个厂长怎样了，那些职工怎样了；比如沈阳防爆器材厂的厂长、职工现在怎么样了；比如打过“安子热线”的农民工现在怎样了。我们写的这个人不一定多重要，只要这个人具备了我们所认识的那个意义或价值，所采写的人物和事件曾经有名气、有影响，一写出来大家都知道，都想看看，就可以大功初成了。

第三，关于刚才大家讨论中的宏观与微观的问题。强调宏观是说我们在科学认识上要准确、真实、深刻、全面。必须做到这一点。没有这一点，你所把握的故事的信息价值就比较可疑，审美价值就更谈不上了。审美价值和新闻价值不是对立的。新闻价值里边有很多方面，比如信息价值、审美价值、社会价值、宣传价值、道德价值，等等。最重要的，在我看来，新闻是传播信息的，信息价值应该是第一位的，而审美价值是最高层面的，它直接决定了传播的效果。信息价值，加上审美价值，再加上其他的价值，综合构成了新闻价值。我们的这组报道如果仅仅满足于信息价值，意义就比较有限。我们纪念改革开放30周年，根本目的不仅是告诉受众一些信息，主要的还是要弘扬我们全体中国人作为主体的精神的解放、理性的成长。如果搞得好，我们这一组特别报道一定程度上甚至可以当作某个时期的中国人的精神史、心灵史来看。这是宏观的东西。而微观，就是我们所说的具体的事件、具体的人物，前面谈得不少了。

如果大家觉得上述这些还比较有道理，那就按照这个大致想法，进一步筛选题目。今天讲的这几个像飞乐股票、防爆器材厂、“安子热线”等题材，都很有意思了。看看是否还有类似能反映我们上述想法的重大事件和人物。一二十个应该没问题。这组特别报道每篇要写出七八千字的规模，发一个版。力争把每一篇都整成精品当然要花费很大精力，好在咱们还有时间，有两三个月，能在奥运会结束前大体弄出个比较靠谱的模样来就可以了。建议各位部主任们也可以选个题目做一做，或带个年轻人做做。这组报道应该会成为本报今年最重要的作品，也许会成为咱们记者职业生涯中几个最值得回味的东西之一。因此，希望大家一定要多下些功夫，这一定是值得的。

时间：2009 年 8 月

地点：成都

客观与想象中洋溢着对生命的热爱和关怀

方大丰的新闻作品好看，有深度，有影响，所以我们专门开个会来研讨一下。我们今天的研讨是把大丰作为一个标本、一个案例。研讨本身对大丰当然有个鼓励的意思，不过更根本的目的，是我们大家要把他的一些成功的经验变成我们的共识，变成我们共同的经验，使得我们在以后的新闻报道等工作方面，能够有更好的提高。

一、深刻的人文关怀是大丰作品内在的自觉追求

今天我们来讨论大丰的新闻作品，是因为我们觉得大丰的作品有很多使其优秀的元素在。在我看来，这个“优秀的元素”就是洋溢在大丰作品中的对生命的热爱和关怀，即所谓的人文关怀。

刚才，大家在讨论中提及了很多很重要的概念，比如人文精神、历史高度、终极目的、常识、理性、现代性、批判性、集体狂欢，等等，这些都是挺前沿的概念。在使用这些概念的同时，大家对大丰的作品有一个很重要的共识：它呈现出了较高的思想性。大丰在讲自己的采写体会的时候，也是这样讲的。他力图把思想性和新闻性，在概念上、学理上有机地衔接起来。

大丰新闻作品的思想性主要体现在哪里？我觉得主要体现在他对人与社会的理想的强烈关注上。

马克思在《共产党宣言》中阐述了他心目中的共产主义理想：“代替那存在这阶级和阶级对立的资产阶级旧社会的，将是这样一个联合体，在那里，每个人的自由发展是一切人自由发展的条件。”人的自由发展是人文精神、人文关怀的目标，所以学界说马克思、恩格斯是标准的人文主义者。也有人说马克思、恩格斯晚年的时候修改了自己的理论。不过也有学者研究，从1848年到1893年，在将近50年的时间里，虽然《共产党宣言》正式再版七次，不过在这七次中，有关这段论述一个字都没改。由此看出，马、恩一生坚定地认为，共产主义社会将是，每个人的自由发展是所有人自由发展的前提和条件。

今天，我们倡导科学发展观，核心是以人为本。这是从人类最精华的思想里提炼出来的。作为重要的精神产品，我们的新闻报道当然也必须遵循这样的基本价值。大丰的很多作品体现了这种理想。有同事说，大丰的一些报道如果“一不小心”就可能会写成一篇条理清晰的大表扬稿。如果那样，今天也就不好意思拿来研讨了。

大丰的作品是工人日报几十年来优秀作品的一部分，它们共同参与并推动了我国新时期新闻传播的价值形成与演进。中国新时期新闻传播30年的演变在报道方式上有三个脉络：新闻评论热，从以《光明日报》发表的《实践是检验真理的唯一标准》为代表的政治评论向今天的时评转变；深度报道热，从宏大叙事、重大的政治的叙事向时效性更强的、具体事件的报道转变；还有一个，就是现场短新闻热，更多地强调新闻的短、快、新、深等等自身原本就应该有的品质……这些转向，当然体现了文体的转变，是我们的报道不断向新闻规律的回归。但更大的、更值得重视的内在含义，还是进一步向以人为本的人文关怀的回归。

每一门科学及其各自审美的实现，都是通过它们各自特有的规律来完成的。在我看来，如果说文学是通过塑造形象来实现审美传播的，音乐是通过音调、节奏来实现审美传播的话，那么，新闻审美传播的实现方式，则是通过思想来实现的。有人说，新闻报道美不美没什么要紧。我觉得很要紧。我们的精神产品，我们人类活着的一切意义，我们人类和动物的区别，在于人之为人的最大的特点是审美。美，是人类的最高理想，是人类的终极关怀。刚才有的同事讲人文关怀，讲到终极目的，等等，都是这个意思。从这个角度讲，作为精神产品的生产，我们的新闻传播，当然也应该是审美的。

大丰的作品思想比较深，深就深在它明显地展现了大丰对人的理想、社会的理想的坚持，体现了很好的审美传播的品质。《潮动浏阳河》讲的是一个县级市的近乎于综合的改革，小一点说，是企业的改革。这个题材，《工人日报》为什么要给出一万六千字的篇幅？《友谊阿波罗改制进行曲》

写的是企业改革，员工身份置换。在采写这些报道时，大丰到底要赋予它什么东西？以我对大丰的了解，我以为，在这两个作品里，其实深深地蕴含了大丰对我国改革与发展的思考和认识，蕴含了大丰对社会与人的理想的体悟。也正因此，我们才发现大丰作品中有很多独到的倾向性的东西。

新闻报道具有倾向性，正是因为这个倾向性体现了作品思想。因为新闻是有阐释的，所以，报道就必须有记者的立场。新闻专业主义强调绝对的客观，但是所有的客观都是有选择的。选择本身就是一种倾向，哪怕是无意识的。用事实说话，显然不是在逻辑论证，但是，选择和使用事实本身就带有阐释的性质。新闻报道的思想就是这么体现出来的。

大丰作品里的思想是其长期积累的结果。

对于十五大之前关于股份制改革的讨论，20 世纪 80 年代末 90 年代初有关改革出现回头的问题，改革开放 30 年来的三大争论、三大思潮等等，我们身处其中的时候，思考得够不够？我们对问题的认识到不到位？你不到位，你要是说出一些骇人听闻的话，那是你胆大。你胆大，编辑绝对害怕，总编就更害怕了。新闻第一要素是真实，然后是客观、公正，没有一句说胆大是新闻的要素。有把握才敢胆大。瞎胆大是要害人的。

我们对新闻价值的认识凭的还是我们日常的积累，凭的是我们对这些问题的认识。对“集体狂欢”、当下的“道德沦丧”等这些问题有了基本的价值判断，我们的认识才能提高。而这些都是我们对新闻事件进行价值判断时的前提条件。所以说，对新闻价值的判断首先还是一个传播主体，即作者自身的思想水平问题，而远不是了解导语要有几个W的手艺问题。

作为精神产品的提供者，优秀的记者、编辑首先一定是个思想者，他一定有相当高的思想认识。当记者，要想出一本集子，拿出几十万字不成问题，但是，太多的文字可能并不好意思编在集子里，根本的原因在于有思想的东西太少了。当记者，大家或许都写过表扬稿。即便是表扬的东西，也要从工作变成新闻。所谓审美的传播，就是说要把简单的宣传变成新闻，上升到对人、对人性的思考。

今天我们强调人文关怀，至少有这样两个层次的考量：首先，它应该关注人的基本物质生活；其次，要对人的精神生活尤其关注，要肯定人的尊严。

《工人日报》作为以“三工”为主要报道内容的平面媒

体，我们报道的总体思想应该是关注人，尤其是关注广大劳动者的基本物质生活，关注他们的精神需求，关注他们基本的做人的尊严。以这样的标准来回想一下，这些年来，那些被公认优秀的报道，几乎都是这样的。《工人日报》的著名报道，也几乎都是这样的。

大丰作品《唐山十三农民驰援郴州救灾》，亮点也正是这里。唐山十三农民有常识——报恩。他讲的是蕴藏在我们那些最普遍的平民百姓内心深处的那种美好的品质——这一点才是作品最可珍贵的。能够把这些最为普通的人们作为“重要人物”来报道，说明大丰的内心深处有把这些人和所有其他人一样尊重这样一个基本价值取向。如果仅仅从猎奇的角度，大丰恐怕写不出来这样的报道。

《潮动浏阳河》，关注的是那个时代，一个城市的综合改革。这个改革固然告诉了大家很多技术层面的东西，其实感动了、震动了大家的远不是这些技术性的方式方法，而是这个改革里面包含着大丰和编辑对政治、民主等社会的文明进步和人的自由全面发展与尊严多方面的考虑，而这些正好互动了我们今天的现实，乃至未来。尽管很多地方这种思考还较朦胧，但是它表达了记者对社会的某种认识和期待。

二、强烈的情感和恰切的想象是大丰作品的鲜明特征

大丰新闻作品中所体现出的人文情怀，是通过客观而又充满情感和想象而实现的。

真正感动人的是能拨动我们情感的东西。也正因此，我们今天看《潮动浏阳河》，恐怕就不能只把它当成一个改革的技术操作文本来看。十年过去了，我们看这个文本还能激动，是因为这个报道里面除了事实的真实之外，还有着非一般文本所讲的那些元素。这都是些什么呢？我觉得，主要是有这样一些东西：情感、想象、理想、象征、隐喻。这些在大丰的报道里远不是修辞学的概念，而是“新闻必须客观”，但又要表达深刻而强烈的人文关怀所必须采用的诸多方法。也正因此，大丰在一个个故事的叙述中，让我们看到了文本对人的尊严和社会文明进步的确认和呼唤，通过这些让我们体会到了对生命的关怀和热爱。

优秀的新闻作品里肯定包含着强烈的情感，只是这种情感要符合新闻的规律而客观地存在。“汶川周年祭”系列报道中，大丰写了一个工会主席不愿意拔去花盆里的杂草这样

的细节，这种细节正是触动了人内心深处最柔软的情感——经历过生死、失去亲人的人们对生活和生命的绿色怀有怎样的渴望和怜惜之心啊。并且，这种情感的抒发完全表现在客观的叙述中。这是新闻记者比作家高明的地方。

有人说这是报告文学才有的手法，好像报告文学天然地比通讯高了很多。我不这么看。我也不认为作家比记者天然的高一个层次。大家都是使用文字的劳动者，只不过各自的劳动方式不同。记者不能虚构，但是记者还要达到作家那样的效果，怎么能说作家一定比记者高呢？

大丰在很多作品里，只要是能够用一点点的客观的东西来表达的，他都追求做得非常令人满意。《生命在冰雪中敲击》，这个标题、这个文章就有点这么个意思。不是直接地颂扬，而是尽可能地客观比喻地叙述，而结果又是主题十分鲜明。

抗击冰雪、抗震救灾等这类报道，要反映时代背景、体现时代精神什么的，这非常正确，但问题的关键是：什么是“时代精神”？新时期新闻史上的人物报道有一些精品，比如写任长霞的、写丁晓兵的作品能成为精品，为什么？固然采访中见到一些细节对写作很重要，但是如果你没有基本的人文关怀、人文价值取向，写多少细节顶多也就是生动一些而已。在这些作品里，我们感受到了情感，而且这种感受显然是通过记者那种客观的、类似于文学上白描的手法而获得的。

好的新闻作品里还有一个重要因素，那就是想象。新闻是要表达人类的理想，传达人的某种追求。这就是理想，也即理性的想象。新闻作品要的就是在至美的基础上有这样一种想象。没有想象，几乎也就没有思想。一个真正优秀的新闻文本绝不仅仅是现实发生什么就仅仅写什么的。

《潮动浏阳河》里蕴含着大丰很多的想象，对中国改革的想象、期待、欲望。如果没有这些，报道还有什么直扣读者心灵的冲动呢？那么干脆写一个情况反映就完了。大丰的作品给我们的一个突出的感受，说到底，是他脑袋里的想象。我曾经参加了他一些报道的编辑工作，我知道他的一些想象。我觉得，最优秀的作品都暗含着太多的想象：我们的社会应该怎样，不应该怎样。正是在这个基础上，才导致了他对素材的选取、安排，乃至阐释。

一些时候，一个优秀的记者，与其说是看到了一个新闻事实，再去判断它有多大的价值；还不如说你对这个问题已经有了很好的思考，采访写作倒像是要在现实中寻找一个事实，来传达你这种想法而已。新闻报道，首先是一个精神产品。这个行当是一个要求传播者或者记者、作者本身有相当思想水平的行业。你有多高的思想水平，有多高的思想境界，你的作品就可能达到多高的境界。

刚才说的是理想、想象，如果说象征、隐喻，那就是更高级的手法了。所有这些精品，更大的耐人寻味之处，相当多的都是隐喻象征的结果。

但讲隐喻也好，讲阐释也好，大体都是手段。根本上，思想是记者、作者脑袋里有没有的问题。《笑林广记》里有个故事，说一个秀才写文章写不出来，在家里急得团团转。秀才老婆很纳闷：写文章难道比我生孩子还难？秀才说：你不知道啊！你生孩子是难，但毕竟肚子里有啊；我写文章难，是因为肚子里没有啊。

新闻作为一种精神产品，说到底，它是要传递信息的。传递信息是它最基本的职能，而它更重要的职能是要影响社会和人生。新闻报道作为一种特殊的文体，它是通过什么来实现审美的传播的呢？是通过思想。著名的传播学家麦克卢汉说：媒介即信息。而撰写《娱乐至死》的波茨曼则说：媒介即隐喻。我的理解是，波茨曼在赞成麦克卢汉的同时，是说媒介远不仅仅是信息，只有那些带有思想性质的隐喻之类的东西，才是今天的媒介应该着重关注的东西。

今天，我们自己所喜欢的正是我们媒体正在制造的世俗的狂欢，媒体丧失了思想，丧失了理性。平庸、重复的感观享乐的狂欢，使得我们不再思想，更谈不上反思。今天的社会学家、文化学者们看到了一点：那些保留着思想的，保留着我们对社会和生命的认识的，保留着以人文关怀作为基本价值取向的这样一些精神产品，是我们今天这个社会的稀有产品，是我们这个社会急需的稀缺资源。从这个角度讲，大丰的作品在这些方面，做出了若干努力。这是大丰新闻作品中最值得我们所思考和借鉴的东西。

大丰作品最大的长处，或者说对我们从事新闻采编最有价值的启发是：我们怎么样在传播信息的同时，更努力地传播思想，传播“人是目的”“以人为本”的人文关怀的价值。大丰的那些广受称道的作品告诉我们，好的新闻作品一定是承载着人文关怀的作品。

其实，无论是新闻传播，还是理论研究，还是艺术创作，全都是如此。

深度报道的新闻性转向蕴含了现场短新闻的某些要求。新闻评论时评性转向，也体现了现场短新闻热所提倡的大量追求。30 年的新闻传播走的是这样一条路子：传播者对思想的追求始终没有放松，但是表达思想的方式，是在向新闻的原本意义、原本模样更高层次的回归。在我看来，大丰新闻作品在很大程度上也体现了这样的一个特点。

三、只有坚定职业理想，才可能采写出好的新闻作品

大丰的作品还给我们一个启示是：坚定我们的职业理想，坚定我们对生命的关怀和热爱。因此，一是希望大丰把这种精神长时间地保留下来，延续下去；二是也就此与记者们谈一个建议。

始终坚守我们的职业精神和职业理想。一个人对职业的认同，说低一点，是职业操守；说高一点，是职业理想，甚至是生命的理想。我们能够花一个礼拜时间和工人摸爬滚打在一起这当然很好，但是我并不认为那有什么了不起。如果你把这个当成自己的一个大优点来说事，那就有些过了，那是你把职业手段当成了价值追求的目的。问题的关键在于，

我们的心，我们的价值取向是否与普通劳动者在一起。当我们采访的时候，我们觉得不这么整就写不出来，我们认为跟工人摸爬滚打一个礼拜非常平常。到那个时候，我们的职业精神就到了一定层次了。真正精神产品的提供者都是拼死拼活干出来的，这没有什么可值得吹的。剩下的才是怕自己的天分不够。

职业精神，也就是从事这个行当、站在这个位子上，你知道应该怎么做。在此基础上，如果有职业理想，还想为人类社会做点贡献，那是让大家都很荣耀的。

职业理想和职业精神很重要，重要到应该不受到任何外界条件的干扰。我们放弃了理想和追求，也就放弃了对人类有所贡献的机会。

（本文是在方大丰新闻作品研讨会上的讲话）

总编辑评报备忘录

（2012.5—2013.12）

《工人日报》每周一下午的编前会都要拿出约一个小时的时间对上周的报纸进行评议。其顺序为网站、多媒体运营室、老同志（书面）、两位年轻采编人员、两位部主任、执班总编辑，最后是总编辑。每次都是由记者部的同志将社领导的评报意见记录整理后传给不能到会的各地驻站记者，供大家参考。这项制度至今近十年了。作为总编辑，我的评报意见总有几百条吧，这里我选择了相对连续时间里（2012.5—2013.12）的一些片断共 38 条。

1、把典型报道写得既客观又感人，是大本事

上周典型报道比较集中，不论从本报历史还是新中国新

闻传播史的角度来说，典型报道都是中国新闻报道的重要体裁。大家对典型报道要高度重视，除认真完成指定报道任务外，还要在日常采访中做个有心人，发掘出新典型。

典型报道的采写，一般都是做完案头作业之后开始采访，采访完成后，要充分消化采访到的内容，找出感动自己的地方，重新结构这个人物，用客观的手法写作，报道由细节串起来，这样的报道才可能感动人，这就是大本事。事实上，这样的故事在新闻史上有很多。近年来很多典型报道往往是数十家媒体一同采访，同天刊发，为什么有的成了名篇，有的就成了过眼烟云了呢？为提高报道质量，请大家加强学习，提高基本功。

大家高度评价了 4 月 25 日一版刊登的《国境线上屹立的“生命界碑”》，一致认为这篇稿件采访扎实、技巧讲究、作品感人。按照事前计划，本篇报道并没有安排在一版头条，是因为稿件写得好而放在了头条位置。这就说明，套路对头功夫下到位，就能写出好稿，编辑部也不会“埋没”好稿。

（2012.5.2）

2、工作报道中原本就有很多大新闻，关键是有没有抓到的本事

5 月 7 日一版报道“武汉海选布衣参事”，记者能从日常工作报道中发现新闻点，并扎实采访，写得干净，同时要闻部处理稿件时，把并非与工会工作直接相关的稿件安排在头条，是按新闻规律办事的表现；5 月 7 日二版消息“罗江县总‘驳回’十余家企业工资协议”，是工会、职工们读了都会满意的报道，对全国工会工作都有启发意义。这两篇报道其实讲的都是政府部门和工会所做的日常工作，它们能够得到大家好评，给了我们很重要的启示，这就是工会工作、党政工作中，确实存在许多新闻，很多还是大新闻，关键是我们有没有抓到的本事。只要真正用心、深入研究，工作报道是完全可以做出有较大价值的新闻，而且可以做得好看。

大家要进一步转换观念，把工会和职工的关注点作为捕捉新闻的出发点，以“三工”立场采写新闻，站在劳动者立场阐释新闻。加强对职工的关注，加大对广大劳动者的关

怀，有助于提升报道内容并改进报道形式。对职工境遇的关怀，就是关怀我们自己。这种关怀，不仅停留在物质需求上，还要进一步深入到精神需求层面。这样，报道的价值就能得到更大的提升。

（2012.5.14）

3、深度报道：既要有较高专业水准，更要表达人类的普遍情感

大家在上周的报道中，依然继续努力在提高报纸可读性方面下功夫，尤其在挖掘深度上做得比较突出，看得出来不少报道显然是做了功课的。这很值得我们做些具体的讨论和总结。

上周张伟杰采写的两篇消息《劳务派遣用工最长不得超过 6 个月》和《190 个城市尚不能申请“工伤保险先行支付”》得到了大家的一致好评。这两条消息都是她最近跑全国人大跑出来的新闻。就此再次给我们提出了这个问题：

报社跑口记者要思考“口要怎样跑，怎样才能跑出好新闻来”。其实各部委、各部门都在下功夫研究民生问题，跑口记者不能仅仅满足于把所跑部委开会或传给自己的新闻通稿整理见报。新闻是“跑”出来的，这个“跑”既是身体的深入，更是思想和专业能力的深入。记者要经常联系部委相关人员，了解他们关注的问题，了解这些问题与当前乃至今后社会经济的关系是什么。另外，相关领域的专家、学者的专题专项研究，记者也应有选择地跟踪采访，并不断加以积累和研究。只要把有限的资源用足、用好，就不难做出好新闻。

上周宋澎关于足球的评论、产经新闻周刊关于煤价的报道等，这些相对专业的报道，和张伟杰的与“三工”有关的法律报道，都得到大家的认可。这也说明，做《工人日报》这样一个全国综合性大报的记者，必须有较高的专业修养，否则，做一个合格的编辑、记者都困难。因而，我们的记者一定要努力成为专家型的记者，进而还要力争能够站在全国的高度来报道本领域的问题。张伟杰是学法律的、宋澎是学体育的，这些年来他们一直在跟踪、研究自己的专业，这也是他们有能力在“一地鸡毛”中找到该领域最有价值的新闻，并能比较深刻地表达自己的倾向的原因所在。

对于深度报道，我们可以以上世纪 80 年代末 90 年代初经济日报策划的一组深度报道为例，说明它在今天仍然具有的某种启示。当时为了配合成就宣传，经济日报做了一组与目前正在刊发的“科学发展成就辉煌”栏目相似的报道，即与建国初期相比，中国在煤产量、发电量、钢铁产量等经济的方方面面取得的成就。如果仅仅围绕这些做报道，很可能是一大堆数字。经济日报觉得这样的报道离老百姓太远，于是又采写了一组吃、穿、住、行 20 年来的变化的稿件。之后，还觉得贴近性可以再增加一些，于是又接着讨论这些变化的根源，结果又搞出了一组“吃、穿、住、行的背后”。就这样策划、采写出来的报道，成为了新时期中国传媒史上的一个典型。

我们就此可以清楚，哪怕是成就报道，也可以做得很好看的题目应该有很多，关键在于：一是我们的编辑、记者有没有这样的意愿；二是如果有了意愿，还要看有没有做出来的能力。归根结底，还是要提升我们自己的能力。除了报道“是什么”“为什么”之外，我们还要有能力指出“将来可能会怎样”。而且从技术处理的角度，这些报道我们如果还可能以消息的方式呈现给读者，那就将是更加了不起的事情。这当然是对我们每一个职业新闻人自身功力的大考验。

上周刊登的高柱采写的《“不准倒下”》《夫妻房》等稿件，得到大家的一致认可。说到底，这些稿件的优秀之处在于，它们表达了，而且是很好地表达了人类最普遍的情感。精神产品除传递信息，还要影响我们的社会及社会成员的基本价值观，而以情动人显然是影响价值观的重要途径。新闻史上几乎所有的名篇，之所以受到称赞，很重要的原因之一是它传递了人的基本情感。事实上，“面心实”“走转改”的稿件，都涉及到人们的情感问题，关键在于我们提供的精神产品是否切合了人们的情感需求。当然，新闻报道这样的精神产品不同于小说等其他精神产品，新闻的情感表达方式是通过对事实的客观报道来进行，通过冷静、客观的报道表达作者的感情，在客观叙述、分析、讨论中，让受众接受我们的想法。

（2012.7.2）

4、特色报道、主题报道尤其要努力按新闻规律办事

上周报道保持了主流媒体的权威性，主题性报道做得不错，很重要的原因是大家努力追求按新闻规律做报道。工会新闻部的特别报道“面心实·社会篇”、工会周刊的“履职风采”栏目回顾，以及要闻部的“走在中国特色社会主义工会发展道路上”的特稿，这些都是我们的特色报道，都做得可圈可点。由此可见大家在主题报道、特色报道上都很用心，效果也不错，总结下来，有以下几条值得坚持:

一定要高度重视特色报道，重视主题性的工会报道及“三工”报道，这是本报的特性所决定的。

一定要认真地去研究报道所涉及的问题，主题报道不能做成简单的表扬报道，而是要从研究问题的角度去做。比如，如能从工会主抓的“面心实”活动中找出现实的社会意义，做出来的工会报道就能具有广泛的社会影响。为一版刊登的特稿撰稿时，要闻部的同事和参加写作的同事们都对工会工作进行了研究，大家都说收获很大，今后要有更多的编辑、记者、部门主任通过参加类似的报道来研究工会工作。

上周具有本报特色的主题报道给我们的启发是，特色报道也要努力按新闻规律办事，只要以故事、事件贯穿于报道，特色报道就具有可读性。这种经验还要进一步研究，目的在于让今后的主题报道做得更好、更到位。另外，部门主任们，除策划外，也要寻找重大选题做点报道，写些评论。

对于版式，上周的亮点是周二打通的二、三版和五版，从这些版面以及近年来一些大家公认较好的版面可以看出，体育部、国际部的整版做得很用心；社会周刊的健康版、旅游版也有大改观；科教周刊一贯以来除在版式上下功夫外，标题做得也精心。这就说明，周刊编辑、主任们，除在内容上做到心里有数外，还要有能力通过漂亮、合适的版面语言，把自己对新闻的价值判断用版面传递、表达出来，这也考验着大家的专业水准。

上周六五版刊登的特稿《活着，在北京》，得到大家的一致好评。类似这样的报道，刊登出去都能引起共鸣，因为它表达的是生命的温暖，生命的意义、尊严等基本的价值追求。就像我们上周一编前会上强调的那样，所有经典作品，表达的都是这些永恒的东西，让人感动的也是这些。当然，新闻作品的表达方式是客观的，洋溢人文情怀的报道，前提也必须得按新闻规律办事。国内新闻部的特稿推出二十多期，每期都被评为星稿，整版篇幅，容量大，让作者可以从容展开想要表达的基本价值，这都是原因的一部分。但作品得到好评的更重要的原因还在于事件的新闻价值及其最大限度实现这种价值的能力。同时还有作者具有较好的文字能力，这些稿件中，作者都表现出了较好的文字感觉。有些长篇报道，作者很努力了，可并没有收到预期效果，一个重要原因就是文字功力有所欠缺。因此，一篇好的报道，无外乎需要具备以下三个因素：传递好的价值观、以好的故事为载体、文字表达好。

（2012.7.9）

5、“可读性”与人文情怀、文字干净、厚题薄文

尽管上周刊登的指定报道多、领导讲话多，但正如老同志和今天评报的同事们认为的那样，依然刊出了不少好报道，这就说明，今年初开展的加强报道可读性的工作，取得

了一定的成效，大家的努力见到了效果。大家都已经意识到，增强报纸可读性的工作并不是一天两天的以运动的方式推进，更不是提个口号应付上级领导的事情，而是一个长期的努力方向。下一阶段，我们要总结经验，继续努力，进一步增强报道的可读性。具有可读性的报道，不外乎具备这样一些基本特征：或者具有新闻性，或者具有服务性，或者是有人文情怀、文字干净，以及厚题薄文等方式处理等，让人眼前一亮的作品大多如此。当然，事情不是这么绝对的，上述要素往往是不同程度地交叉存在的。

增强报纸可读性的努力一刻也不能松懈。一旦松懈，就有可能退回到原来的局面。

上周言论方面有《让人说话，天塌不下来》《"一步到位"的改革期待很理想很天真》等一致得到大家的好评。由此也再一次提醒我们，办报纸一定要讲究新闻规律，要加强报道的思想性，而大报的诸多品质中，除了客观真实外，最重要的就是理性。尊重并真正按新闻规律办事了，报道就会更有吸引力。比如上周刊出的通讯《只有云知道》，想法好、故事好，文字也干净。在此基础上，报道再具有人文关怀就更好了。比如大家都认为挺好的《杭州一重症患者就诊欠费不辞而别医院发微博不提费用只说医嘱处方》这篇消息，也可以算是篇医院、医生的表扬稿，如果表扬稿都站在这样的角度来写，写出人性的美好，让人间温情得到赞赏和传递，表扬稿便也具有较强的可读性。

周六北京大雨，社会周刊的同事们克服各种困难到岗上班，值得表扬，尤其是杨登峰，当他站在齐腰深的水里拍摄照片时，用奋不顾身等词来形容一点不为过，体现出他所具有的良好职业精神。

（2012.7.23）

6、版面和“硬新闻”的处理，考验的首先是新闻价值判断能力

刚才大家的讨论中认为，本报奥运报道不论从版式设计，还是从稿件采写来看，都有许多可圈可点之处。应该说，不论是奥运报道还是之前的周刊推出的一些主题性、专题性的报道，都有许多值得总结的经验。对此，新闻版也要

认真学习、借鉴。

对于奥运报道，评报意见认为版式设计大气、内容选择讲究、标题制作精心、图片处理得当。我们需要进一步再看到的是，这些精彩的后面，体现了记者、编辑对新闻业务的职业追求和荣誉感，没有这种职业精神、职业理想作为内在支撑，做不出这样的报道，也成不了优秀的编辑、记者。仅就版式设计、处理能力而言，责任编辑童德芸水平在编辑部里面是得到一致公认的。由此给我们的启示就是，组版不是把稿件堆满版面就算完事，编辑组版要用心，当然还有对新闻的认识能力。如果完成一个版的编辑之后，责任编辑能够拥有成就感，自觉自己对当前社会热点进行了干预，表达了自己的想法，能够找到这样的感觉的编辑就有成为名编辑的苗头。

上周有些稿件里出现“某单位”“张先生”“王女士”等不采用真名实姓的处理方式。评报中，有部门主任认为这是个涉及新闻细节真实性的问题，我很同意，大家要认真对待。一条“硬新闻”必须有真实姓名，如果考虑到要保护相关人员的利益，则可以进行业界普遍公认的技术处理。硬新闻的规范处理，也包括前面所说的版面设计问题，其实考验的都是我们采编人员的新闻价值判断能力。

（2012.8.6）

7、“让版面每个角落都重要起来”与新闻价值判断

刚才大家评报意见最为一致的就是对本报奥运报道的肯定和赞扬。奥运报道得到大家的肯定，这是因为我们的奥运报道确实做得好，确实值得大家借鉴。这段时间大家都关心奥运赛事，作为职业记者，建议大家在看电视的时候可以考虑一下这样的问题：如果我是前方报道记者，我会选择什么样的题目、用什么样的角度来报道？选题定下之后，自己又能写成什么样？有了这样一个思考的过程，再与我们前方记者宋澎采写的报道比较一下，比他强在哪里，不如他的又在哪里，其中存在的同与不同都非常有意思。在整个奥运报道的过程中，后方编辑并非一味等着前方传回报道，被动地等着传回什么编辑什么，而是积极沟通，琢磨版上用什么、怎么用的问题。以 8 月 8 日的“英姿”版为例，头条处理是

标题加照片，中间有马术的照片，再下来是体操获金牌的消息，最下面的谈男篮的言论部分还配了张照片。这张图片选择很耐人寻味，人都是背影，与中国男篮一场没赢的“战绩”有呼应，自然而然地表达了传播者的倾向，而整个报道又是客观的。整个版面较好地体现了“让版面的每个角落都重要起来”的办报理念。

今年抓报道“可读性”问题成效明显，各个版面都有进步，不论是新闻版还是周刊。比如，医疗、健康版进步就比较大。再看编辑部主任们评的星稿，比较生动、新闻价值大的稿件都得到了关注。不过也要看到，以较高的标准说，还是存在优秀消息偏少的问题。

大家采编通讯多，也许源于编辑看到线索后再约记者写稿，记者寻找第二、第三落点时，采用通讯撰稿的方式更为可行。这就涉及到一个问题，正如刚才部门主任评报提到的那样，我们要抓更多的原创新闻，抓更多事件新闻。事件新闻抓到了，标题做得精心，再以厚题薄文的方式处理之后，获评星稿的机会也是很多的。我们要相信，只要有价值，就不会被埋没。能否写出有分量的稿件、抓到有价值的新闻，说到底考验的是大家的新闻价值判断能力。要想抓到有价值的东西，需要真正去研究问题。上周开始了对全总主席团会议上的八个典型经验报道工作，呈现出来的稿件几乎都是通过材料编辑而来的，几乎没有再采访。退一步说，就材料来编稿件，也得知道材料里最有价值的东西是什么。而这组稿件里，抓住该省工会工作最新鲜、最有价值的部分的，不多。因而，要想抓到最有价值的东西，必须注意研究问题，加强学习。

上周文化周刊关于小剧场的报道也不错。这篇报道得到好评，一个重要的原因就是文化周刊的同事注意研究问题。这对跑口记者的启示就是，一定要成为自己所跑领域的专家，才能写出有分量的报道，否则，就只能凭感觉写稿。凭感觉找到的重点，往往不一定靠谱。

说到专业问题，还以宋澎在奥运期间撰写的言论为例。宋澎的评论所以精采，在于他有研究。正因为他了解、研究过评论对象，下笔就比较从容。大家可以借鉴他写评论的方式，宋澎写评论，不是一上来就一二三地讲道理，而是讲事实、讲新闻、讲见闻，叙述里有评论，议论里有叙述，夹叙夹议，见事写事，读起来很随意，接受起来也容易。

最后建议大家把奥运报道的 20 块版都好好研究研究，

奥运报道好看，但远远不只是好看，好看不仅仅在于形式，更在于内容。

（2012.8.13）

8、“新闻必须得是个事儿”，应是职业新闻人的基本价值

上周本报在新闻事件性报道和社会焦点的报道上仍然保持着自己的追求。现在大家对事件性新闻高度重视起来了。大多事件性稿件和大家议论较多的稿件也是网站统计的前几名，这说明我们的追求与社会评价一定程度地吻合起来了，说明大家对报道的可读性的努力有了成效。现在各编辑部门对选题、策划都下了功夫，但细节上还有待提高，比较多的是采访问题，采访要更加深入，编辑也要与记者共同地多商量，要想办法尽可能地做到无懈可击。

编辑、记者在捕捉新闻，强化和提高新闻价值判断的同时，还特别地要练好新闻实务的基本功，比如合格的消息所要求的一切规矩，真正娴熟、规范地处理好新闻要素的五个

W 等最基本的规则。作为机关报，有些报道需要从一大堆材料中汇总提炼出来，如何判断新闻的基本信息及其新闻价值，如何客观地表达自己的主观倾向，这都需要有好的基本功来支撑。

有些事件性新闻为什么有些同事不太愿意以消息的体裁来处理，恐怕关键还是没有“事”可说。说到底，还是对“新闻必须得是个事儿”这一点认识得不够，没有真正成为我们的基本价值。有的同事认为，以下几种情况就必须得写成通讯：一是在当下中国社会生活、经济生活中，记者发现、看到的，有独到价值的、重大的现象；二是突发的重要事件，如“7 · 21”北京大雨，从中表现出重大新闻；三是表扬某个团体或人物。我不完全同意这种观点。请大家认真地想想：在咱们每天这有限的八个版面上，把这些也写成干干净净、客观深刻的消息不行吗？省出些地方，再多登几条不更好吗？我认为，那将是真正了不起的好新闻、好版面。

对于上周的版面，有不少图片也传递了新闻，传递了大量信息。像 8 月 17 日八版国际周刊《迷途日本》中的图表用得不错。希望各部主任、编辑把“让版面每一个位置都突出出来、重要起来”真正变成为自己的价值追求，把每一篇稿件都做得价值更大、更精致些。

（2012.8.20）

9、“负面报道”与“正面报道”，“具体真实”与“整体真实”

在刚才的评报中，有同志提到了“负面报道”与“正面报道”的问题。这是一个很值得讨论的问题。

简单地将批评报道都归类为负面报道的说法是片面的。事实上，建设性的、实事求是的批评报道应该也算作正面报道。从学术的角度来看，这个问题涉及的是具体真实和整体真实的问题，最关键的一点在于我们采编报道的出发点是什么，是与政府过不去，还是为了完善政府工作和推动社会进步。因此，一说报道中有批评，就认为是负面报道是不妥的。关键的问题在于批评者的立场和效果是什么，如果是善意的、建设性的，就也同样可以是正面报道。

与这个问题相关联的就是报道的客观性。对于上周报道，大家在评报中提得比较多的问题报道主要是《海口公务员限价房指标“公开”叫卖》《哈尔滨部分早市关闭市民直喊“买菜难”》《网友坚持49天追出504字“考察报告”》等。这些都是事件新闻，有的报道因为问题尖锐了，引起有关方面不高兴。我们记者、编辑所要做的就是努力做到客观报道。客观就要求我们既要具体真实，也要尽可能整体真实，比如让事实相关方都能表达看法。凭心而论，地方政府搞的一些工作也完全是职责所在，比如卫生城市建设，这是公共事业，让市民生活在卫生、整洁的环境里，是政府必须做的事情，而且还应该做好。问题在于，有些政府部门或个别官员为了完成上级指示，做法简单、行动粗暴，结果或者损害了商家、相关人员的利益，同时也损害了政府的形象，或者让老百姓生活不方便。出现这样的情况时，为了减少麻烦，也为了真正达到纠正的目的，我们当然需要报道，但同时报道要客观，就要有确凿证据，记者就一定要出现在现场。报道中不仅要有商家、市民的说法，也得有政府有关部门的声音。正如我们不能完全相信个别部门、个别官员的一面之辞一样，我们也不能完全听信商家的说法。总之，所有事件利益相关者都得采访到，所有的信息源都得是有把握的，在这个基础上把事实说清楚，才能做好问题报道。报道中，我们可以有倾向，但要用立得住脚的事实客观地流露我们的倾向，这就是新闻理论研究里所说的“专业主义”。我们要记住的是，客观是保证从具体真实走向整体真实的重要手法，也是保证从具体真实走向整体真实的原则。报道中努力让各方面以真实的面目呈现，这样才能实现从具体真实到整体真实。理性的大报就要有理性的态度，要让各方面都能说话。客观本身就有力量，不用自己站出来“呐喊”，事实就能表达我们的意见。以《哈尔滨部分早市关闭市民直喊“买菜难”》来说，这篇报道的标题做得不错，比较客观，网上转载很多，不管改成怎样吸引眼球的标题，都离不开标题中提到的一些基本事实，其实也没有离开我们没有直接说出来的“倾向”。退一步讲，他说错了，他负责就是了。我们提倡做专业记者，而专业记者最重要的本事之一就是客观报道，深入研究自己报道的领域，以专业的方式报道，在客观报道中表达自己的倾向。

还要再一次强调要抓问题、抓事件。新闻就是事件，前面谈到的两篇报道和上周被大家提及的不错的稿件，都是“事件”的报道，包括特稿《暗战迷局小升初》。在平时交流中，时不常地有人问什么可以上头条、什么题材可以写特稿。其实，所有题材都可以上头条、写特稿，关键在于有没有新闻价值，有多大的新闻价值，关键在于写得怎么样。“小升初”的问题是个老问题，为何现在能写成特稿，就是因为这个话题里有了新的事实、新的认识，而且这篇特稿的采访十分扎实，因此我们就这个老话题便又有了新的要表达的意见。

（2012.9.3）

10、真实、客观、生动、“厚题薄文”与经典

大家对跨国庆长假的十多天的报纸进行了评析，正如大家所认为的，这些天的报道，在报道主题的把握上、在报道新闻性的体现上，都做得不错。评报中大家觉得我们的报道关注的热点越来越广泛，评报中被提及的作品也越来越多，这是源于编辑、记者努力注重新闻价值最大化的结果，是好事。

这段时间的报道，从形式上来说，大家依然努力地在提高报道的可读性上下功夫，在追求更有新闻性、更简洁、更有冲击性上，坚持得不错，不论是标题制作还是文本呈现，都有体现。当然，正如有部主任在评报中提出的，有的报道主题不错，但或者来稿单薄，或者编辑过程中考虑不周到，使得见报稿件不尽如人意，这促使我们要进一步研究到哪里找新闻的问题。比如，我们经常说的如何从会议里抓新闻。我们知道，任何部门、单位开会，一般都有两个议题，一个是总结前段时间工作，讲述一个部门、一个单位一段时间工作中取得的成绩，也包括某些问题；另一个就是解决目前存在的问题或者说今后一段时间里重点要干什么的问题，即提出问题和提出解决问题的目标、途径、方法。有新闻价值的东西比较多地存在于第二个议题里。如果记者仅仅就写第一个议题，稿件可能大多时候只能写成条简讯。相当一部分会议是有新闻的，关键在于参会采访的记者态度和能力如何。如果不参会，仅凭电子档的新闻通稿写稿件，或者到会后，仅仅满足于拿上新闻稿或与熟识的同行见见面，然后用通稿编写消息，这样参加会议，自然是抓不到新闻的。大家要注意的是，所有部委、单位开会，都是有想法、要做事的，我们只要抓住他们的想法，抓住他们想做什么，会议的新闻点可能也就抓住了。同时还应注意，任何会议的典型材料都是精心准备的，还要善于从典型材料中找新闻。那些带有方向性、引导性的典型往往就是极好的正面报道的新闻。

对于报道的文本呈现，依然要大力强调坚持“厚题薄文”，把主要新闻事实都在标题里表现出来。厚题薄文式的报道方法其实是在民国时期的报纸中早就有的传统，是报纸本身所具备的最独特的品质之一。比如，一条“五四”运动发生的消息，报道本身只有千把字，可标题就有七行。而对于报道如何写得生动、写得感人、写得客观，我们还可以举天津《大公报》刊登的王芸生刻意组织编发的关于瞿秋白去世的新闻（署名“平”，题为《瞿秋白毕命记》）。记述瞿秋白就义的文字抄录如下：“乃至中山公园，全园为之寂静，鸟雀停息呻吟，信步行至亭前，已见韭菜四碟，美酒一瓮，彼独坐其上，自斟自饮，谈笑自若，神色无异。酒半乃言曰：‘人之公余稍憩，为小快乐；夜间安眠，为大快乐；辞世长逝，为真快乐。’继而高唱《国际歌》，以打破沉默之空气，酒毕徐步赴刑场，前后卫士护送，空间极为严肃，经过街衢之口，见一瞎眼乞丐，彼因回首顾视，似有所感也。既至刑场，彼自请仰卧受刑，枪声一发，瞿遂长辞矣！”这是经典，值得我们职业新闻人长久地深深体味。

关于报道分为消息、通讯的体裁问题。就实务新闻学而言，西方新闻到现在也没有做这样较为明确的区分，中国百年新闻史中，前 50 年也未清晰地作这样泾渭分明的划分。通讯要生动，消息同样也应该生动。对于消息的写作，注重细节、描写生动、讲求准确，原来就是消息的固有本质。而能够做到描写生动、注重细节、真实客观的报道，不论是消息还是通讯，就都是好报道。

宣传报道要写得生动、有现场感，硬新闻一样要求写得好看，而“好看”并不等于“花哨”，而是极客观地注重细节、展示细节、复述细节。比如，上次评报就已经被大力称赞的 9 月 20 日三版刊登的张世光采写的关于哈尔滨公布“8 · 24”塌桥事故原因调查结果的报道，引题是“哈尔滨公布‘8 · 24’塌桥事故原因”，主标题是“货车超载 + 交警没看见 + 路政疏忽 = 桥塌了”，副题是“专家鉴定称：桥体本身没有问题”。标题点出的内容，既是新闻事实，同时也是新闻发布会上的细节，消息就是以具体细节、客观方式展开，这个新闻发布会的报道就好看了，其内涵与记者的倾向也深刻和清晰了。总之，做新闻首先需要做的是捕捉有较大价值的事件新闻后，从中抓住真正能表达倾向、实现新闻价值的细节，并且以极客观、克制的方式完成对事件的报道。农民工专刊的头条，长期以来就体现出了这种追求。

最后，再一次提醒大家多读经典新闻作品，中国百年新闻史中还是有很多很好的新闻作品留存下来，比如《救活“鸳鸯”换回外汇》《上海工业每分钟创造出的价值》等等都较有特色，都有看头，都值得我们认真体味。大家都应该找来读一读。

（2012.10.8）

11、人文精神与新闻传播规律

周一编前会拿出一个小时时间来评议上周的报纸，这既是业务研讨也是业务培训的好方式，坚持这些年后，效果很明显。通过这种既结合具体报道，又经常上升到理论层面的业务研讨，大家在编辑思想、编采专业路径上有碰撞、有启发。通过讨论，有助于我们提高业务能力，因为我们讨论的话题涉及了本报报道的重要内容和思想方法。比如，不少同事的评报里经常说，上周国内外的重大新闻是什么，其他中央大报、都市媒体、网络媒体是怎样报道的，我们是如何报道的，其中优劣如何等等，这样一些套路就很好。通过这样的分析、评论，大家都在思考怎样把报道做得更好这个问题。因此，我们的周一评报这种好的制度一定要继续坚持下去。同时也提醒编辑、记者们注意，如果自己编辑、采写的稿件，长期以来在周一编前会上没有被点评到，不论是表扬还是批评，自己恐怕都要进行反思、检讨。因为，稿件哪怕被批评，也表明该稿件有值得重视的地方，而未被点评，很大可能是你的版面、你的报道比较平淡，没有引起大家的关注，需要思考的问题是，不被关注原因何在。

今天要提醒大家注意的几个问题：

一、从中工网提供的各大媒体和网站对本报上周稿件转载数据来看，排在前面的是《平顶山一拆除七年建筑竟被列为文保单位》《成立年余未获任何捐赠发出千余邀请无一应答》《漂泊的“家”容不下婚床》《宁可放弃工作也不要“五险一金”》《九成“不达标”校车仍疾驶路上》等稿件；而编辑部各部门评星稿的统计结果，这些稿件得票也比较高；同时，这些稿件在老同志、年轻同志及部门主任评报时，也几乎都被关注和提及。不同的人、不同的角度都存在高度的重合，这在很大程度上说明，好稿件都被大家认同。更关键的是，这些稿件具有一个相同的特点，即都是事件新闻。这一点再次说明我们长期以来所强调的要大力抓事件新闻、提高报纸可读性的总思路是正确的。同时，还有一个受到大家高度关注的，就是对莫言获奖的报道，这也是一个关于事件新闻的报道。对事件新闻的重视，这应该是本报作为主流大报所应该具备的品质之一，同时也说明我们近年来在对新闻的认识上也正在取得越来越多的共识。

二、老同志、年轻同志及部门主任评报，都提及了上周有些报道感人，都表现出了较强的人文精神等。那么，如何看待新闻传播中的人文精神问题？不论稿件里面已经具备了或者只是具有这种元素的萌芽，背后隐含的逻辑应该是：新闻作品，作为一种精神产品，主要要具备两大功能或目的，一是提供并传递信息，二是要影响社会。后者体现在通过客观报道所具有的倾向来对一种新事物进行评价并引导、促进其进一步发展，提倡社会应该注重某种品质的进一步发展和巩固。纵观我们的报道，对传递信息尽管已经形成共识，但在具体实践中有时候重视得还不够，结果就是事件新闻少。至于影响社会，我们不能提倡社会暴戾之气，不能提倡金钱至上，人人都是对手、敌人等不良价值观。提倡人文精神，就是要反映人们内心的“善”的萌芽，因此，我们的报道就要既关注人们的物质需求，更要关注人们的精神需求。因而，作品要想影响社会，就要将人文精神作为传播的核心价值，弘扬以人为本的价值观，而这样做了，其传播效果也必然是能够感动社会、感动读者。上周刊登的《一位“金牌工人”的特殊“遗嘱”》《漂泊的“家”容不下婚床》等稿件，就是关注人们物质需求同时也关注人们精神需求的文本，具有鲜明的人文情怀。如果就本报获得的“中国新闻奖”的作品，就新时期以来，甚至国内外新闻史的那些经典作品而言，我们也会发现，它们几乎都具备这样的品质，既关注每个人的物质需求，同时也关注每个人应该具有的精神需求。

典型报道最近几年推出比较密集，我们在报道时，一不留神就会写成先进事迹材料，这样就成为典型人物的简单宣传，而不大像新闻报道了。对典型的事迹无限拔高，让人物失去正常人正常生活的形态，是这种宣传的最大问题。真正好的典型报道，是挖掘出人物发自内心的奉献社会、帮助他人而且自我感觉愉快的特质，由此超越自我，即个人精神升华。做任何事情，都是在自我认为幸福美好的前提下，把事情做得好、更加好。由此来写典型人物、写报道，写出来的东西自然真实的同时，也必然具有感人的力量。因此，不论写人还是写事，不论采用何种体裁，都要努力挖掘其中蕴含的人文内涵。

三、报道要合乎新闻传播规律，报道要写得真、短、快、新、活、深，报道要写得真实、客观。从新闻实务上讲，不论消息还是通讯，都要用事实说话，要把具有人文精神的素材用于报道中。比如上周的通讯《一位“金牌工人”的特殊“遗嘱”》，就已经见报的稿件来说，正如大家在评报里指出的那样，确实很不错。但是这篇通讯能否以消息的形式见报呢？如果写成消息，把事实都做在标题里，以厚题薄文的方式处理，放一版头条应该一点问题都没有。不可否认，我们的有些报道，尽管以消息见报更符合新闻规律，但由于某些特殊的原因和固有的习惯性思维，我们不得不以通讯的方式见报。不过需要提请大家注意的是，我们的不少部门，一直都在努力抓事件新闻，抓好消息，比如科教周刊的五版头条、社会周刊一版的卧底消息、要闻部抓的许多消息等。另外，对突发事件，希望各部门向文化周刊学习。作为周刊，他们遇见“事件”时，经常能及时、到位地做出反应。上周是莫言获奖，此前还有巴金逝世等事件。

（2012.10.23）

12、只要是好消息，不论在哪个版面哪个位置都会被人关注

正如大家评报中指出的一样，一段时间以来，舆情相对平稳。但是，从本报的报道来看，事件新闻有所增加，抓事件新闻的基本理念在编辑部已经成为共识，厚题薄文、让事实做主题的理念也已经形成风气，这些都在各部门推荐星稿的统计表中得到体现。比如 10 月 25 日刊登的消息“只买不住，炒房客拉低入住率　住了不暖，养老业主被迫逃离”“体重差一斤无法献血农民工猛吃一顿达标”等，都是事件新闻，本身具有新奇感，大家做题时，都把事实、事件做了

主题。

除了新闻版，一段时间以来，各周刊的编辑也很用心。体育部的“看台”版、经济部的“农民工专刊”、国际部的“国际周刊”以及文化周刊、国内新闻部的版面等一直都不错。10 月 27 日五版，张伟杰对新通过的精神卫生法进行了解读，把专业的法律法规做得生动、好看，这并不是一件易事。由此可见，一些被认为是“边缘化”的版面和部门，只要用心，也能做得很好。比如，今年的“中国新闻奖”，本报获得二等奖的通讯就是刊登在企业周刊五版。

对于正面报道、表扬性的稿件，我们期待着也能做成新闻。一版、二版比较多地承担了机关报的一些功能，表扬性的稿件刊登得多一些，但是，从获评星稿的情况来看，工会新闻版上，只要事件性强、标题做得到位，一般也能评上星稿。因此，作为机关报，我们需要下功夫考虑怎样把表扬性的东西做得更像新闻。本报以前曾经刊登过一篇报道。一对夫妻出门打工遇到黑心老板，被收走所有的证件，夫妻俩从黑工厂里逃出来后，唯一能证明自己身份的只有未被收走的工会会员证，就凭着这张会员证，他们得到了有关部门的帮助，维护了自己的权益。稿件最后刊登在维权周刊五版的左下角。对工会工作，比如组建工会、加入工会工作而言，这种稿件达到的宣传效果大大超出了那些长稿。如果我们再做一个比如“一张会员证救了夫妻俩”之类的标题，可能效果就更好。这就是事件新闻的魅力所在。新闻事件，它具有表面的信息价值，同时还具有背后的意义价值，而意义价值往往比信息价值更有价值，意义更大。

目前各个地方都在开发行会。在一次发行会议上，有工会主席介绍自己“工会网格化管理方式”工作经验所以能在全国推广，源头在于从《工人日报》上看到一条介绍上海做法的消息后，结合自己的实际情况，进一步发扬光大。当时那条上海的小消息，并没有刊登在一版重要位置。因此，只要是好消息，不论在哪个版面、哪个位置都会被人关注，我们要做的就是尽力从表扬稿里面发现新闻，发现事实，并把这种发现通过版面语言表达出来，传达给读者。各级工会是我们订报的主体，也是推动订报的主体，他们期待着在《工人日报》上看到更多的其他工会组织、其他企业是怎样开展工会工作的，期待看到更多的有特色、有实效的经验和做法。我们如果能够更多地发现并报道这类新闻，就能较好地满足这种需求。

抓事件新闻，做厚题薄文的消息，这种做新闻的方式，早在民国时期的报纸上就有体现。当五四运动爆发时，《申报》做了六七条带电头的消息，每条都不长，300~400字，标题有三行、四行、五行的，所以才醒目，才引起关注，传播效果才大。“在抓事件新闻上下功夫”这种理念，不仅要成为我们全体采编人员的共识，也要努力向相关机关和干部们“推销”，最后也变成他们的理念。让他们认为，一篇表扬的报道，做消息比做通讯可能更好。

（2012.10.29）

13、“跟着新闻走”与“领着新闻走”

结合有关十八大的报道和大家的评报意见，请大家特别注意以下几点：

第一，要严格按照要求，做好宣传十八大精神的报道工作。通过宣传，要让大家明白，举什么旗、走什么路、保持什么精神状态、达到什么目标等问题，是大家必须了解的内容。而作为一个大报从业人员，大家更应该深刻认识和理解这些问题，即举中国特色社会主义旗帜，走中国特色社会主义道路，以解放思想、改革开放、凝心聚力、攻坚克难的精神状态，向着 2020 年全面建成小康社会的目标前行。

在做好十八大精神宣传报道工作时，各地记者尤其需要关注的是，各级工会包括企业工会组织，在学习、贯彻十八大精神时，取得了哪些新经验，采取了哪些新做法，结合当前工会工作重点实施了哪些新举措等。宣传、报道十八大精神落实情况时，要与今年工会工作的“一个主题”“一条主线”的宣传报道结合起来。

第二，关于评报，再强调两个问题。

其一是“领着新闻走”的问题。年轻同志评报时提及，有新闻人上午上班时，头一件事就是盯着某某网的前十条新闻。如果这种说法属实而且广泛被认可的话，这就说明这个网站在“领”着新闻走。当然我们也要分析，这些东西与我们始终在讨论和坚持的促进社会的文明进步和人的全面发展的价值理想是怎样的关系。但从技术的角度讲，作为致力于办一张有影响的大报的新闻人来说，我们引领新闻的理想是不该有任何动摇的，这种要求并不为过。《纽约时报》的前总编就说过这样的话——《纽约时报》一版登什么，什么就是今天的最大新闻（大意）。这种“豪言”的背后，说明《纽约时报》长期经营后，最为重要的不是找到某条新闻，而是因为总是找到重大新闻而形成了自己的品牌价值。试想，如果本报经常刊登一些原创新闻并成为新闻界追随采访的内容，本报就更具大报风范。一般地讲，我们先要“跟着新闻走”，同时得增长本领，打造“领着新闻走”的本事，要有心气让本报对新闻的捕捉、对新闻的阐释方式、文本呈现方式成为业界标杆。

其二是采编报道过程中的科学认识问题。上周有些报道和评论，说到某博士主动到中学当老师的事件。有些同事看法认为这是“屈才”，甚至是浪费人才，进而对社会、政府颇有微辞。其实，这种看法很值得讨论。博士凭什么就不可以做中学老师呢？ 80 年前的中国，民国时代著名教授在中学、小学任教是一件平常的事情，虽然原因各异，但并不稀罕，而这也是我们今天津津乐道的故事。如今，博士主动到中学任教怎么就该让人心生惋惜，甚至就愤怒呢？就此事本身而言，我们恐怕不能否认这也是市场配置的结果吧？另一方面，我们推行素质教育，呼吁中小学教育必须改观，很重要的一条在于，有足够多的愿意并有本事从事这项工作的人来推进，才会取得实际效果。由这些报道和评论想到的是，报道要尽量客观，尽可能科学，看问题不能太简单。正如当年讨论大学生张华跳粪池救老农民献身值不值一样。我们需要更科学的思想方法、实事求是的看法。在当今人才流动是件极其正常的事情的环境下，一个人从事什么工作，只要个人觉得愉悦就成，至于过些时日你又愿意做别的，那么只要那个岗位接受你，你去做就是了，这没有什么可奇怪的。社会就是这样发展的，不能进行简单化、情绪化的讨论，否则会使本报失去应有的基本水准。

（2012.11.26）

14、记者与作家、学者的目的一样，区别仅在表达方式的不同而已

上周年轻记者王淑坤的摄影报道《七平米的乌托邦》得到普遍关注，受到一致好评。这一情况再次启示我们的所有

采编人员：新闻报道，不论是采取文字方式还是摄影方式，虽然其表达方式不一样，但表达的根本目的并没有本质的区别，都要传递信息，都要表达报道者对某件事、某个人的看法和意见倾向。

曾经，摄影报道很多不过是活跃版面的元素，时至今日这种情况也并未得到根本的改变，因此很多作品无法引起应有的社会反响。但是，在有追求的摄影记者的镜头下，也诞生了许多影响广泛的精彩作品，这些作品较好地传递了信息，表达出摄影记者对社会、时代的认识，比如于文国、贺延光、王文澜等人的作品。因此，不论是文字记者还是摄影记者，采访写作、拍摄时，目的都是要传递信息，表达对世界、对生命的看法。这个根本目的是没区别的。在这一点上，记者和作家、学者等精神产品的生产者们没有本质区别。记者是用我们的媒介，对实际发生的有价值的事实进行报道，在报道中客观地流露我们的倾向；作家、学者则是通过虚构的文学形象或必要的逻辑推理，表达自己对世界、生命的看法。基于这样的认识，大家在锤炼基本功时并没有根本的区别，区别仅在于表达方式不一样而已，以不同的方式达到相同的目的。因此，我们需要不断讨论如何提高基本功的问题。

（2012.12.24）

15、努力把具体问题的讨论上升到普遍规律的思考上来

由于元旦放假，评阅的是两周的报纸。大家在评报时提出，这两周内做的年终盘点报道不错，尤其是有些年终盘点发出了本报自己独到的声音，这确实是上两周报道中的亮点。可以看出，选题重大，采写专业，版面做得很精心，编辑、记者下了很大的功夫，这是需要肯定和保持的。

关于有同事在评报中提出美编划版统一版式的问题，报社历史上也曾做过尝试，但不大成功。原因在于，我们报纸的特性决定我们在版面安排中，首先必须考虑政治性，版面语言包含很多政治元素，版面具有很强的政治性；其次版面策划与安排要求有较高的新闻价值判断的能力。因此职能较单一的美编，较难完成这样的划版任务。但在这个背景下，

我们可以提出要求：版面编辑应该像美编一样思考版面的安排，在保证政治方向和舆论导向正确的前提下，让版面漂亮、时尚起来。根本是要解决如何按受众更易接受的方式使传播效果最大化的问题。版面没有绝对统一的时候，在多元化的时代，也根据本报实际情况，我们提倡各个版面都做尝试，在符合新闻基本规律的前提下，各版进行探索，好的经验大家就互相学习、借鉴，然后努力使之渐趋统一。

另外，评报中还有同志认为，就同一个问题，各个版面可能都会发出自己的声音，有时候观点并不一致。看法不同、观点不一致是精神产品特性的反映，只要不触碰政治、政策、法律的底线，不同观点的碰撞不应成为一个大的问题。本着宽容求实的精神探讨问题，本着严肃、认真、负责的态度来做报道，应该受到欢迎。

上两周有两组报道很有特色，一组是关于“逆向劳务派遣”的，另外一组是“关注劳动合同法修改”的。在新闻实务中，有的更看重事件新闻，强调社会关注的人，更看重网站转载。这些都是无可厚非的，而且也并不矛盾。但是，不应该绝对化。在我们是工会机关报的前提下，我们必须把工会、职工普遍关注的作为我们的关注点。因此，在关注劳动合同法修改的这组报道中，我们发出了工会的声音。在逆向劳务派遣的系列报道中，我们也代表职工、工会，发出了自己的声音。这些都是值得肯定和总结的。我们强调按规律办事，在新闻报道的规律中，既要按新闻规律，也要按宣传规律，要寻求两者的统一，不可偏废。对于工会报道，大家总认为就是工作报道，这是有所偏颇的。比如，“逆向劳务派遣”这组报道，是一组工会报道，更是一组维护广大职工利益和推进社会和谐进步的社会时政新闻报道。

在最近的评报中，出现了一个可喜的苗头，就是大家从对具体问题的讨论，开始逐渐上升到了普遍、抽象的规律探讨，甚至讨论到终极问题，这是一个很好的现象，说明我们都在思考问题，而且思考层次有了明显的提高。报社形成了学习、提高业务的良好氛围，这意味着我们出名编辑、名记者的土壤正在形成。新闻能否做好，不是凭聪明就行的，也不是单纯地用功就行，单凭聪明没有后劲；单凭用功，如果路子不对也不行。所以，还是要学习，要不断提高自己的专业水准。同时，还要科学地学习、用功，把用功的路子走对。怎样学习、怎样提高自己的新闻价值判断能力？报社很多优秀同事的经验告诉我们，大致可以从三个方面入手，其一是深入研究自己报道领域的历史和当下的突出问题及其解决思路和措施；其二是研究新闻传播的基本规律，这是我们作为职业新闻人的基本手艺；其三就是提高文字表达的水平。再高一点说，还有要全方位地提高自己的理论和学术修养。这些说起来简单，但实际上几乎是一个终身的事。

（2013.1.7）

16、只停留在讲意义、讲原则层面，就不能说是深刻、独到

包括上周在内，一段时间以来，本报一些较难解决的类型化的工作报道有了些令人欣喜的变化。比较突出的是，一些工作性质的报道做得像新闻了。变化突出体现在两类报道里，一是目前各地工会都在开执委会，这是典型的工作会议，和以往不同的是，各地正在落实中央关于改变作风的八项规定，都在从会风找落脚点，各地的会议都压缩时间，出现了会期缩短、经费压缩、效率提高、办了实事等特点，各

记者站抓住了这些特点写消息，工作会议写得像新闻报道了。另一类就是关于“清欠”的报道。从见报稿件来看，抓到了一些事例，比如，为了解决拖欠的农民工工资，采取了拍卖车、拍卖楼等措施。在“清欠”问题上，政府下决心要办实事，工会态度也非常明朗，要代表工人利益，维护农民工权益。这其实也是工作性质的报道，但是由于有了这些事件报道，增强了可读性，新闻性也得到加强。从这两类报道中的变化我们能看出，我们的记者编辑具备新闻价值判断能力，也具有实现新闻价值最大化所应有的能力。现在重要的是，要把这种能力时刻体现在日常报道中，时刻想着找事件、找新闻——报道要有事件、有故事、有细节。这种可喜的变化我们一定要发扬光大。

要把这种变化发扬到其他日常工作中，而不仅仅是特殊时点的报道中。比如，“清欠”问题是一个老问题，岁末年初会更集中。以往我们一般的报道套路是，节前报道说意义、讲做法，节后报道重“这项工作不能放松”的表态性报道。其实，“清欠”问题应该是一个我们编辑、记者必须长期关注的问题。如果通过研究，总结出规律性的东西，并发现某个地方的某种做法，能够解决这个长期以来解决不了的固疾，只要是切实可行的，只要是一种常态化的解决机制，这种报道肯定就是一个好新闻，就应该而且可以上头版头条。就这个具体问题而言，希望农民工专刊特别关注一下，合适的时候可以搞点专题式的集中报道，要大张旗鼓地报，把十几年来各部门、各地的各种做法、各种措施、各种问题全面地梳理一下。如果再能上升到法律层面就更好了。总之，工作报道向事件化、新闻化转变，这样就能达到更好的传播效果。

提高报道可读性，这是我们一直强调的。而提高可读性，除了从新闻学意义上讨论的事件新闻的技术要求之外，结合本报特色的内容而言，提高可读性还包括把各地、各级、各类工会、企业工作中的新经验、新做法抓得准确，写得生动、活泼，这也是各级工会和企业都关注的，都想在工作中能够借鉴的。

对于评报中提到的关于“评论”的问题，写评论需要理性，这个共识的取得已经是个重大进步，而能否实现则是能力问题。除了理性之外，另一个基本的要求就是观点要深刻、独到，在合法、合理、合情的基础上的独到、深刻。我们还以“清欠”为例。如果“清欠”的评论总是停留在讲意义、讲原则措施，强调这项工作得长期抓的层面，就不能说是深刻、独到，当然也就没有什么好的传播效果，谈不上有什么启发。因为，事实上不会有人反对清欠，至少没人明目张胆地反对。因此只讲意义只表态是远远不够的，得找出这个问题之所以成为常态性问题的症结，并探讨解决问题的办法，探讨办法的可行性。而这就涉及新闻价值判断、认识水平的问题。判断一个评论的好与坏，标准之一就是看说出几句“新话”来了没有。当然，这些具有独到见解的“几句新话”，必须是合法、合理、合乎逻辑，这是《工人日报》作为大报的品质的体现。不论写报道，还是写评论，我们得有新闻理想，得具有一些基本概念，比如从心底里认为每个人的自由全面发展是所有人自由全面发展的条件等等。只有这样，我们才能写出好报道、写出好评论。

评报中，大家对上周关于雾霾的报道，提出了种种看法。关于雾霾的报道上周不少部门、不同版面都有报道，个别地方有一些的重复，这说明大家都在关注社会热点，关注新闻事件，不同版面从不同角度关注，这是对的，但有些重复是应该避免的。如果每个版面都努力真正做到以自己版面的特性、自己的角度切入报道，同时每天都认真读报，仔细研究其他部门、版面关于这个问题都做过哪些报道了，再决定自己做什么、怎么做，重复的问题是可以避免的。

从方法论的角度来讲，写报道和写论文在许多地方是相通的。前些时候的评报会上咱们讨论过这个问题。记者与作家、社会学家、法学家、文学家等等，从根本上来说是一样的。他们的不同之处在于，大家对社会、对人生的看法、观点的表达方式有所不同而已。用事实说话，通过客观地报道事实来表达自己的看法、观点，这是新闻的做法。先做研究再写报道，这样的报道写出来才会有分量，才可能深刻。因此，我们要从思维方式上调整自己，要先下功夫研究问题。

（2013.1.21）

17、在新媒体的冲击下，纸媒的取胜之道还在内容和思想

一段时间以来，编采各部门都很努力，去年以来编采重点工作在增强可读性方面有明显进展，出现了一些有分量的报道，周刊和新闻版都持续推出了一些有影响的报道和版

面。比如大家在评报里提出的，上周文化周刊推出的报道《支撑起这种“繁荣”的到底是什么？》《没有赵本山，春晚还是那个春晚》《文学在没有潮流的 2012》《你可能不知道的打工春晚》等，选题都不错，呈现方式也不错。而关于农民工的报道，上周以“农民工周刊”推出为主体，科教周刊、文化周刊都从自己的版面特性出发，做出了相应的关于农民工的报道。

“农民工周刊”一亮相就较有冲击力。这个周刊是在原来专刊的基础上扩充而成，一期三块版。这种冲击不仅仅在于具体报道题材，重要之处在于编采观念上，即对新闻、对事件新闻的追求。

这些新版面貌和态势对其他部门和版面是一种提示：不论以前办得多么出色，都需要超越自我，不能有半点放松。比如，随着国际周刊的推出及其他周刊的不断进步，原来办得不错的一些周刊，尽管保持着原有水准，但是，别人进步了，自己进步不那么明显，相对而言就要看到自己的不足。这就需要我们去学习新锐，要我们做好选题，用最恰当的方式去实现选题的新闻价值。精神产品的好坏，根本的评价标准永远都得是内容的好坏，是思想的高低。在网络等新媒体的冲击下，纸媒的取胜之道在于“内容为王”。具体努力方法当然有很多，但总的东西，根本的东西，大至是不变的：以内容取胜，强调新闻价值。在文本实现方式上，我们还是强调抓事件新闻，提倡厚题薄文，用新闻事实做主题，并呈现细节。不论是责任编辑还是部门主任，都要强化寻找新闻，寻找有更大价值的新闻的意识。

当然，如果用更高的标准来看农民工周刊的话，六版和七版从版式上来说，也有些缺憾，都程度不同地出现版面被横切的情况。有缺憾不怕，我们因此可以找到继续研究和努力的方向。

总之，我们大家都要琢磨着怎样超越自我，怎样不被别人超越。这个过程中，技术手段重要，要不断创新，但更为重要的是找到过硬的新闻。今天网上流传一位博士买八张票转七次车回家，还比直达车到家更快的新闻，这件事本身具有惊奇感，而惊奇感是新闻要素之一。这样的事实如果我们能够第一时间抓到，就肯定是好新闻。别人报了咱再炒就不好意思了。另外，目前电视上选秀节目很多，其中很多参与者是“草根”，是职工、农民工。很多故事很感人、很励志。我们其实也应该有这样的意识，平时就要注意发现这样的人物和故事，从中发现一些报道线索。比如，以前报道过的“扫帚大姐”，一位环卫工，把普通扫帚耍得如此花哨，对本职工作充满了超乎寻常的热爱，并最终成为全总文工团的签约演员，而且到基层表演还很受欢迎。报道这些草根农民工、职工的成才故事，不仅增强了报道的可读性，还更在于通过对他们热爱生活、热爱劳动的细节描述，发掘出励志的正能量。我们关于“三工”报道要做得好，非“三工”的报道也要好好做，我们侧重“三工”报道，既要报道发生在“三工”中的新闻，也要报道“三工”所普遍关注的新闻，这都是我们的重点，二者不可偏废。

（2013.2.4）

18、报道有没有深度与文字长短没有必然的联系

尽管上周大事比较多，但还是抓到了许多有价值的事件新闻，不少事件新闻都以消息的形式呈现并获得大家的肯定，这是与我们一直以来强调的多抓事件新闻、多写消息的

办报理念相符合的。由此可见，抓新闻、抓事件新闻的价值观正在逐渐成为我们的基本共识。

有年轻同志评报说，有的消息写得不太深刻，主要是因为篇幅短的原因。这种观点值得商榷。短的东西也是应该而且可以有深度的，有没有深度与文章长短没有必然的联系。比如新闻史上毛泽东的“解放军打过长江”的消息长吗？比如上个世纪80年代，福建省前省委书记项南，为《福建日报》写了一篇连标点算上也只有163个字的社论，标题是《有些案件为什么长期处理不下去》，非常深刻，引起过强烈反响。这类的例子我们知道有很多很多。因此，长才能深刻，或者深刻就必须得长的观点，都是立不住脚的。

有同事评报中认为，我们的有些报道，与新华社的相比，题材相同，但本报撰写评论时，选择的是新华社报道的新闻事实，这说明了我们的报道有提升的空间。这条意见给我们提供了一个思考稿件如何写得更好的另一条思路：今后大家在采写新闻时，可否尝试“反向思考”，即采写之时就考虑，如果就这个新闻事实写评论，我的这个“新闻”可以提供哪些评论的角度、话题，甚至设想一下哪些事实是可以被评论者直接引用的？有了这个思考过程，再来看待事实、采写新闻，这个新闻的深度和广度都可能得到强化。

两会会前报道的两篇特稿，都是从宏观角度撰写的。第一篇报道的是中国五年来的社会经济发展变化情况，第二篇则是关于工会和职工情况的。对于这种被称为“常规动作”的报道，从见报稿件来说，选题好、主题突出，具有一定的水准，表现了写作者对当前中国经济社会变化及工会和职工情况有相当深刻的认识。对此，我们每个编采人员也可以假设一下，如果自己来写，能写出什么，达到什么水准？可能结果不会太乐观。

对于老同志评报中提及的，今后我们要改变这类报道的报道方式，让报道更好看的建议，目前采用的用数据、事件表达观点的写作方式，已经使用很多年了。刚出来的时候，大家都觉得不错，现在读者有了新的阅读期待，手法就显得有些老了。今后我们大家一起来想想还可以采用怎样更恰当的表达方式。“美是理念的感性显现”，好看的报道，都必然有感性的东西贯穿始终。比如《南周》《冰点》的一些报道，看上去是一个人、一件事，但主题都较重大。建议今后如果要写类似会前报道的特稿，可以尝试着写一个个体（比如一个普通人）的故事，通过这个人的故事，讲述某个时间段的改革开放带来的发展、变化。用具体的人物、故事表述宏大的主题。应该说，对此大家感性上是比较重视的，也确有不少改进。目前也有一些报道在朝着把新闻写生动、写活的方向努力，稿件里也有人物，间或也有些故事，但其中一些给人的感觉是这些人物和故事是用来举例的，而没有融入新闻里，至少没有成为这个新闻的形式主线。这就显得生硬。

全体编采人员上班第一件事应该是认真读本报。同时也要注意浏览其他诸媒体的报道和版面，看看我们丢了什么新闻，以及为什么丢了这些应该抓的新闻；而同样的新闻大家做得异同优劣，人家的长处何在，自己的工作、自己的思想方法、自己的业务基本功等等需要如何改进……另外，还要提醒一下，读报中对于一些重要讲话，尤其要认真研读其中关于若干重要问题的看法。对于这些内容，大家要认真领会其中蕴含的意义，因为其中涉及到当下的一些十分重要的若干原则性、方向性的问题。把这些领会透彻，会有助我们于做好今后的报道。

（2013.3.4）

19、对重大选题，要像学位论文的开题报告一样做好功课

今天评报有部门主任用了七个“最”来概括上周报道，即对上周的两会报道，从“最有冲击力”“最有可读性”“最深刻”等角度来分析，这是一种思考和比较的方法，是大家基于自己对新闻的理解而提出来的，很有启发。

大家在评报里认为，李瑾采写的《这个春天，唱响“中国梦”》，写法上做了一些有意思的探索。一篇政协会议开幕的侧记，以这种方式写，可以看出来是提前做了功课的，如果平时没有积累，临时想是来不及的。因此，建议大家，尤其是年轻的采编人员，从现在就开始想，万一明年的两会派我上会，我要怎样做两会报道？建议大家有时间的时候，把本报、《人民日报》《中国青年报》等你认为平时有较高声誉的报纸十多年来的两会期间的报道找出来，对照着研究，看看人家开闭幕的侧记怎么写，哪些稿件写得好、选题如何，想想哪些地方可以借鉴，当然这种方法也适用于平时的一些其他的重要报道。对待一些重大的报道选题，我们要

像对待博士论文、硕士论文的开题报告一样，要了解相关问题研究情况，做尽可能充分的案头准备工作。

关于《八分钟九次掌声》这条新闻，其最大的新闻价值在于，这位政协委员讲出了当下中国大家都痛恨又比较无奈的潜规则，凡事得“求人”，不求人就办不成事。“求人”比法规都重要。她能说这个问题，而且又把握在比较恰当的尺度之内，这当然也是功夫。而相对应的，也是我们从新闻采编角度需要借鉴的是，我们在对这个新闻事件进行处理的时候，不能简单地只认为是表面的小聪明的“技术”问题。应该在这个事件背后，看到老百姓的期待，看到当下社会的问题。比如把采写新闻与促进社会文明进步联系在一起。但同时又不能忘记，我们还有导向和传播效果方面的要求，因而大家要深入研究问题，做好功课。这样，这个事件在我们的报道中其真正的价值就凸显出来了，就不是一个仅有惊奇感的新闻了。跑两会时，最怕上会记者认为代表、委员说了的问题，我们就照本宣科，他们说啥我们报道啥。我们要做的是，研究问题，了解这些话，这个事件本身的真正价值在哪里，了解报道的底线在哪里，实事求是地在这个范围内把新闻报出来，进而推进社会的文明进步。

11日的一版做得不错。从版面看，有程序性的报道、有重要的关于机构改革的报道、有图片、有导读，还有一些两会的相关报道，整个版面信息量较大，处理得也比较舒服，程序报道位置恰当，主打报道醒目突出，其他新闻也不错。这也是我们在同质化报道中处理得比较不错的版面。尽管不是头条，但主打的报道应该是关于机构改革的新闻，放在版面最中间的位置，而且还配发了几张角度不错的照片和图片。这种突出处理，用版面语言表达了我们的新闻价值判断。这个版，重要新闻突出处理，程序报道按要求、惯例处理完成，其他新闻也抓了，在有限的版面内，处理了各种信息，版面语言实现得很好。

（2013.3.11）

20、“美的新闻”就是要抓事件讲故事，讲具体的东西

上周报道总体不错，一段时间强调的“抓新闻、抓事件”有了成效。如何把工作报道、工会报道做成新闻报道，

有了一些成功的案例。大家要继续努力探索如何把“三工”报道与社会热点相结合，增加报道的可读性，继续探索把各地、各级工会组织的好做法、新经验，以新闻的形式呈现到版面上，借助新闻报道引导和推动全国各级工会开展工作。结合已有的经验做好这项工作，建议大家从以下两个方面入手：

一是要进一步提高新闻价值的判断能力。面对一个事件、一种举措，记者编辑要明白事情的价值到底在哪里。比如，上周刊登的工会确定丹阳眼镜行业劳动定额的事情，其中蕴含着工会在更大范围乃至“源头”上维护职工合法权益的意义。其背景是，工资集体协商是在企业里进行，但小企业中推行有难度，从而给维护职工合法权益带来一定的困难。可如果通过全行业协商，拿出行业标准，每个企业参照执行，操作性强，维护职工权益也就有了“抓手”。

相类似的，中国工会当下做的工作很多，要想从中看出意义，需要大家不断加强研究。全总做的许多工作，其实都是牵涉到职工的切身利益，与普通老百姓生活密切相关，具有广泛的社会性。如果我们找到其中的关键点，做好报道，肯定能够引起广泛的关注，具有很强的社会性，因此也就有了可读性。一定不能提到工会报道就想到要写工作报道。比如，上周刊登的《五十年前的老劳模，你们还好吗？》，这是工会近年来开展的一项非常有创意，非常有人情温度的工作，是关于新疆工会寻找老劳模事件的报道。严格说来这事并不新鲜，其他地方曾经也寻找过了，但具有社会性、能够吸引大众眼球的，就是新闻事件。可是这件事的新闻价值更重要的地方在于，在现今社会缺乏精神支柱时，寻找老劳模，倡导的是尊重劳动的精神，倡导的是劳动光荣、劳动伟大。当前社会道德下滑，比如《新华文摘刊》登一篇关于道德建设的文章，就提出中国当前处于“高速行驶急转弯”状态。当今社会需要确定道德底线的基本价值，其中之一应该就是劳动光荣、劳动伟大。如果具有这些认识，再来做寻找老劳模的报道，我们的报道不仅好看，同时还能引领社会价值观。

二是还要强调不能把“三工”报道等同于工作报道。记者编辑们要从思想上确认这一点，要找好切入点，表达方式上有突破，把“三工”报道与社会新闻报道结合起来做，把“三工”报道与当下普遍关注的社会热点结合起来做，报道就会好看，就会有意义。要从各级工会做的若干决定、若干工作中，发掘出更广泛的社会价值，并还原成事件、故事。

"美是理念的感性显现"，"美的新闻"就是要抓事件、讲故事，讲具体的东西。

另外，上周通讯《打工的和招工的心理都在变》，报道本身不错，但从技术呈现角度来说，其新闻的价值应在于这个"变"究竟变成什么了，这是新闻。如果我们采用消息体，引题是"浙江一项用工调查显示"，双行主题是"打工的心理：……招工的心理：……"，这种处理方式的报道就会更具体、更醒目、也更接近新闻。因为目前确实存在招工难、就业难、留人难的问题，那么问题到底出在哪里？总之，对于"三工"报道，对于工作报道，我们要先做新闻价值判断，然后来报道这个事件，按新闻规律呈现在版面上，这样的"三工"报道就会是大家爱看的新闻报道。比如农民工版等一些版面上的报道，星稿数量为何多？就在于把那些重点工作及其想法通过对具体故事、事件的新闻报道呈现出来了，又有可读性，又让人思考，进而影响乃至引导舆论。

（2013.4.8）

21、大报记者及其报道要有高度的理性和负责的态度

在上周的报道中，许多社会热点我们都抓住了，也跟得紧，版面呈现，有专题、有跟踪报道，形式多样，这些好的做法要继续保持。具体说来主要有以下几个问题值得我们去思考：

工会报道、工作报道要充分深入进去。比如上周刊登的通讯《劳动定额过高导致“隐性侵权”》，从其中可以看出，关于工资集体协商，不应该仅仅停留在呼吁、号召上，而是要具体到怎么开展、效果怎样的层面。做好这样的报道，需要记者研究工会工作中的具体问题。从报道里，我们还发现工会工作中出现了一些深层次问题，不是工会一家就能解决的，需要各方共同协商解决。做到这一点，记者必须要思考工会工作，而这恰好是今后做好工会报道、工作报道的突破点。

大报及其记者以及记者的报道要有高度的理性和负责的态度。上周驻吉林记者彭冰的两篇报道《长春“老人菜场晕倒”真相缘何被遮蔽？》和《震惊，痛惜！八宝矿难敲响国企大矿安全警钟》值得大家讨论。不论是关于矿难的，还

是老人菜场摔倒无人扶背后的这些思考与报道，都体现了大报记者的努力寻求真相、理性发声的严肃态度。“菜场老人摔倒”的报道，我们与央视同步。这两篇报道给我们的启示是：采编新闻不要一上来就预设前提，一上来就是“表扬”或“批评”，而问题报道也不仅仅是批评。做问题报道我们也不能预设前提，更不能形成有问题就是要“批评有关部门”的思维定式，而是要以事实为依据，保持基本理性，在此基础上再报道事实、表达倾向。

任何报道都要尽最大可能客观。老同志评报时表扬了陈华、毛浓曦、康劲三位记者，说他们的报道都很客观。与小说、论文一样，要传递信息的新闻也要表达对社会的看法。但是新闻和小说、论文不一样的地方在于大家表达方式的不同，新闻的表达方式必须是客观的，是在对有价值的事件的客观报道中，表达写作者对事实的看法和倾向。

要下大功夫锤炼语言和文字。上周刊登的《打工者面孔》，文本深刻、文字有意味。以前有学者对农民工报道做抽样调查，结果发现，市场类媒体对农民工的形象再现表明，他们既是社会受害者，也是麻烦制造者。而在党报的报道中，农民工的形象再现表明，农民工是受害者，同时在社会中也受到了广泛关爱。同一个群体，通过不同的报道，会出现不同的形象再现。按照“媒介构建现实”理论，这种不同的“形象再现”，会影响到社会对这个群体的认知，进而可能采取不同的态度。因而，当面对《打工者面孔》这样的报道时，写作之前，可以认为这些女孩子是只为挣钱而打工，甚至就是物质女孩，也可以认为她们同样也要追求自身的价值实现等等。不同的认识，会有不同的报道。一位美国华裔记者采写了这个群体，本报记者对这个采写报道进行了重新阐释，于是我们就看到了这篇特稿。特稿依据事实，努力地做到客观，不仅仅探讨了打工者物质利益受损的问题，更为难得的是从生命意义上来探讨，任何对这个群体非黑即白的标签都是不真实的，而且可能是有害的。社会要重视这个群体，报道中体现了作者的纠结和思考。这种“纠结和思考”表达得较有分寸感，主要原因之一是记者的语言文字功夫不错。这值得我们借鉴。这篇报道还启发我们，在面对一些敏感问题时，我们一定要考虑选题怎样实现能够通过的问题，这就要想清楚报道的底线在哪里。

（2013.4.15）

22、阅读不能局限在网络阅读，一定要读纸质的经典作品

今天的评报时间比平时长了许多，今天的评报质量很好。老同志谈特搞的评报意见，已经可以算是一篇文章了，对大家有所启发。而年轻同志王瑜评报，则采用了个案讨论的方式，就《城管举牌“围观”占道摊贩“崩溃”》这个报道，就同一事件，从标题、主体等几个方面，对比了包括本报在内的三家媒体的不同处理方式，这种讨论很有意义。建议他把自己的观点写成文章，刊登在《实践与思考》上，和更多的同事分享。丁军杰评报时，就这篇稿件，又提出了另外的意见，认为这一事件是城管宣传自己的一次成功策划。如果按照这个思路来思考，这个“表扬稿”的议题设置是非常成功的，它把拟表扬的内容与社会心态统一起来了，引发了社会的广泛关注。刘文宁评报则提出，看问题当然有多元性，对精神产品的看法，肯定是见仁见智的。因此，只要在保证政治原则正确的前提下，一切皆可讨论。

包括周一编前会评报在内的各种制度都要坚持下去，总

编室已经把报社之前开卷“业务考试”的东西整理成册，70多万字，很快就会以内部资料的方式印发给大家，而下一次的考试作业，就是要求大家写读了这套资料的心得体会。

在刚刚过去的周末，报社举行了本年度招聘工作，面试时，有个问题几乎没有一个考生回答得比较靠谱。问题其实很简单，就是让大家说说自己心目中的最经典的新闻作品，不论古今，不论中外，同时还请大家说说自己心目中最优秀的记者。结果有不少学生说不上来一两个名篇，或者提到的名记者多是电视明星主持人。这个问题回答成这样，反映出了当下一些新闻人、准新闻人对经典的严重忽视和陌生。心中没几篇经典作品，没几个名编辑、名记者，自己再努力，能成功到哪里？应聘者可都是准备从事新闻工作的，很多还是学新闻的，而且全都是硕士以上学历，这种状态似乎很糟糕。这也提醒我们大家，一定要注意学习，注意读经典作品。现在很多同事，尤其年轻同事每天挂在网上几个小时。阅读不能局限在网络阅读，一定要读纸质的经典作品，这既包括新闻作品，也包括更广泛的人文社科类作品，这一点希望大家引起高度重视。因为我们是职业新闻人，是精神产品的提供者，而且一直在追求提供那些更有价值的精神产品。

因此，我们就得有相应的素养，而不仅仅是个兢兢业业、乐此不疲的网民，更不是水军。

从大家的评报意见里可以发现，大家对于新闻价值的判断水平在提高，判断的标准也在渐趋统一，这是我们坚持学习、坚持讨论的成果。

（2013.5.20）

23、在感情与理性之间，做出秉承大报责任的选择

刚才大家谈到了辽宁站关于某地一商厦职工上访的调查情况。日常工作中大家经常会接到上访信、爆料人电话等，当接到“群众利益受到损害，希望媒体报道”的请求时，编辑、记者当然要重视，但有一个问题需要我们同样重视：既不能先入为主地形成上访者就是无理取闹，政府有关部门是对的的观念，也不能先入为主地形成上访者就是受害者，必须站在上访者一边等等的观念。总之是绝对不能先入为主，而是要深入调查，在调查的基础上，得出客观的结论。顾威同

志这次调查在思想方法如何科学方面给我们以下一些启示：

第一，采访必须要扎实，一定要采访当事人、相关方面，不论是情况反映中提及的利益受损者还是加害者，都要同等对待，通过扎实采访，在采访得知的事实上，做客观判断。

第二，在接到报料准备去调查时，一定要目标明确，先做好功课，想清楚自己要调查什么。

第三，要处理好情感和理性之间的关系。《工人日报》是大报，大报有大报必须负责任的理性品质。一方面我们要坚定地维护职工的合法权益，但另一方面我们也不能不分青红皂白地站在某一方面，当职工提出诉求，说自己利益受损时，一定要有扎实的具体事实依据。

比如，顾威同志的这次调查。他通过调查发现，职工提出的利益受损的情况，事实上基本是不存在的，当初改制尽管有不合理的地方，但是所有的做法都是合法的，都是依照当时的规定进行的。依据这些事实，他得出了自己的判断：对职工上访应予理解但不宜支持。顾威同志在感情与理性之间，做出秉承大报理性和责任的选择。

我们做报道时，一定要坚持实地采访，要有不到现场不写报道的意识。而我们以往某些报道之所以出问题，究其原因，有的是没到现场，也有的是到了现场但采访不深入、不扎实，也有的是思想方法简单，甚至偏听偏信。

结合上周报道，从评报意见来看，大家都或多或少地涉及到了思想方法的问题。我们所有采编人员，在思想方法上都应该具有这样的共识，即我们的思想方法必须是科学的、实事求是的。比如对于当下的高考制度，大家有很多不同意见，但也必须承认，相比其他制度安排，这是在现阶段相当公平合理的一项制度，尽管在某些具体环节上也确实有些问题，正如有部门主任评报中提出的那样。对于这些问题怎么看，涉及的其实是我们是否具有一个科学的思想方法问题。在做新闻报道时，记者通过搜集材料、实地采访得到素材，这些素材是具体的、真实的。但记者在撰写报道时，一方面这些素材其实并不全面，另一方面即便比较全面，在对素材的取舍中，事实上已经自觉不自觉地加入了自己的主观判断，具有了主观立场。作为大报从业人员，必须具备让报道客观，同时逻辑上整个判断也具备实事求是的能力，正确处理好这种主观和客观之间的关系问题。我们是大报的编辑、记者，我们掌握一定的资源，我们具有专门的职业训练，而职称等级从初级、中级、副高到正高的设置，其实也是一定程度地对我们这种能力的一种认定。因而，是否具有这种能力，考验的既是我们是否具有职业精神，也是我们是否具备相应的职业能力。

我们在思想方法上，一定要把具体真实和整体真实结合起来，平时采写稿件时，对于新闻素材，我们都会做些由点到面的技术处理，这个时候我们不能任由自己的情感支配，而要处理好感情与理性的关系，这个是我们作为编辑、记者必须时刻锤炼的基本功。

（2013.6.3）

24、既不因强调“新”就去猎奇，也不随意称某些新鲜事为“做秀”

在评报中被提及的稿件，不管是引起争议还是受到好评，都是记者、编辑下了功夫采写、编辑的，都可能具有某种倾向。我们有些版面、栏目，经营了很长时间，尽管已经形成套路，但依然很努力，始终在争取有所创新。比如国内新闻部的“一事一议”栏目，6月7日刊登的《企业该不该为职工父母旅游买单？》一稿所提出的问题就挺具体，挺有意思。正如大家评报里提出的，企业做的这件事有争议但也有意义，因此也值得讨论。这个栏目和“班组天地”版一样，都是非常具有《工人日报》特色的栏目、版面，很重要。因为我们报纸的很大一部分读者就是基层职工，我们一定要有专门为他们设置的栏目、版面，而“一事一议”栏目和“班组天地”等等版面承担的正是这种功能。

另外，评报中有意见认为“环卫女工登上大学讲堂”“一线工人到清华培训”等报道有“作秀”之嫌。有不同意见是正常的，说明大家都在认真思考如何办好报纸、做好报道……但是我们在采编报道时一定要注意思想方法的科学性，对任何事情都不能简单下结论、做判断，尤其是不能以自己的好恶下结论、做判断，作为精神产品的生产者，我们要树立科学的价值观和科学的思想方法。社会是由普通劳动者构成的，发生在他们身上的事情，只要是新闻，导向正确，我们都应该予以报道。既不能因为新闻强调“新”就去猎奇，也不可以对某些新鲜事动辄理解为“作秀”。就这两篇报道而言，说其“作秀”恐怕既无事实依据，也非合理逻辑。因此下结论要小心。

另外，各级工会组织采取不少措施、方法为职工实打实地办实事，比如不久前有关领导在听取报社汇报工作时提及的，我们曾经报道过的某地工会推动解决为环卫工人提供免费早餐的新闻就很好。对此记者们一定要给予高度重视，努力寻找并报道这样的新闻，而编辑部遇到这样的稿件也要精心编辑，努力出彩。

评报中，大家对吉林禽业公司大火的报道予以一致肯定，这次报道方式值得借鉴。在这次突发事件中，采访报道任务主要由驻站记者承担完成，报社没有提供额外的人力物力支援，而是作为日常报道的一个组成部分来处理。今后要形成类似习惯，即非特殊情况下突发事件的常态报道机制。当然，是常态并不意味着编辑部就被动地等记者稿件，来什么用什么，也要做策划，有引导。这次报道彭冰做得很细也很深，表现出较高的职业精神和职业水准，报社编辑部指挥也得当，突发事件发生时大家表现出来的职业素养值得表扬，值得学习。当然，面对突发事件，我们要有“抢”新闻的心态，但同时也得遵守宣传纪律，遵守相关规定。这次报道可以作为成功案例进行研究。

（2013.6.17）

25、记者应时刻努力从文山会海中的套话里捕捉到新闻

我们做新闻，就是要抓那些具有新奇感的具体事、具体人。一条较好的新闻应该是报道一个事件，一个有某种新闻价值的事件。因此，我们在日常工作中，就是要抓事件，抓有新闻价值的事件进行报道。关于这一点，我们已经强调过很多次了，具体采编实践中有明显的进步，但我们还是要再强调，一直强调，直至这一认识真正地成为我们全体采编人员的自觉自在的职业习惯、职业价值观。上周《贵阳“毕业招聘会”开成了“创业咨询会”》这条消息，得到大家的肯定，就是一个比较好的具体实践，因为事件本身比较有意思——它从具体事件出发，把一个正常的工作宣传变成了新闻报道。面对今年严峻的就业形势，各地政府、各级工会组织采取多种行动帮助毕业生就业，这些都是我们所应该报道

的，但一些报道就是文件或领导讲话的干巴巴的几条。贵州记者站从随处可见、到处都在干的工作中，抓到这条新闻，这是按新闻规律办事的体现，也是较高新闻价值判断水平的体现。赵福中、李丰两位同志，从去年采写出《贵州省教育发展基金遭遇尴尬　成立年余未获任何捐赠　发出千余邀请无一应答》这条消息后，对新闻的感觉和认识上了一个台阶，抓到一些事件新闻，这是应该肯定的。一个记者应该时刻努力从文山会海中的套话里解放出来找到新闻，这样才有可能逐渐成为一个优秀的记者。编辑也是如此。

在思想上我们要对一些小人物小事件高度重视，不能因为人物小、单位小就先入为主地认为新闻价值小。上周在一版刊出的通讯《吴吉林：用四十三项创新成果与生命“赛跑”》，评报时受到好评。其原因就在于编辑部对这样的新闻在思想上高度重视。真正的新闻都是发生在具体的人和事里面。我们有些更多刊登软新闻的版面在努力地做出硬新闻，比如政工版的“一事一议”栏目。上周刊登了《慰问演出有无必要？》，这是个大家议论，也值得讨论的话题。如果换个角度来看思想政治工作，这其实就是一个如何调动人的主观能动性，如何激励人上进的工作。我们现在都在谈论市场经济体制，说到底市场经济从根本上就是要解决两个问题，一个是制度安排，靠什么配置资源，如何配置资源；另一个是怎样调动劳动者的积极性，让个人潜能充分发挥的问题。而人的问题是更根本的问题，最大、最丰富的资源是人力资源。某种程度上讲，这一资源是不会枯竭的，但也是最难配置的。我们现状是，因为人的积极性如何发挥的问题说得太多、太顺嘴，就成了官话、套话，结果传播效果就比较差。做好这方面的报道，就要想清楚这些道理，按新闻规律办事，抓事件、就事件来讨论问题，用事件来体现新闻价值，把这些放到市场经济体制的大背景下进行思考，如何发挥每个人的积极性的问题，这就是重大话题了。

关于城管执法引起的讨论最近见诸报端的话题比较多。上周本报刊登了武汉城管“卧底”的报道——《武汉城管：我们到底该怎么做？》，这篇报道在评报中被多次提及。我们还能够从这个报道中提出更多的话题，比如若不是“体验生活”，城管摆摊是否犯法等等。城管的问题所以显眼，因为他们处在社会矛盾的前沿，面对这样的事件，媒体需要讨论的是如何报道的问题。追求事实真相，这是媒体要做的事情，但可能还不够，还需要做进一步的思考，想得更远一点，报道就会更深入。

（2013.6.24）

26、有本事的记者，是通过事实细节让读者自己得出结论

今天的评报里，大家不约而同地提及了来自不同渠道的读者意见。从读者那里得来的看法，是不说瞎话。这些褒奖，是最高评价，这也是新闻真实性要求的，而且也是我们办报的底线。专业主义认为，新闻本身独特的合法性就是客观，而客观的基础是真实，要努力做好在具体真实之上的整体真实。做到具体真实是最基本的，报道的细节必须是真实的，这些细节不是个人根据自己的好恶或主题需要而选择的，而是合乎新闻事件本身发展的逻辑，把个人倾向自然而然地呈现出来。不敢说假话，就是要具体真实，但是我们的个别报道并没有做到这一点，尤其当有些细节不是来自我们的一线采访，而是来自网络上的时候。

以前评报时说过的思想方法，其实也要求具体真实，但

简单罗列可能会犯错误，即便是具体真实，如果我们对具体细节的选择不全面、不平衡，可能有些个案简单叠加后得出的结论就难免出现偏颇，甚至出现错误。这还表现在统计学中的抽样之类的报道中。因此我们日常报道中一定要引用权威机构的调查结论，需要宏观数据时，一定要引用权威部门的数据。

关于新闻的客观性，我们可以看看两个国外媒体的报道。一个是中国加入联合国时，西方媒体报道说，有非洲、亚洲国家的代表打起了鼓、跳起了舞。没有直接说中国加入联合国深受第三世界国家欢迎，但倾向是明确的。另外，日本投降时，西方媒体对签字仪式的报道，通过对“密苏里”号上代表日本签字的重光葵“手杖滑落”等细节的叙述，将战争失败者的心态表露无遗，主观倾向也是明确的。这些新闻史上较著名的文本都是值得我们虚心学习和借鉴的。

我们还可以引用2012年本报“标题十佳”中的一个做例子。这个例子我说过很多次了。哈尔滨塌桥事件后，有关部门召开新闻发布会做说明，本报报道的消息标题是《哈尔滨公布“8·24”塌桥事故原因：货车超载+交警没看见+路政疏漏=桥塌了　专家鉴定称：桥体本身没问题，报道非常客观，倾向也非常鲜明。

我们提倡“厚题薄文”，关键在于要把新闻事件的关键点做到标题上，新闻出来了，倾向也出来了。有时候有些典型人物报道不好看，原因就在于作者无限拔高人物，作者自己站出来说人物伟大，这就失去了客观性，有本事的记者，是通过事实细节让读者自己得出结论。

（2013.7.1）

27、认识深度和专业水准，不是新闻敏感和聪明所能代替的

正如有年轻同志评报时认为的，上周有两篇言论写得不错，一个是 7 月 1 日刊登的刘莹撰写的《斯诺登：航站楼的新主角》，另一个是 6 日刊登的宋澎撰写的《孩子，我们真的有些担忧了》。包括这样的两篇言论在内，不论体裁是消息还是通讯，凡是得到大家好评的，大都具有一个共同的特点，即这些报道和评论体现着作者本人对新闻事件及其相

关领域的认识深度和专业水准。对此，大家都有体会，这种认识深度和专业水准显然不是仅凭记者的新闻敏感和聪明就能达到的，而是要有长期的刻苦的专业、学术积累。从表达上来说，写之前脑子里得清楚文章要说什么、要说几点、所说的是否有新意、是否有独到之处等等。好东西不是说几句争夺眼球的话就行的，而是要有学理，要基于该领域内的基本理念和规律来讨论问题，逻辑清晰，合乎学理。从文字来说，多种风格、特色都有其道理，都值得欣赏，并不是只有气势磅礴汪洋恣肆的修饰、排比的文章就是好文章。好文章重在说理，重在能够说服人。大江大河的排比，可能貌似“好看”，其实很多时候也可能就是虚张声势，在某种程度上，是面目可狰的。好文章是逻辑清晰、条分缕析、扎扎实实说理的，这也是我们要树立好的文风、学风的道理所在。

7 月 1 日是新修订的《劳动合同法》正式实施的日子。我们关于这件事情的报道从 2 号才开始推出。报道有些晚，但做得很不错，得到好评。但如果用更高标准和业务讨论的角度来要求，需反思的东西也还是有的，启示也很多。从业务探讨的角度来说，对这些符合本报办报宗旨的重要事件，如果我们能够提前策划，报纸上呈现出来的报道就会更有吸引力，会更好。比如，我们可以提前半个月做点造势报道，刊登报道提醒读者这个法律就要正式实施了，按新闻规律做一些释法报道；到 6 月 30 日，布置记者到遍布全国各地的劳务市场去采访劳动者和管理者，设计问卷，问题包括你是否知道 7 月 1 日要正式实施劳动合同法、最大的期待是什么等等，每个地方采访 10 个人，汇总得出的结果虽然可能不十分科学地完全具有统计学意义，但这是我们在现场采访来的。根据采访结果采写的稿件，7 月 1 日就可以在一版重要位置推出，再配发评论等，报道的针对性可能会更强，价值会更大。从 7 月 2 日开始，我们刊登的报道应该是关于法律实施后的有关新闻事实，通过报道事实来释法，按新闻规律策划报道，用新闻来表达我们的立场。今后我们要注意一些关键的时间节点，如果碰到类似的法律实施，都可以采用类似思路来处理，操作成本小，又符合新闻规律。

当然，要想真正做好这个工作，毫无疑问也是要求我们的采编人员必须具有较高的专业水准的。

（2013.7.9）

28、“本报特色”与社会关注点结合度越高，传播效果就越大

上周各网站转载最多的报道是 7 月 16 日一版刊登的通讯《高校宿舍空调“装与不装”的碰撞》。这个情况说明，新闻具有很强的关联性，被关注度、传播效果显然与传播主体和接受主体都有关系。这也因此给了我们一个具有普遍意味的提醒：我们做报道、确定报道重点的同时，要考虑我们的读者群，要把我们的关注点，也就是“本报特色”和社会关注点尽量融合考虑，两者结合度越高，我们报道的影响力就越大，传播效果可能也更大。同时，报社评价系统也将在目前关注多种元素的基础上继续随情况发展进一步完善、科学，目的就是引导大家将更多更有价值的新闻呈现在报纸上。

从评报意见来看，真正能够得到大家关注的报道，都是具有新闻特点的硬新闻，都是对一件有价值的、值得讨论的事件的报道。我们日常报道中，就是要寻找有新闻价值的事件、寻找与本报办报宗旨贴近的新闻事件，这也正是我们从去年开始抓的提高报纸可读性的必然要求：我们要选择有价

值的新闻事件进行报道，在对事件的客观报道中，自然而然地表露我们的倾向和立场，让新闻事实做主题、厚题薄文，努力让版面上的每个位置都重要起来。

由于技术的快速发展，网络成为重要的信息源，许多重大新闻都最先出现在网络上。网络对报纸的冲击很多年前就被人们纳入了研究视野，并产生了“报纸消亡论”之类的观点。但美国近年来又有学者提出观点认为，亚洲，尤其是东亚将再度出现“报纸的春天”。尽管如此，对于报社而言，我们还是要加紧研究报网融合、互动的问题，相关调研活动也正在进行中，很快就将出台相关的近期、中期、长期规划。

不过有一点我们应该坚信，不论新闻在什么平台、以何种方式呈现，即呈现方式不论怎样改变，都改变不了新闻的本质。

新闻是精神产品，其好坏当然与新闻生产手段的进步、呈现方式的改变有关，但最根本还是取决于新闻价值的大小、好坏，取决于新闻事件本身的价值和传受主体对新闻价值的认识和感受，取决于寻找和报道新闻的人自身的驾驭能力和认识水平。新闻是人找出来、报道出来的，我们当下最重要的任务是，在努力跟上新的技术手段的基础上更大程度地使传播效果最大化，努力学习，提高自己的认识水平、提升自己的新闻价值判断能力——毫无疑问，如何把更多更有价值的新闻提供给广大的读者，这是我们永远的课题。

7 月 20 日一版版面的头条位置是简讯或短消息的集纳报道。编辑者是有追求、有探索的，在努力让每条新闻、让版面的每个位置都重要起来，对各版编辑工作都有借鉴意义。

（2013.7.23）

29、持之以恒的职业态度和职业精神，是优秀新闻人的基本品质

甘肃地震发生后，甘肃记者站记者康劲第一时间赶到现场，及时发回报道，而且报道质量正如大家在评报里称赞的“都很不错”，较好地完成了报道任务。从这次报道的启动、组织来看，报社应对突发的自然灾害的报道机制已经形成。而从康劲这次报道的表现来看，他能第一时间赶到现

场，寻找到社会关注与本报特色相结合的新闻点，还能迅速联系到相关采访对象，这些体现的都是一位记者的技能水平、业务水准和职业精神。报社今年新分来了一些大学生，他们也都很努力，这是非常好的，优秀的新闻人都是这样成长起来的。康劲已经过了 40 岁，但一直都很努力并表现出很好的水平，我们应该从他身上学到很多好的东西，其中之一就是持之以恒的职业态度和职业精神，这种态度和精神是一个优秀新闻人所具备的的基本品质。

评报中，文化周刊记者欧阳撰写的《幼稚和浅薄如何超越》得到好评。原因是他的文章表现出了浓厚的书卷气，这当然是他长期积累和思考的结果，看得出作者显然具有规范的学术训练和追求的素质，文章的起承转合都很讲究。编辑部有很多优秀人才，很多同事水平都很高，报社要做的就是把大家的能量都激发出来，为大家提供平台，大家共同努力办好报纸。

（2013.7.29）

30、网络是好东西，尤其是好工具，但与经典比差之千里

本次评报涉及的面比较广，抽象到一般层面上讲，它们涉及到了我们新闻采编的很多基础理论问题。从内容上说，评报里大家提到了年轻人创业、如何看待城管、网络暴力、企业报道等等问题。认真想想，不论什么题材，大家刚才讨论的其实都是思想方法、价值观问题。从形式上说，大家讨论了标题、照片等等。稿件有的被表扬，有的有些争议。但通过大家的讨论，我们可以看到，这些稿件的作者和编者都是有自己的想法，而且是下了功夫的。如今看我们见报的作品，有些觉得不错，可用高的标准来看待，同时觉得似乎还存在些问题，可具体是什么问题，好多时候编者、作者、评论者又都说不太清楚。

这个现象说明一个问题，我们的讨论需要有更高的视角，同时也需要有更好的经验和专业知识与学理的储备。比如我们头脑里的经典作品不太多，积累不够。我们刚才讨论的问题中，其实在某些经典中早已有过答案，或提供了参考。只是因为我们不了解、不清楚，结果我们的讨论便经常

每每又从头说起。

每年报社招考大学毕业生的时候，面试时都有一个问题：说说你认为的古今中外最好的一篇新闻作品，或者你所认为的最优秀的新闻工作者，不论编辑还是记者。结果，近年来，这道题的答案总是不太令人满意。大家是吃新闻这碗饭的，前辈们的优秀成果不了解，怎么才能提高自己、超越前人呢？因此，我们一直都在倡导要多读书、读好书，多读经典，至少是新闻作品中的经典。只有知道前人在某个报道领域写出过怎样的好作品之后，我们再在同一领域做报道时，才能明白自己的起点在哪里。当然这其中也应该包括那些经典的学术著作。有了这些积累和储备，同样的、类似的报道，再下笔就不一样了。

和多读经典问题相关联的还有，大家不要被网络牵着走。网络是好东西，尤其是好工具，但与经典相比差之千里。作为一个职业新闻人，作为一个大报的记者、编辑，当然要密切关注网络，但是，我们不是普通的网民。如果天天只是看网络上的东西，时间长了，水平不会提高，可能还会下降。

（2013.8.5）

31、多研读经典作品，是一个优秀记者起码的专业储备

张世光上周采写的消息《规定发言 5 分钟经营者代表仅用 6 秒》，得到了大家的好评，大家认为这篇报道的新闻抓得好，呈现方式的角度也好。其实这就是一篇我们常说的会议消息。作为机关报、全国综合大报，各种会议当然是我们的重要信源之一。在当下“人人都有麦克风”的情况下，抓到独家新闻几乎是不可能的一件事。当然，这其中最根本的还是记者、编者新闻价值判断的水平问题。因此，面对一个新闻事件，记者的视角、采写角度显得尤为重要。在会议新闻的采写中，张世光一贯都很努力、认真。比如，2012 年度的报社标题十佳之一《哈尔滨公布 8 · 24 塌桥事故原因：货车超载 + 交警没看见 + 路政疏漏 = 桥塌了 专家鉴定称：桥本身没问题》，这条消息也是他参加新闻发布会时采写回来的。从作品来看，记者的表达完全是客观的，所有信息都来源于发布会。但读完报道后，我们却得出与发布会组织者想要传达的不完全一致的结论，记者的倾向性就这样以非常客

观的方法表达出来了。张世光能从会议中发现新闻、抓到新闻，和他对新闻有种狂热追求有关系，有追求就会有研究，有研究就会有积累，有积累就会有突破，这是值得大家借鉴和学习的。

面对会议，记者一般有几种做法，一种是参加会议，但基本不认真听会，写报道时用通稿对付；一种是认真听会，努力采访参会者，写出的是长篇的表扬稿；另一种是不参加会议，用相关部门电子邮件里的通稿写消息；还有一种就是参会前就做了比较多的准备，认真听会、思考，把会议当成重要信源，从中捕捉、深挖，结果会议消息自然就写得出彩，就可能写出有价值的新闻。最后的这一种是我们特别应该提倡的。

后者这样优秀的例子在新时期的新闻史上有很多。上个世纪 80 年代，当中央开了一个重要会议后，时任安徽省委书记李贵显在省委一次会议上传达中央精神时，脱稿讲了一段话，大意是全省上下都在为建设安徽出力，有些老同志都在为安徽奔波，跑政策、跑项目，但有一些人也在跑，却是为自己升官而跑，跑的目的是要官。参加会议的《人民日报》记者就从这段脱稿讲话里写出了省委书记批跑官、要官歪风的消息，消息获得当时称为“全国好新闻”的一等奖，这个奖后来改为“中国新闻奖”。另外一个典型的案例是，打倒“四人帮”后，北京市委在一次会议上宣布了十多项重大决定，其中第九项是为天安门事件平反。《人民日报》把这个信息单独拎出来做了条消息，刊出以后，这条消息成为了当天世界上最轰动、最大的新闻。

新华社记者郭玲春在采写会议消息时，多有突破。金山追悼会消息是经典。参加沈从文的追悼会，撰写出的报道标题为《眷恋乡土多名作饮誉中外多寂寞沈从文告别亲友读者》。从沈从文向亲友读者告别的独特角度写，写出了精彩的“白色新闻”。也是这位记者，她在跑文艺口时，参加电影《红旗谱》主演百年诞辰日的纪念活动后，觉得这个报道不好写，正在琢磨如何写的时候，又参加了有关王朔的小说改编成电影的研讨会，这两个会议单独来写都未必会有多大的新闻价值，但是她平时的积累和思考在此时就起了大作用。她把这两个会议新闻合在一起对照起来综合地写，此时的报道就不再是单纯的会议消息了，而是讨论当时文艺领域里关于革命现实主义和现代艺术的问题，不同的创作方法背后的问题便成了文艺创作走什么“道路”的问题。由此可见，会议中不是没有新闻，而是藏着大新闻，关键是看我们是否拥有发现的眼睛。

会议材料、统计报表里面也藏着大新闻。上个世纪80年代，新华社记者李安定是跑工业部门的记者，一个偶然的机会他在一个跑商业部门的同事的办公室里看到一个报表，里面反映的问题是商业领域形势不乐观，很多东西都卖不出去，而之前他得到的工业口的报表显示的却是，工厂加班加点，生产出很多商品，形势一片大好。两相对照，他发现了问题，同样一件事情，不同部门不同喜忧，那么，问题到底出在哪里？于是他经过研究和采访而写了《工业报喜商业报忧何时休》的报道，报道说的是计划经济的毛病和经济体制改革的问题。这在当时很了不起，是极有说服力、极有影响的报道。因此，通过以上这些，建议大家多读些新闻史上的好作品、经典作品，这是一个优秀记者、编辑最起码的专业储备。

（2013.8.12）

32、新闻是精神产品，衡量的标准不在量，而在质

我们每周一的编前会评报，就是一次业务研讨。对同一篇稿件、同一件事情有不同的看法，这是一件十分正常的事情，它说明大家都在独立思考，有啥说啥，思想有交锋，这是好事。不然我们还评什么，讨论什么？

评报中有同事认为体育新闻、国际新闻整版刊出时，不时让人有“惊艳”之感的原因，是因为整版让人有发挥的空间。对此，我不完全赞同。这两个版，还包括《农民工周刊》、国内新闻部等部门出的整版报道，之所以让人关注，是因为编辑、部门主任对每个版面都进行了相当深入的策划。因为有总体的策划，有思路，有想法，并在版面上呈现出来，所以报纸才好看。

《工人日报》一直没有扩版，主要原因是扩版成本增加太大，消化起来有难度。目前本报发行70万份，如果每天加四个版的话，增加的成本将会非常大。我们之所以提出办精致大报的方针，既有被动应对的意思，更有努力在有限的版面空间里体现更有价值的新闻的意思。如果一天只出八个版，却能达到二十个版的效果，那是一件多么了不起的事

情！新闻是精神产品，衡量的标准不在量而在质，在于新闻的价值是否得到充分的挖掘和体现。

对于大家思考的，在目前这种传媒生态下，我们几百人忙活出来的报纸，刊登的新闻是否有价值的问题，谈的是新闻影响力、新闻传播效果的问题。新闻是否有意义、有多大的影响力，这是应该思考的问题，但是参照系不一样，得出的结论也就不一样。“网络更加吸引人，平面媒体不好看”，这样的观点一般而言是有某种道理的，但绝对化就不对了。有人总结网络比纸媒吸引人的原因有三个，一是有各种八卦内容，二是信息丰富，三是在目前的制度条件下，有些内容小报、网络可以随便刊登、转载，大报就不可以。这种情况下，大报搬上网也依然改变不了内容有所限制的问题。但大报有真实、权威的优点，因而，我们要研究把大报的传统优势与先进技术结合起来的问题，把新老媒介的优势结合起来的问题。报社有关部门已经做了调研，调研报告目前正在传阅，很快报社就会有所动作。但是，需要明确的是，我们借助先进技术让新闻有新的表现方式，但不能仅仅停留在形式的变化上，而是要思考当前传播生态下，人们思维方式和整个文化形态有哪些改变，这比借用技术让新闻有另外一种呈现方式更为重要。

今年的“中国新闻奖”正在公示，本报刊登的《北京一夜》作为一等奖被公示，消息《贵州教育基金会遭遇零捐款》、“两会期间关于职工收入问题”的连续报道以及一幅漫画等作为二等奖被公示。从评奖结果来看，任何部门、版面都有可能获奖，编辑部没有一个部门属于边缘部门，编辑部任何一个岗位都不边缘。如果观察十多年的评奖情况，“三工”报道并不是不能获奖，相反，我们很多获奖作品都是具有鲜明的“本报特色”的。关键是，我们要下功夫做好工会报道、职工报道，不能自娱自乐，我们的认识不能仅仅停留在把全总或省总的文件改头换面就变成新闻报道的层面上。

我们表达的价值观要与广大劳动者和工会组织的一致，但是我们的表达方式不能停留在工会的官方语言上，不能用工会工作的思维方式来处理工会的新闻报道，要按新闻规律来表达职工和工会的主张，弘扬以职工为主体的劳动创造一切的价值观。总之，要按新闻规律处理新闻报道。

（2013.9.9）

33、评判新闻事件最基本、最重要的起点和依据，只能是事实

上周结束的中国工会十六大的报道做得很好、很成功。这种“好”，可以从两个方面来总结，一方面是导向正确，十六大的主题、会议重点、会议想要达到的效果等方面都得到了恰当报道，不论是中央的祝词，还是中央领导接见全总新领导班子、全总主席的报告和关于工会章程修改的报道，以及各种反响和我们自己主动做的一些较重要的选题报道等等，处理得都比较恰当；另一方面是报道准确，在几千当事人（代表）和超千万读者的极为密切地关注下，整个报道，没有出现任何问题。这是非常了不起的。“准确报道”，这个看似极为基本的要求，要做到其实是非常不容易的。我们要感谢所有上会记者、后方编辑以及检校、照排车间等部门的所有参与者，是他们以极为认真、负责的工作态度努力工作，才使我们这次报道取得成功。

关于评报中有年轻记者提及《新快报》某记者被拘一

事。首先，新闻工作者水平有高低之别，但是职业道德的底线却是一致的，这不得有半点含糊。《新快报》事件提醒大家，“莫伸手，伸手必被捉”。千万不要以为拿了别人的，是天知地知你知我知别人不知，会没事。大家一定要洁身自好，这是我们的职业底线。其次，不论是记者、编辑，还是编辑部各级领导，遇到事情时，一定要慎重，不能感情用事。记者被拘之后，《新快报》很快就接连两天发出评论，若干报社、机构也纷纷跟进，纷纷评论、表态，结果却是记者自己承认确实拿钱做报道，结果事情发生了本质变化，把媒体、机构都“装”了进去。这种“反转”让不少参与的媒体失去了信誉，而信誉、公信力是媒体最可珍贵的。因而，写评论、做报道，一定要尽可能冷静一些，要把个人感情放一边；涉及的人或事，不论亲疏，都要以事实为依据。评判新闻事件最基本、最重要的起点只能是事实。我们表态、评论的依据首先得是先搞清楚事实，否则公正、严肃、理性、权威等等都无从谈起。作为全国总工会的机关报，《工人日报》需要维护职工合法权益，遇到事情需要《工人日报》发出声音时，我们一定要有自己的深入调查，依法、理性置疑，不能感情用事，绝不可以用个人或是具体团体的朴素好恶，随便表态、质疑。一切都要实事求是，合法、合规。任何个人感情或个人利益、群体利益，都不能凌驾于事实和法律之上。同时，哪怕是做表扬报道的时候，我们也要注意合法、合规。总之，大家一定要洁身自好，凭本事、凭手艺吃饭，在思维方式上，一定要有法律意识，要合法、合规。

（2013.10.28）

34、人文关怀是对所有人、所有生命都予以尊重

缺稿，尤其是好稿不多，反映了当前采编的基本状况，但上周的版面也有一些好稿。从这些比较好的稿件看，稿件写得好还是不好，和记者年龄没有关系，能否写好稿，一是职业态度问题，即能否认真研究问题、认真采访，二是认识水平和能力的问题。

实习记者刘旭采写的《在腿疼手抖中结束一天》，是关于“高薪农民工”的系列报道的第一篇，农民工劳动条件艰苦、劳动强度大，这是真实的一部分。但是，如果说所有

“高薪农民工”都是这种状态则有失偏颇，我们还需要整体真实。这是一个严肃负责任的大报应有的品质。据《农民工周刊》介绍，下周他们刊登的“高薪农民工”专题的第二篇，报道的是掌握了高技能的“高薪农民工”。这样这组报道就比较平衡，也更加真实。

对于郭强采写的通讯《小巷邮差》，大家评价也不错。这篇通讯确实不错，是一篇传统意义上的通讯，采访深入、写作细腻，心态平和，语言干净，行文中蕴含了作者对一个普通生命所应有的思考态度和关怀。这个报道可以给我们这样一些启迪，大家都在提人文精神、人文关怀，但需要注意的是，如果因为你是大报记者，去采访一线工人、去劳动条件艰苦的地方采访农民工就认为自己有人文关怀，这种认识是错误的。人文关怀是对所有人、所有生命予以尊重，不能有高人一等的心态。具有真正的人文关怀的心态后，面对高尚、高端的采访对象，我们不会有仰视的心理；面对社会地位低的采访对象，我们不会有俯视心理，稿件写出来味道自然不一样。当然，如果从通讯怎么样写更能抓住读者的角度来说，某某周末报的做法可以借鉴，他们的选题大都能切中当下热点，而且都是一个事件，这个事件本身就有新闻性，而不仅仅是因为这件事值得表扬或需要批评而写通讯。

关于中央领导接见全总新领导班子时讲话的系列评论，上周刊登了五篇，加上本周一刊登的，一共六篇。建议大家都要认真研读。从写作上来说，每篇评论的思路都是先提出观点、论证其意义和重要性，然后回答“怎样做”的问题，并提出做的时候要注意哪些方面这样一个大致的套路。每篇评论都力争准确并简明扼要，涉及的都是当前工会、工人阶级最高层面上要做的事情，对于工会报道具有指导意义。请大家要高度重视，好好读一下。另外，周一本报独家、全文发表了李克强总理在工会十六大上做的经济形势报告，大家也要好好读一读，不论是否做经济新闻报道。

（2013.11.4）

35、我们所强调的“事件新闻”，绝不是单指社会新闻

从见报稿件来说，总体感觉还不错，但是一段时间以来，让人眼前一亮的消息少了，时效性强的消息少了。说到

底，其主要原因就是缺乏事件新闻，缺乏新闻价值比较大的事件新闻。而事件新闻，不是单指社会新闻，还包含了时政、经济、工会等各方面的新闻，大家要努力从工作新闻中发现事件新闻，并把新闻价值最大化。以往的很多经验都告诉我们，在日常工作中，包括各级工会在内，各个部门力推的一些工作，其中不少都隐含着新闻。因为如果不是一件值得大家努力去做的事情，各个部门也不会努力去要求和号召……因而，我们要做的就是从中发掘出有新闻价值的那些事，从工作报道中还原最初的创新点，将其作为新闻事件进行报道并使之价值最大化。

上周有《“根”在墨脱》《朝鲜纪行》等长篇通讯受到大家的关注，这些文字较长的报道大多是以“特稿”的方式见报的。李瑾的特稿《北京一夜》获奖之后，给了大家一个信息，中央媒体在冲击“中国新闻奖”消息通讯类奖项时，有竞争力但竞争很激烈，而“特稿”这个专栏，也可成为大家冲击“中国新闻奖”的有效途径之一。大家要做的事情是下功夫采写出真正有震憾力的稿件。

有部门主任在评报中提出，年轻记者写稿件时，涉及弱势群体时有些提法、说法需要更讲究、多斟酌，要历史地看待有些问题。这种提醒非常及时，是思想方法的科学性问题。在涉及弱势群体时，看到一些不尽如人意的问题时，我们希望能尽快解决，意愿是良好的，但是不能离开客观实际，在提出要依法、依规办事的同时，也要强调建设性。

还有同事在评报中提出约稿难、缺稿的问题。其实，不论哪家报社，都存在缺稿、缺好稿的问题。办好报纸确实需要大量的水准以上的稿件，全报社的专职记者少说也有五六十人，我们需要研究的是怎样在成本可控的情况下采写出更多的好稿件。解决缺好稿问题，记者要努力，编辑也要努力。编辑部门的编辑不是一个人在办报、约稿，他的后面有整个部门、整个编辑部作支撑。每周各编辑部都会开选题会、讨论问题，而驻站记者是一个人在自己辖区内负责报道工作，视野有限，精力有限。因而，编辑要经常与记者沟通、讨论，从源头上就要参与。在与记者沟通、约稿时，应该想想，自己和记者讨论的话题是否有价值，这个事件本身最大的新闻价值在哪里，需要关注哪些细节，以及能否吸引记者去采访，等等。这种沟通过程其实就是寻求对一个新闻事件的价值认同的过程。编辑要有想法，多做些版面策划、报道策划来吸引更多的记者写好稿。想法多了、策划方案落实得多了，年轻编辑、记者的业务能力也就提高了，也就成长起来了。当然，好稿也就多起来了。缺稿的时候，如果总是停留在“没有好稿”的抱怨里，是出不了好稿的。而大家如果多钻研问题，多关注新鲜事，努力地多写好稿、多编辑好版面，缺好稿的情况是可以缓解的。

（2013.11.11）

36、对任何年龄群体做非黑即白的整体判断，往往是一个伪命题

首先还是要谈如何把工作报道做成新闻报道的问题。机关报做工作报道，这是必须的，问题在于我们要努力摆脱工作报道就是单纯机械的表扬稿的惯性，努力从工作报道就是工作报告缩写的套路中解脱出来。解决这一问题的途径就是我们一直强调的，要从工作中、从会议里发现新闻，把表扬类、工作类报道做成受众欢迎的新闻报道，做成方方面面都比较认可的新闻报道。

事实上这也是完全可以实现的。比如，11 月 27 日一版见报的消息《北大 500 余保安考取大学文凭》。目前，从各部门推荐星稿的第一轮投票来看，这篇报道已经得到 12 票，评上星稿是肯定没有问题的；网络转载也排名第六位。而今天评报中，不论是老同志评报还是部门主任、年轻同志评报，大家都不约而同地提到这篇稿件。其实，这是中国教育工会推荐的一叠材料中的一个具体事例。中国教育工会推荐认为北大工会工作做得不错，希望宣传一下。北大工会提供的材料也较丰富，但作为汇报材料也许还不错，可作为新闻报道就差得远了。因此，我们的关键点在于要能够从中找出新闻。最开始，记者采写回来的这篇稿件就是一篇北大工会的工作报道，编前会上报稿目时，曾经受到批评。要闻部接受批评后，下功夫后弄出现在这个稿件。由此可见，工会报道确实是可以做得好看的，工作报道也是可以做成新闻的，关键在于我们对此要有充分的认识，同时也要知道如何着手努力，努力寻找工作报道、工会工作与时政新闻、社会新闻等与受众关注点的结合点。把这些“点”结合起来，就能做出好新闻，做出各方面都欢迎、大家爱看的新闻报道，而不是工作报道。以前北大某个保安拿到大学文凭或写本书都能成为轰动的新闻，为什么500个人做到这一点的事件却被我们的报道淹没了呢？这才是新闻，而且是大新闻。通过报道我们知道，这事起码有工会一半的功劳，这不就是对工会最好的宣传吗？

另外还有一篇消息《去扶吧，北京老人有保险》，看标题就是一篇颇有新意的新闻。但仅就这条消息报道的事情而言，其实就是北京推出新险种，说白了甚至是推销保险的事情。但由于编辑从中提炼出这个标题，与“老人摔倒扶不扶”的社会热点结合起来了，使整个新闻就生动甚至幽默起来，吸引人读下去。因此，我们的采编人员，心里一定要有做新闻的欲望，提高新闻价值的判断能力，提高实现的技巧和能力。这就回到我们一直强调的话题上来，就是要学习，要研究问题，要提高技能。

第二，关于某个群体的标签问题。最近关于老年人的话题不少，尤其是老人摔倒反赖好心扶他起来的学生的事件让人关注。有人说这是“老人变坏”或“坏人变老”的现象。其实，做出这样的整体性判断是相当不妥当的。对任何一个年龄段的群体作出整体的价值判断，提出命题一定要有科学性。实践证明，对类似群体作整体判断，往往是不科学的，甚至就是一个伪命题。比如，曾经给“80后”贴的标签是自私、没有合作精神等，但汶川大地震时，“80后”志愿者表现突出，这种标签再无从贴起，这个命题也无法成立了。现实中，可以找出很多“老人变坏”或“坏人变老”之类的事例，但同时上周我们的报道就有“扫桥老人”感动社会的新闻。因此，对于任何群体，我们都要对具体事件进行客观、真实的报道。在写评论或作判断时，不能简单、武断地对整个群体作简单的道德判断，不论是好还是坏，都会沦为简单枚举。如果这样的报道见了报，只能说明我们报纸和编采者不成熟，有失大报风范。因此，做报道时，具有一个科学的思想方法很重要。

第三，是一组报道及采写新闻分析的问题。近两周一版推出了一组共六篇的“聚焦改革新亮点”的报道，没引起大家足够重视。这组报道，前三篇重点回答的是《中共中央关于全面深化改革若干重大问题的决定》对职工意味着什么的问题，后三篇则着重讨论《决定》对工会意味着什么的问题。《决定》推出后，作为全总机关报、作为中国工人的第一大报、作为直接“面向三工”的报纸，我们必须要有能力向职工解释《决定》对职工、工会意味着什么，因此大家应该给予较大的关注。从报道质量上来说，这组报道达到了及格线水平。

这组报道的策划和采写编辑过程应该进一步引起我们对“新闻分析该怎样写”的关注。随着《决定》出台，各部委都纷纷推出有关政策、规定，这些政策、规定将会给职工、工会、企业带来各种各样的机会和挑战。我们要有能力发现大家的关注点，做好新闻分析，为我们的目标读者提供更多、更有参考价值、更权威的解读和服务。做新闻分析，首先就是要极为敏感地抓住职工、工会、企业关注的新闻事实，然后准确、全面地回答好这个新闻事实对职工、工会、企业意味着什么的问题。做好了这些，就是一篇好的新闻分析，就是一篇好新闻。这还是思想方法问题。我们先要有抓准新闻、找出问题的能力；自己解释不清楚，要具有知道去采访什么人、找谁谈的能力；在访谈的过程中，要有能力知道采访对象哪些话是有价值的，能发现其中的关键点。做到这些，我们需要具备的能力是，从微观上，要对职工、企业、工会有深入研究，了解职工、工会、企业；宏观上要了解宏观经济政策和市场，要研究宏观方面的问题。从实现手段上来说，就是按照新闻规律办事，把有新奇感，甚至惊奇感的东西找出来，用事件新闻、厚题薄文等可以有好的传播效果的方式呈现出来。

（2013.12.2）

37、真实是职业生命的底线，关乎我们的信誉和品牌

先说关于新闻怎样写得更干净的问题。评报时，有人提出上周有两篇见报的消息，从题材来说，都还不错，但字数都超过了 1200 字。从功利的角度来说，目前所有参评好新闻的稿件，消息字数都限制在 1000 字以内，为了评上好新闻，大家都应该有稿件要写得短一些的意识；从探讨新闻业务的角度来说，我们一直都提倡稿件要写得简洁、干净，而写出简洁、干净的稿件，是有前提的，即必须对新闻价值判断准确，判断水平要高，同时在文字表达方面得力求简洁、准确。从经验上来说，每次动笔写稿之前，脑子里应该清楚要写什么东西，以什么的思路来谋篇布局。如果动笔时还没有想清楚要写什么，这可能是方法问题，但根本是水平问

题。需要进一步加强学习，提高自己的能力。

我们一直强调要办精致大报，“精致”的意思，从技术层面来讲，首先就包括新闻要简洁、干净。新闻史上有许多经典的短消息和短评论，都非常精彩。比如，人民解放军渡过长江时，毛泽东撰写的消息《人民解放军百万大军横渡长江》。这样的大事件，在不到600字的篇幅中，用简洁的语言，做到了准确概述。另外一篇短评论，是时为福建省委书记项南撰写的《有些案件为什么处理不下去》，全文连标点只有163个字，在1982年2月7日的《福建日报》刊出后，引起强烈反响，被称为最短、最有力的新闻评论。

为了进一步确保见报稿件简洁、干净，我们要继续重申制度方面的规范，即消息不能超1000字，2000字以上的通讯，见报前必须通过分管领导签批，超过3000字，则必须报总编辑批准。

第二个问题是新闻的真实性问题。这是报纸的生命线，编辑、记者务必谨记在心，时刻警醒。上周五的编前会上，已经向大家通报了一篇消息报道局部失实的情况。这件事情给我们大家敲响了警钟。尽管我们记者、编辑表现出很好的新闻敏感性，但是，由于未对所报道的某省相关规定最后定稿的新闻事实进行最后一次核实，出现了失误，造成了不好的后果。虽然相关记者、编辑平时工作是认真的，努力的，但是在这件事情上错了就是错了，报社已经做了通报批评，并决定对相关人员予以一定的处罚。从这件事里，我们大家都要吸取教训，今后一定要更加注意新闻真实性问题，采访一定要扎实，一定要深入一线。新闻真实性有具体真实和整体真实两个层面，第一步是具体真实，新闻里提及的每个事实细节都必须绝对真实，在此基础上，形成整体真实。而做到整体真实，就是报道要平衡、全面。本报获“中国新闻奖”一等奖的《北京一夜》这篇稿件，仅就报道平衡而言，就做得不错。对北京“7 · 21”大雨的报道，既报道了义务帮助人们的私家车主，传递了危难之时见真情的正能量，又报道了因为种种原因遇难的人及其家人的悲痛，对某些部门、单位的失职提出了批评。如果只报道其中一个，具体真实是做到了，整体真实就出了问题。如果只报道前者，就变成了灾难发生时的颂歌；如果只报道后者，社会显然并非如此黑暗。最后，正反两方面平衡报道后，各个利益团体都能接受，既表扬了民众中涌动的正能量，也批评了有关部门做得不到位的地方。

新闻真实性是第一位的，具体真实不容商量，写任何具体事件都必须真实，整体真实要努力去争取。新闻报道容不得任何虚构，合理虚构也不允许，消息是这样，通讯也是这样。为保证真实，就要深入采访、扎实采访，没有任何捷径。新闻真实性是我们报纸的生命线，也是记者、编辑自己的职业生命的底线，它关乎我们的职业信誉、职业操守和报纸品牌，容不得半点马虎。

（2013.12.9）

38、一家报纸休刊，并不能得出报纸末日到了的结论

发行工作中能够发现很多对编辑部有启发的地方。很多信息表明，我们采编工作需要提升、可以提升的空间还很大，这个“空间”就包括我们最近两年提出的提高报纸可读性的工作，还要继续抓下去，而且要进一步抓出成效。报纸可读性没有得到较大的提高，不仅仅是技术问题，还是一个观念问题。我们要问问自己，我们采编人员是否站在读者的

立场、职工的立场来捕捉新闻点和采写、编辑稿件。如果要对报纸 2013 年的工作进行盘点，“可读性”绝对是热词。明年大家一定要继续下大功夫研究提高可读性的问题。我们提供给读者的信息，必须具有新闻性，除了具有新闻价值，还应该在服务性、贴近性上下功夫。在确保导向正确、重点突出、基本品位的前提下，报道应该是怎么好看就怎么做。大家要进一步解放思想，把报道做得更加精致、干净、生动、深刻。

要表扬总编室和负责微博、微信工作的同事。刚刚上线试运行不到一个月，报社新浪微博粉丝就超过了 100 万，这与他们的努力和能力是分不开的。在开放平台上竞争，得到这样的结果是非常不容易的。

刚才有同志提及上海《新闻晚报》休刊一事。应该说，一家报纸休刊，并不能得出报纸末日到了的结论。借用有人评论的“书是否卖得出去与书的形态没有必然关系”，可以说报纸能否卖出去，与媒介形式也没有必然关系。假大空的报道，放在所有网站、移动终端的头条也不会有高的点击率。因而，我们不能用新媒体的“火”来得出纸媒没出路的结论。我们要学习新媒体的表达方式。在目前体制下，纸媒特别是像本报这样的报纸还是有发展空间的。我们要做的是，学习新媒体的表达方式，让每个版面、版面的每个角落都重要起来，让报道干净好看。上周刊登的《身亡农民工妻子打工还“良心债”》《“遇冷”之后，年会经济何处去》《被隐瞒的病情》等几篇报道得到大家的好评。有同志评报认为，这些稿件能够引起读者的讨论兴趣。三篇新闻报道的事件本身是有价值的，有评报意见认为，有些问题如果能够更深入地探讨，价值就更大了。这就表明，我们在采编互动中，还要有进一步挖掘新闻价值的意识，报道还能做得更精致。

《新闻晚报》休刊应该是一件正常的事情。正如市场经济的环境下，每天都有成千上万的中小企业倒闭，同时也有成千上万的中小企业诞生一样。大家对报纸要有信心，我们要做的是在导向正确的前提下，把新闻做好，做得更有信息量，做得更加精致、更加好看。对具体编采个人来说，每个人都要努力增长自己的本领，下功夫提高自己的业务水准。

（2013.12.30）

[附]

当“新闻”遇见“审美”

——访《工人日报》社长、总编辑孙德宏

《中国记者》记者张磊等

孙德宏，《工人日报》社长、总编辑，美学专业博士。作为一张主流大报的社长、总编辑，他不仅重新回到学校攻读博士学位，而且出版了一本学术价值颇大的专著。对这本由生活·新知·读书三联书店出版、名为《新闻的审美传播》的专著，其实，业界不少人都很好奇：作为一线的实践者和管理者，为什么要去做看上去有点儿不着边际的“美学研究”？“新闻”与“审美”扭在一起，是不是“乱点鸳鸯谱”？理论研究究竟给这位业界老总的“本职工作”怎样的指导和启迪？

主流大报与精致大报

“报纸的发展改革——如何在突出报纸特色的前提下，扩大社会影响——十分重要。因此《工人日报》的一些报道表面上看，说的是某个工人、某个工会的先进事迹，但我们始终想着他们也是社会人，要站在更高的价值判断层面上，使这些有特色的题材，产生广泛的社会影响。”

中国记者：请您介绍一下《工人日报》近期发展情况、未来几年发展重点和规划。作为一张面向企业职工的全国性报纸，在新形势下，您如何考虑报纸未来的定位和发展？

孙德宏：说到《工人日报》的定位和未来发展，要考虑很多背景，首先要思考一份报纸是“谁办的”和“给谁看的”。《工人日报》作为一份全国性综合大报，首先是全国总工会机关报，正是这样的定位，使《工人日报》需要既有广泛的社会影响，又有鲜明的自身特色。报纸作为大众媒体，肯定不能因为你的主要读者是某一群体，就只报道这个群体就够了，即使是这个群体，也不仅需要只知道自己那点事。任何一个领域的人，都要关注非常多的东西，所以说报纸本身要有广泛的社会影响。其次，要有鲜明特色，《工人日报》的说法是“服务三工”——“工人”“工会”“工厂”（公司、企业），这些是《工人日报》的主要读者。具体来说，就是要做“导向正确、中央满意、工会欢迎、职工爱看”的“精致大报”。

虽然是服务“三工”的报纸，但我们非常重视新闻的社会性，六年来，《工人日报》获过二十多个“中国新闻奖”，其中一等奖两个。在前些时候中央电视台新闻频道的“朝闻天下·媒体广场”栏目中，几乎每天都有两三条《工人日报》刊发的新闻被主持人选中，向全国观众播报。到2011年，《工人日报》的年订阅量达到47万份。

现在《工人日报》面临的困境首先是几乎没有任何拨款和项目支持。在这种情况下，《工人日报》的定位当然要紧紧依靠“三工”。另一方面，因为要自己挣钱，报社改革倒是一步也没停，年年都在进行。比如这几年，搞指标预算管理，即花钱的部门要有预算，挣钱的部门要有指标，进行精细化管理。如《工人日报》印刷厂市场化程度较高，除《工人日报》本报印刷外，还承接其他三十几家报纸印刷……从这样的角度说，《工人日报》和企业没有太大差别。去年第一年搞指标预算管理，组成一个班子，用他们的词讲，像“听证会”一样：这个班子代表报社对相关部门所报指标预算一笔一笔审核。整个过程搞了四个月，是标准的企业做法。

报社的发展改革——如何在突出报纸特色的前提下，扩大社会影响——十分重要。因此《工人日报》表面上看，说的是某个工人、某个工会的先进事迹，但我们始终想着他们也是社会人，要站在更高的价值判断层面上，使得那些有特色的题材，产生广泛的社会影响。即便是“工人”日报，也应叫党政机关和社会其他方面人员感兴趣。“工人”“工会”问题说到底也是社会问题。我们关注的并不只局限于这一个人、这一类人的发展，而是要站在较高的平台，考虑社会的整个发展。所以说，《工人日报》既要坚定地突出特色，也要有广泛的社会影响，要成为影响社会的“精致大报”，即在有限的篇幅里，力争使新闻价值最大化。

中国记者：“精致大报”也好，“主流大报”也罢，这在当前新媒体的环境下如何认识和操作？新媒体不仅是一种新的媒介形态，往往也意味着一种新的话语方式、表达方式，那么，具体来看，《工人日报》受到新媒体哪些影响？采取了哪些系统的应对方法？

孙德宏："精致大报"是当前主流报纸在新媒体环境下的一种必须。首先，在新媒体环境下，纸媒无论如何都是"薄"媒体，量的方面赶不上新媒体，速度方面也赶不上。这要求我们对当下和未来报业有个科学的认识。在我看来，未来大量报纸一定会消失，但并不是全部消亡，一定会有两类报纸存活下来：

一是服务类报纸，如社区服务类报、行业服务类报。二是主流大报，即那些有能力从一万个事件中挑出100个最有价值新闻的报纸。在我的判断中，这些报纸的发行量要比现在还好。因为这张报纸只要我拿来，每天的重大新闻我就都知道，这些重大新闻该怎么认识，它也提供了。信息量越大的时代，这种需求越强。而满足这种需求的关键还是要靠真正的专家型的记者、编辑。新时代对记者的要求，首先要练好基本功，如掌握新闻规律、专业知识，其次要站在高层次、具有人文关怀，要怀有对人类、生命、世界更高的认识。只有这样，今天的新闻人在未来才能留在这个行业，不然的话，所谓的“新闻民工”恐怕也不是什么贬义词。在互联网大比拼的时代，报纸比拼的是内力，新闻从业人员比拼的也是内力。

我更多地把你所说的这种“新媒体”的话语方式、表达方式的转变，理解为我们的思维方式甚至专业的价值观的一种转变。刚才说到，报纸会剩下两类，事实上，在今天这个时代，我们要有较高的精神高度，同时，在我们按照新闻规律去实现时，我们的表达方式和实现方式也必然有重大变化。

举个技术层面上的例子，现在有非常多时代先锋、优秀人物的报道，如果站在一定高度上报道他们，我们就不需要太多形容词，而是会努力捕捉他们那些与时代发展、社会进步更直接相关的故事、事实。如何把我们的宣传变成报道，还要达到宣传的目的，这是我们新闻工作者面对的很重要的课题。新闻宣传是非常重要的，问题的关键是，我们怎样用新闻的手法，尽可能全面地选择合适的事实来表达倾向。

“新闻首先不是文字打动读者，而是新闻事实所表现出的倾向、价值打动了读者。以事实的报道来表达传播者对社会、生命、生活的理解。新闻传播与其他学科没有本质区别，真正区别只在于对社会看法的表达方式不同。文学是用虚构的方式来表达，而新闻是通过确然发生的事实来表达，从这一层面来说，新闻传播的难度更大。”

中国记者：在您的工作和学习生涯中，您既是位“专家型记者”，又是“评论员”，更是一名勤于思考的“学者”，一位受人尊敬的社长、总编辑。这些不同的角色给了您怎样的思考？如何将这些角色很好地结合？

孙德宏：什么是专家型记者？什么叫优秀记者？之所以说需要专家型记者，潜在的指向是说现在很多业界记者未能达到基本的专业水准。

从实践上说，人们对记者的认识有偏差，似乎一个记者，甚至比较优秀的记者，只要有新闻敏感，能跑，文字水平不错，基本掌握新闻规律，就是好记者。同时，新闻院校对新闻人才的培养也有不足，新闻系的录取分数比较高，也滋长了新闻院系学生的自以为是。以为有新闻敏感，掌握新闻规律就够了，对问题的专业钻研远远不够。我认为，无论是历史，还是现在，名记者大都是具有专家性质的记者，他们在某些方面都有自己的研究。

从根本上讲，记者是干什么的？记者是传递信息的人，在当今社会，信息量无穷大，能传递信息的人非常多，但为什么选你当职业记者乃至“大报”的职业记者，因为你对信息有你的判断，你的判断水平比别人高，所以你当记者。专家型记者有可能成为优秀记者、名记者、大记者，是因为他们对新闻价值的判断水平远远高于一般人，远远高于一般意义上的信息传递者。所以说，专家型记者仍然是优秀记者最重要的标志。在我看来，一个优秀的、合格的记者，首先要掌握新闻基本规律，其次，也是最重要的，他是一个有专业水准的思想者。

中国新闻界，包括学界和业界，理论研究都比较薄弱，业界的不少论文都是说感受，无法上升到理论层面，难以指导新闻业务实践。而新闻学的理论研究，也不少在研究技术问题，比如在导语、标题等实务手段上打转。理论新闻学很难找到一本给大家震动的书，很多著作是大同小异的教科书。传播学引入中国之后，大家开始讲社会建构理论，甚至定量分析等，但真正给业界以重大启发的理论著作，还并不多见。

我觉得，我们现在的新闻学与真正指导新闻实践的要求有不少出入。我们的编辑、记者从这些理论著作里，除了掌握一些基本的工具外，在思想上得到的启发是有限的。我认为，新闻传播活动整体上讲是精神活动，我们拿出的产品，是精神产品。而精神产品最根本的意义在于它的价值。换句话说，新闻传播的目的也有两个：一是传递信息，二是影响社会。大家常说新闻要“用事实说话”，强调“说话”，说话的方式是传递事实，根本原因是强调新闻要影响社会，就是要促进人的全面发展以及社会的文明进步。你的新闻有没有这样的价值？有没有这样的价值观？而表层信息的传递是一个高中毕业生就可以做的工作。

我希望写一本真正能表达我对新闻认识的学术作品。读博士那几年，我集中看了大量的中西方哲学、美学书籍、原著，也读了大量的新闻学、传播学著作。我是干新闻的，后来学的是美学，我期待从它们中间找到交叉点。最大的收获是：第一，对新闻理论、特别是如何认识新闻有了更深的体会；第二，更坚定了认为“新闻要影响社会，关键在于促进人的全面发展和社会文明进步”的理念；第三，接受过比较严格的专业教育和学术训练后，思想方法、思维方式得以改善。

至于当社长、总编辑，刚才我提到对新闻的研究，对我当总编辑有很大帮助。我运用这一套理论，结合报社实际，去提出报道思想、报道设想，以及如何实现。我理解，总编辑的角色关键在于你能够在总框架下提出整个报道设想，对重要报道能提出基本的框架性要求。当社长则面更广，还要涉及报社的全面发展。我始终认为报社生存发展的核心竞争力还是报纸。

中国记者：您提出追求“新闻的审美传播”，强调新闻作品的“人文关怀”。这些看似都与人们传统上对“真相”以及“速度”的追求有不同的侧重。您提出“审美传播”与您个人的新闻实践关系如何？您是如何将这种理念应用在您具体的报道中？目前来看，取得了怎样的效果？

孙德宏：能称之为审美传播的报道一定要合目的、合规律。所谓合目的，就是符合新闻传播的目的：传递信息、影响社会，最终达到促进人的全面发展和社会的文明进步；合规律，则是一定要符合新闻报道的规律，正是符合新闻规律，才可能成为新闻报道。从这个角度，我们要讲新闻规律，包括真实、客观、公正、真短快、新活深等。所以说，审美传播与新闻规律，比如你所说的“真相”“速度”等等，不仅没有任何对立、出入，而且原本就是审美传播题中应有之义。

其次，关于新闻的“人文关怀”，作为精神产品，新闻传播的最重要方面是要传播价值尽可能大的信息。讲新闻价值时，提到很多要素，在我看来，其中最重要的价值是审美价值，而审美价值的核心是人文关怀，即实现新闻的审美传播就既要关注人的物质需求，更要注重对人的精神需求的关怀。

我们所说的“审美”中“美”是什么？美是人的终极理想，是人的全面发展和社会的文明进步，是人文关怀，新闻作品只有较好地传达了这种理念，才能达到审美传播。

我在《新闻的审美传播》一书中的最后一章花了3万多字讨论改革开放30年来最好的新闻作品，改革开放的30

年是思想解放的30年、人的解放的30年。只要认真研究一下，我们就不难发现，我们那些曾经引起轰动或有较大影响的新闻作品几乎都是充满了“人文关怀”的作品。

文学作品成为经典的根本是什么？这与题材并无必然关系。所有的文学题材不外乎两点，爱情和生死，进一步来说讲的都是人性。我们的新闻报道，同样需要达到这个境界，比如1987年《中国青年报》的“三色”报道，张建伟的一系列作品等都属此类。说到我个人具体实践，大家经常提到的一个作品《寻找时传祥》，也是努力挖掘时传祥这个人身上闪烁的人性的光辉，写的是时传祥作为一个普通人的正直、诚恳、勤劳。这个作品后来被选入全国初中、高中语文课本并使用至今，恐怕原因也在此吧？

再比如说《工人日报》获第十七届中国新闻奖通讯类一等奖的作品《风雪中，伫立着四位“厚道”的农民工》，事实是欠薪问题：一个小作坊，到年底老板跑了不给农民工发工资，但小作坊还有少量原材料、工具，剩四个农民工，却没有把作坊的东西卖掉，而是帮老板看着店面。我们一再强调要关怀农民工、爱护农民工，但另一方面，媒体的报道使人们眼中的农民工再现形象不少是“麻烦的制造者”。而这篇报道则让读者看到，农民工原本也有“厚道”“诚恳”的一面。由于我们不是简单地写成一个社会对农民工的关怀，而是通过宣传、报道，再现农民工的厚道形象，使得社会对农民工的认识更全面、更准确，客观上起到了对农民工更为有效地关怀效果。

新闻传播是审美传播，与新闻是何种题材没有关系，所有的新闻题材，都应该是审美传播，这种审美不是文字、语言漂亮不漂亮，而是报道的出发点和落脚点是不是以促进人的全面发展和社会的文明进步为目的。新闻首先不是文字打动读者，而是新闻所表现出的倾向、价值打动了读者。以事实的客观报道来表达传播者对社会、生命、生活的理解。新闻传播与其他精神产品没有本质区别，它们的区别只在于各自对社会看法的表达方式不同。文学艺术是用虚构的方式来表达，而新闻传播是通过确然发生的事实来表达，从这一层面来说，新闻的难度更大。因此，学新闻的学生首先要对一些重大问题有所储备，如“我们人类要做什么”“如何促进社会发展”，先思考清楚这些问题，然后再辅之于手段。优秀的记者首先要有思想、有胸怀，然后才能在发生的事实中捕捉到有价值的东西并加以报道。

找回理想：作品与新闻人的精神家园

“生产‘新闻’的人，不能简单地被理解成是实物产品的生产者，而应是精神产品的生产者。精神产品生产者不能没有理想、信仰……作为新闻人，我们的理想、信仰，我认为应该是促进人的全面发展和社会的文明进步。”

中国记者：当前，新闻界在充满活力的同时也存在着一种理想丧失的浮躁之气。“社会责任”“三贴近”等重新成为业界关注的重点。您如何看待当前新闻界存在的种种问题及其原因？您认为，新闻从业者应如何找回传统、重塑信念？

孙德宏：我觉得这个问题十分重要。刚才讲的审美传播、精致大报，事实上讲的都是精神层面的东西，说到底是传播者的信念和理想问题。生产“新闻”的人，不能简单地被理解成是实物产品的生产者，而应是精神产品的生产者。精神产品生产者不能没有理想、信仰。我们可以从文学影视作品中举例，比如电视剧《潜伏》《亮剑》，都是公认的好作品，好在哪儿？它表达了人的志向、人的信仰，表达了人超越自我的生命追求。这才是理想，才是美。作为新闻人的理想、信仰，与所有人一样，也应该是促进人的全面发展和社会文明进步。如果把这个作为信念和理想的话，我们去从事报道，就可能做到审美传播。

当今世界，工具理性、功利主义颇为盛行。新闻传播中，垃圾信息、虚假新闻，以及感官刺激屡禁不绝。正因如此，作为精神产品的新闻传播就更应该关注受到不公正对待的人、受到歧视的人。同时，我们看到有更大理想、有更大追求的人，我们就要去报道他们、颂扬他们。做到这些的关键首先在于我们自身要坚守理想和信念。

如果说我们以这样的标准去对待这些报道时，我们会发现，在当代许多模范人物身上，体现出来的就不是某个口号。在李素丽、徐虎、郭明义这些平凡的英雄身上，辛勤劳动、奉献社会、服务他人，是最大的幸福。劳动在他们看来，已经不仅是谋生的手段，而是一种自我价值的实现，是一个发自内心的愉悦。应该思考，如果我们按这样的思路去报道他们，将会达到怎样的效果？人类和动物的最大区别在于，人有思想，也有作为人的“终极关怀”。世界上的终极关怀有三种：一种是哲学关怀，人在哲学中找到了生命的本质；再一种，是宗教关怀，在对来世的幸福期待中体味生命的本质；第三种是艺术的、美的关怀，人们在对美的理想追求中，在超越自我的生命过程中感到一种愉悦，这是美学的关怀。

上世纪80年代，《中国青年报》有篇报道《一个普通的灵魂能走多远》，讲的是一个留学生的故事，作者郭梅尼在报道时首先认为这个典型是一个人、一个普通人，是一个普通人的故事给我们以生命的启迪。以一种审美的态度来看待新闻作品，并不是不断地在细节上较劲，而是要回归到用事实说话上来，回归到人的全面发展上来。

（原载《中国记者》2011年第11期）

后记

这本书中的文字是近年来我在一些大学的学术讲座和报社业务研讨会上的演讲和讲话，都是根据现场录音或记录整理的。它们表达了当时我对新闻传播，以及办报理念及其具体操作的一些想法和追求。

这些文字大体可分为两类，前几篇在大学里讲的文字学理性稍强一些，后几篇在报社里讲的实操性稍强一些。因为是根据录音或记录整理的，所以整个文字几乎都带有明显的口语特征，可能也带有一点现场感。

就内容而言，一些时间较前些的观点，我今天可能已有些改变或修正了，但按着现在的观点来全面修改当时的看法，显然是不妥当的，好在我在每篇文字前都注明了当时的时间和场合。另外，本书几乎没有选用关于新媒体方面的文字，对此我将在另外的文章里专门讨论。还有，本书中引用了一些他人的东西，我在整理后的稿子里都尽量地作了不同方式的说明，因此本书也就不再另加注释。

十分感谢出版家俞晓群先生千忙万忙中为我的这本小书写序，其中很多溢美之辞，我实在是愧不敢当。

同时，也十分感谢当时邀请我去演讲的大学，感谢后来帮我整理录音和记录的各位研究生和报社的诸位同事，感谢海豚出版社的各位编辑老师。

孙德宏

2015 年 11 月 5 日 北京六铺炕

图书在版编目（CIP）数据

新闻演讲录 / 孙德宏著 . -- 北京 : 海豚出版社 ,2015.10
ISBN 978-7-5110-2764-1

Ⅰ . ①新… Ⅱ . ①孙… Ⅲ . ①新闻学②演讲－语言艺术 Ⅳ . ① G210 ② H019

中国版本图书馆 CIP 数据核字 (2015) 第 240597 号

《新闻演讲录》孙德宏　著

总发行人：俞晓群

监　　制：朱立利
特约编辑：吴　蓓
责任编辑：许海杰
美术设计：吴光前
责任印制：王瑞松　蔡　丽

出　　版：海豚出版社
地　　址：北京市西城区百万庄大街 24 号
邮　　编：100037
网　　址：www.dolphin-books.com.cn
电　　话：010-68998879（总编室）010-68997480（销售）
印　　刷：北京天宇万达印刷有限公司
经　　销：全国新华书店及各大网络书店
开　　本：32 开（787mm*1092mm）
印　　张：12.5
字　　数：186 千
版　　次：2016 年 1 月第一版　2016 年 1 月第一次印刷
印　　数：3000
标准书号：ISBN 978-7-5110-2764-1
定　　价：45.00 元

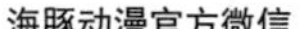
海豚动漫官方微信

海豚出版社官方微信